BARBARA EFFER
Die mit dem Teddy spricht

Buch

Es ist eine wahre Geschichte über eine außergewöhnliche Beziehung zwischen Mutter und Kind. Mit der Geburt ihres ersten Kindes werden einer jungen, lebensfrohen Frau all ihre Pläne und Wünsche zunichte gemacht. Und eine Reise in eine fremde, unheimliche Welt beginnt. Ein Teddy, Bücher, starke Gefühle und die Auseinandersetzung mit der eigenen Vergangenheit sind ihre ständigen Begleiter. Sie haben viel erlebt!
Mehr möchte ich an dieser Stelle nicht verraten. Die Geschichte spielt nicht hoch über den Wolken, wir bleiben fest unten am Boden... aber der Himmel ist immer über uns!

Autorin

Barbara Effer, 1945 im Sudetenland geboren, lebt heute mit ihrem Mann in Nümbrecht. Nach dem Studium der Sozialpädagogik und einer Ausbildung als Psychotherapeutin (HPG), da waren beide Töchter schon im Jugendalter, engagierte sie sich als Referentin und Dozentin.
Ihr erstes Kinderbuch "Ben, kleiner Esel ganz groß" - mit eigenen Aquarellbildern illustriert - hat sie ihrem Enkelkind gewidmet. Es wurde nie veröffentlicht. Ihr zweites Buch "Die mit dem Teddy spricht" ist für alle Leser geschrieben, die sich ihre natürliche Neugier bewahrt haben.

BARBARA EFFER
Die mit dem Teddy spricht

Die Reise unseres Lebens

Ein PUZZLE aus autobiographischen,
biographischen
und therapeutischen TEILEN.

Veröffentlicht 2016 Barbara Effer

Herstellung und Verlag:
BoD - Books on Demand, Norderstedt

ISBN 978-3-7431-5774-3

*Hallo Leute,
dieses Buch habe ich mit Mama geschrieben!*

*Für meinen sportlichen Papa, der immer
in den Startlöchern stand und immer noch steht,
wenn ich ihn brauche.*

*Für meine große Schwester,
die so oft auf Mama verzichtet hat,
damit ich erwachsen werden konnte.*

***DANKE* von Wandra!**

Vorwort

Es ist Zeit, mir einen Traum zu erfüllen und "mein Buch" zu schreiben. Ein Buch über die wahre Geschichte einer ungewöhnlichen Beziehung. Ich trage es schon seit vielen Jahren in mir herum, wie einen kostbaren Schatz, den man nie wieder aus den Händen gibt. Zum Glück werden Träume nicht alt!
Erst jetzt habe ich den nötigen Abstand, um offen darüber zu sprechen.
Es ist Zeit, diesen "Schatz" zu öffnen für Eltern, die ein besonderes Kind haben. Ein Kind wie unsere Wandra. Die ihr kindliches Wesen behalten hat, obwohl sie schon lange erwachsen ist. Vielleicht finden Sie eine Antwort auf die unzähligen Fragen, die sie tags und nachts mit sich herum schleppen. Eine Last, die viel zu schwer ist, um sie allein zu tragen.
Es ist Zeit dieses Buch zu schreiben für alle Menschen, die offen sind für Wahrheiten, die nur der entdeckt, der nicht vor dem Ziel aufgibt.
Ich war fünfundzwanzig, als mein Leben mit einem "Ruck" von meinem alten Leben abgetrennt wurde. Und eine unglaubliche Reise begann - unsere Reise! Die größte Herausforderung und das größte Abenteuer meines Lebens.
Ich wurde nicht gefragt, ob ich bereit bin, ein "fremdes Land" zu betreten und alle Strapazen auf mich zu nehmen. Ich wurde auch nicht gefragt, ob ich mich diesem Abenteuer gewachsen fühle. Der Schicksals-

schlag überrollte mich, wie eine Lawine, die niemand aufhalten konnte. Ich war ihr ausgeliefert!
Eine innere Kraft trieb mich an, den Weg anzutreten. Einen anderen Weg schien es nicht zu geben. Nur diesen einen, wie für mich bestimmt. Damals dachte ich, er wird nie enden.

Erst nach langen Jahren voller Kämpfen, Entbehrungen, Umwegen und Glücksmomenten führte uns unser langer Weg an einen großen Holzplatz. Er lag etwas versteckt auf einer Anhöhe, im Schutz des Waldes. Wenn die Sonne schien, war er hell erleuchtet. Ein besonderer Platz - ein "Glückstreffer"!
Ich lade Sie ein, begleiten Sie uns. Ziehen Sie rutschfeste Wanderschuhe an, damit Sie den Halt nicht verlieren. Es geht bergauf und bergab.
Ich verspreche Ihnen eine besondere Aussicht, einen neuen Blick auf das Leben - auf Ihr Leben.

Aus der Geborgenheit ins grelle Licht.

Teddy hör mir zu! Was ich Dir jetzt sage, und ich habe Dir viel zu sagen, ist nur für Deine Ohren bestimmt oder für Ohren, die gut zuhören können. Begonnen hat mein Leben mit einem unsanften "Ruck". Jemand zog gewaltsam an mir. Ich glitt aus der warmen geschützten Bauchhöhle in einen kühlen, grellen, lauten Raum. Vom Nassen ins Trockene. Mir war unheimlich zumute. Alles war fremd!
Niemand hat mich gefragt, ob ich auf diese Welt kommen will. Vorher lebte ich im Verborgenen. Ich war einfach nur glücklich! Teddy, stell Dir einen Ort vor, dort ist es dunkel und warm wie in einer Höhle. Du liegst eingerollt und weich wie auf Watte. Du bist von einer Flüssigkeit umgeben, die Dich schützt und trägt. Alle Stöße von außen werden abgefangen. Die fremden Geräusche können Dir nichts anhaben. Du machst deine ersten Schwimmversuche. Dein Herz beginnt zu schlagen. Ab und zu spürst Du ein Streicheln durch die Bauchdecke - ganz regelmäßig und sanft. Du weißt nicht woher es kommt. Aber es tut so gut!
Deine Sinne werden langsam wach. Du wirst herum getragen, gewiegt, geschaukelt und kannst wieder entspannen. Du schläfst viel und tief. Eine ruhige friedliche Stimmung umgibt Dich. Mit Deinem winzigen Körper reagierst Du auf die Bewegungen. Du strampelst gegen die Bauchdecke - mal sanft, mal heftig. Deine ersten stummen Sprachversuche.

Du hörst eine leise Stimme. Sie ist voller Freude und schöner Melodien. Dann wird es wieder ganz still.
Du hast alles was du brauchst. Wärme, Nahrung und Schutz. Nichts fehlt Dir. Du fühlst Dich geborgen. Du wächst in einer Umgebung, die nichts von Dir fordert. Hier willst Du für immer bleiben. Teddy, kannst Du mich verstehen?

Mama hat später immer gesagt: "Die Sehnsucht nach diesem Ort der Geborgenheit begleitet uns ein Leben lang. Sie treibt uns an. Sie bringt uns Schmerz und Leid. Sie bringt uns Zufriedenheit. Sie ist immer in uns, solange wir leben. Und erst wenn wir diesen Ort gefunden haben, kommen wir zur Ruhe."

Teddy, jetzt bin ich hier draußen. Niemand weiß, was ich brauche. Niemand weiß, was mir fehlt. Das grelle kalte Licht blendet meine Augen.
Die Geräusche, die Stimmen sind zu laut für meine Ohren. Sie tun mir weh. Fremde Wesen beugen sich über mich. Ihre Augen bewegen sich ständig.
Es verwirrt mich und macht mir Angst. Sie nennen mich Wandra. Wer ist Wandra? Ich weiß es nicht. Sie heben mich hoch und berühren mich. Sie kommen mir zu nah. Ich wehre mich mit aller Kraft. Ich fühle mich bedroht. Ich schreie so laut ich schreien kann: "Bitte nicht berühren!" Dann kann ich nur noch wimmern. Aber niemand versteht mich. In meinem Kopf wirbelt alles durcheinander. Ich weiß nicht, wo ich anfange

und wo ich aufhöre. Ich weiß nicht wo oben ist, ich weiß nicht wo unten ist. Teddy, ich habe Angst!
Viele Jahre später hab ich von Mama gelernt: "Was wir nicht kennen und nicht verstehen macht uns Angst."
Wo ist der stille, dunkle Raum, der mich beschützt hat? Wo ist diese warme feuchte Höhle geblieben? Teddy, am liebsten würde ich wieder abtauchen. Aber ich kann nicht.
Die gute Zeit in der Bauchhöhle ist für immer vorbei. Teddy, gute Zeit ist, wenn man Dich in Ruhe lässt!

Es ist zum Schreien. Ich schreie viel. Ich schreie tags, ich schreie nachts. Teddy, kannst Du Dir meine Not vorstellen?
Nur eine Stimme ist mir vertraut. Sie ist leise und zart. "Hallo, kleiner Schatz, willkommen in unserer Welt. Schön, das Du endlich da bist!" Die Worte sagen mir nichts - aber die sanfte Stimme beruhigt.
Wenn ich keine Kraft mehr habe zu schreien, fallen mir die Augen zu. Am liebsten schlafe ich, wenn der "Himmel" über meinem Bett zugezogen ist. Dann fühle ich mich sicher. Teddy, es erinnert mich an die alte "vertraute Höhle".
Manchmal vergessen sie den Vorhang zuzuziehen und alle Reize treffen mich ungeschützt. Dann kriecht die Angst wieder in mir hoch.
Teddy, ich bin einfach noch nicht "reif" für diese Welt hier draußen. Was meinst Du?

Und dann kam Wandra ...

Unsere Geduld wurde auf eine sehr harte Probe gestellt. Der Geburtstermin war weit überschritten. Langsam beschlich mich das seltsame Gefühl, unser Baby will gar nicht auf die Welt kommen. Es schien sich in meinem kugelrunden Bauch, der mittlerweile aussah, wie ein großer Luftballon kurz vor dem Platzen, sehr wohl zu fühlen. Warum sollte es diesen angenehmen Zustand verändern wollen? Besonders nachts bewegte es sich heftig und klopfte gegen die Bauchdecke. Als wollte es sagen: "Mama, hab noch etwas Geduld, ich bin noch nicht so weit!"
Und wieder ging ein Tag zu Ende. Dann endlich, nach tagelangem Hoffen und Warten und langen Fußmärschen, durch Wiesen und Wälder, bergauf und bergab, war unser Wunschkind da! Ein Geschenk des Himmels!
Es war eine sehr schwere Geburt, die sich über viele Stunden hinschleppte. Und ich erlebte, was jede junge Mutter erlebt, wenn sie ihr Baby zum ersten Mal in den Arm gelegt bekommt: Alle Schmerzen sind vergessen in diesem einmaligen Augenblick. Eine bis dahin nie gekannte Zärtlichkeit zog mich zu diesem winzig kleinen Wesen hin. Das ist unser Baby. Ich habe es zur Welt gebracht. Jetzt bin ich Mutter. Ich bin so unsagbar glücklich und stolz. Ab jetzt sind wir eine kleine Familie. Vor Freude lass ich die Tränen laufen. Unser Baby, es atmet, es lebt!

Ganz tief in mir spürte ich: Nichts was ich in meinem Leben jemals erreichen kann, wird diesen besonderen Moment übertreffen!

Ich drücke unseren kleinen Schatz an mich, um seinen Körper zu spüren. Haut an Haut. Meine Arme wollen sie zärtlich einhüllen und ehe ich begreifen kann, was passiert, wehrt sie sich gegen meine Berührung. Mit aller Kraft stemmt sie sich dagegen und macht sich steif. Ihr kleiner Körper, erst wenige Tage alt, ist so schwer wie ein Stein. Erschrocken schau ich in das ausdruckslose Gesicht unseres Babys. Völlig apathisch starrt sie ins Leere. Ich kann kaum durchatmen, ein beklemmendes Gefühl breitet sich in mir aus. Ihr lautes Schreien, das mich bis ins Mark trifft, hält stundenlang an, bis sie blau anläuft. Wenn sie sich wieder erholt hat, beginnt es von neuem.

Dieses warme Glücksgefühl, das durch meinen ganzen Körper zog, als ich unser Baby zum ersten Mal in meinem Arm hielt, ist schlagartig verschwunden. Dunkle Vorahnungen, ergreifen von mir Besitz. Der erste Besuch beim Kinderarzt beruhigte mich nicht: "Machen Sie sich keine Sorgen. Ihr Kind ist völlig gesund, Sie müssen nur Geduld haben, das Schreien gibt sich!" Nachdenklich verließ ich ihn. Vielleicht bilde ich mir das alles nur ein? Denn unser kleiner Schatz wirkte streckenweise ganz zufrieden. Aber kaum waren wir zu Hause, brach der nächste "Sturm" los.

Mit ihrem durchdringenden Schreien, das mich in jede Ecke unseres Hauses verfolgte, hat alles angefangen. Es hat mein Leben radikal verändert und zu der Frau gemacht, die ich heute bin. Eine Frau mit einer großen Sensibilität, die wie eine "alte Geige" auf jeden Griff reagiert und bei jedem falsch gezupften Ton "verstimmt" ist. Und nur ein geübter "Geigenstimmer" könnte den richtigen Klang wieder herstellen. Aber diese Experten sind schwer zu finden!

Wochen vergehen. Es ist Winter. Schon wenn ich morgens aufstehe, friere ich und wenn ich abends ins Bett gehe, friere ich immer noch. Dieses Frösteln begleitet mich durch den Tag. Obwohl ich mich den ganzen Tag bewege, erwärmt sich mein Körper nicht. Wo ist die Zeit geblieben, in der ich mich mit Wonne in mein Bett gekuschelt habe und diese wohlige Wärme mich durch den Tag begleitet hat?
Angespannt sehe ich den neuen Tag, wie eine Bedrohung, auf mich zukommen. Beim Wickeln spüren meine Hände Deine schuppige trockene Haut. Immer wieder creme ich sie dick ein, aber die Haut bleibt trocken. Ich blicke in Dein aufgedunsenes, schreiendes Gesicht. Es erschrickt mich und macht mich unruhig. Sobald ich mich mit dem Fläschchen nähere, drehst Du den Kopf zur Seite. Nur mühsam trinkst Du kleine Mengen und trotzdem wirst Du von Woche zu Woche immer dicker. Diese sonderbare Reaktion Deines Körpers verschlimmerte meine Unruhe.

Wenn ich nur wüsste, was das zu bedeuten hat? Was fehlt unserem kleinen Schatz? Ratlos stehe ich an Deinem Bett und beobachte Dein eigenartiges Verhalten. Du liegst auf dem Rücken und drehst Deinen Kopf immer im selben Rhythmus hin und her. Immer und immer wieder. Eigenartig! Es scheint Dir zu gefallen. Warum solltest Du es sonst tun? Niemals zuvor hatte ich das bei einem Baby gesehen.

Dein Blick, der an mir vorbei schaut, ist starr in die Ferne gerichtet. Du reagierst nicht auf meine Stimme. Du reagierst nicht auf meine Hände, die sich Dir entgegenstrecken. Ich bin Deine Mama, aber es bedeutet Dir nichts. Unfassbar! Mein eigenes Baby ignoriert mich!
Tränen laufen mir übers Gesicht. Ich kann sie nicht mehr vor Dir verbergen. Unberührt versinkt Dein Blick weiter ins Leere. Wie durch einen dichten Nebel schaue ich in Dein Körbchen. Wie ist das möglich, dass Du mich nicht wahrnimmst? Was hält Dich davon ab? Die Gefühle toben in mir wie ein heftiger Wirbelsturm, der sich immer enger um mich dreht. Mir wird schwindelig und der Boden rutscht unter meinen Füßen weg. Nach einer Weile, ich weiß nicht wie lange mein Zustand angehalten hat, bleibt mein Blick an dem Stuhl neben Deinem Bett hängen. Er dreht sich nicht mehr. Erschöpft lasse ich mich darauf nieder. Mit einem Mal ist es ganz ruhig im Raum. Unheimlich diese Stille!

Jedes kleine Wesen lebt davon, berührt zu werden. Es ist so wichtig, wie die Luft zum Atmen. Der Wunsch nach Geborgenheit, nach der Wärme der Mutter, dem Gefühl geliebt zu werden. Normalerweise kann ein Baby nicht genug davon bekommen. Nur bei unserem Baby ist alles anders! Wie soll ich ihm meine Gefühle zeigen? Mache ich etwas falsch? Ich muss etwas falsch machen!

Ratlos stehe ich neben Wandras Bett. Was soll ich nur tun? Und wieder dieses Schreien. Irgend etwas muss ihr stark zu schaffen machen? Aber was ist es? Intuitiv nehme ich dieses unruhige Bündel heraus und schaukle es voller Verzweiflung gleichmäßig und sanft in meinen Armen und summe eine kleine Melodie vor mich hin: "Mein kleiner Schatz, alles wird wieder gut!" Wie eine Ertrinkende hänge ich mich an diese Worte. Es fällt mir schwer, daran zu glauben.

Langsam beruhigt sich ihr kleiner Körper. Plötzlich ist Wandra still! Nach einer Weile fallen ihr die Augen zu. Vorsichtig will ich sie in ihr Himmelbett legen. Kaum berührt ihr Kopf das Kissen, setzt ihre laute Stimme wieder ein. Ein starkes Unbehagen ist in ihr und wie jedes Baby schreit sie es heraus. Etwas Lebenswichtiges hatte ihr gefehlt! Das weiß ich heute. Damals war ich weit davon entfernt, dieses Verständnis aufzubringen.

Wochenlang trage ich unser Kleines wiegend durch die Räume und halte kleine Monologe, um meinen hilflosen Zustand besser ertragen zu können. "Schau mein kleiner Schatz, das ist Dein Zuhause. Ein großes Haus, mit großen hellen Räumen, einem großem Garten mit vielen bunten Blumen, einer großen Wiese und mittendrin unser winziges Baby, unsere kleine Wandra und Deine Mama, die sich im Augenblick genauso "winzig klein" fühlt." Den letzten Teil des Satzes wagte ich nicht auszusprechen. Ein diffuses Gefühl hielt mich davon ab. Vielleicht versteht unser Kind den traurigen Klang meiner Worte? Vielleicht auch nicht? Vielleicht kann sie mich gar nicht hören? Oder doch? Ich war völlig verunsichert. Wie sollen wir nur die nächsten Wochen und Monate überstehen?

Ein Bild tauchte vor mir auf. Ich war ein Schulkind. Wir machten einen Ausflug in den Wald. Ich erinnere mich noch genau, wie ich zum ersten Mal bewusst diese Vielfalt der Bäume wahrgenommen habe. Welche unbändige Kraft und Stärke von einigen Bäumen ausging und wie zart und dünn andere wirkten, als könnte der leichteste Windhauch sie umpusten. An einer dicken alten Eiche blieb ich stehen. Ich drückte meinen Körper fest an den Stamm, spürte die raue Rinde und schlang meine Arme um ihn. So sehr ich mich auch bemühte, nicht einmal die Hälfte des Stammes schaffte ich zu umfassen. Ich legte den Kopf in den Nacken und sah hoch in die Baumspitze. "Wie klein, wie winzig" fühlte ich mich. Eine tiefe Ehrfurcht vor etwas was größer und gewaltiger ist als ich, erfüllte mich. Dasselbe Gefühl hatte mich wieder eingeholt.

Wieder passierte etwas in meinem Leben, das ich nicht "fassen" konnte. Später habe ich oft über dieses Erlebnis nachgedacht. Warum habe ich mir nicht einen dünnen Baumstamm ausgesucht? Ich hätte ihn ohne jede Anstrengung umarmen können. Nein, ein dicker Stamm musste es sein!

Die Stimmen der anderen holten mich in die Gegenwart zurück. "Du verwöhnst sie zu sehr. Das tut ihr nicht gut. Ein Baby muss man auch mal schreien lassen. Das kräftigt die Lungen." Ich hörte nicht auf ihre Vorwürfe. Sie wussten nicht wovon sie sprachen. Mein Gefühl sagte mir, das kann nicht stimmen. Ein Baby ist noch völlig abhängig von seinem Umfeld. Es muss spüren, da ist jemand der sich um mich kümmert. Wie soll es sonst lernen, dieser fremden unbekannten Welt zu vertrauen? Wie soll es sich weiter entwickeln? Vor allem ein Baby wie unseres, das sich so sonderbar verhält.
Wandra, ich konnte Dich nicht schreien lassen. Es war ein verzweifeltes Schreien. Ich ertrug es nicht und verließ mich auf mein Gefühl. Dafür bin ich im Nachhinein noch dankbar. Vielleicht haben Sie auch schon diese Erfahrung gemacht: Manchmal ist es besser sich nicht allein auf den Intellekt zu verlassen. Er kann uns völlig in die Irre führen!

Die Wochen schlichen dahin. Zäh und langsam - im Schneckentempo! Es war Mittagszeit. Unser kleines

Mädchen war für eine Weile zur Ruhe gekommen. Eine kurze Pause für Mama! Die Tasse Kaffee stand vor mir und der Geruch stieg mir in die Nase. Meine Gedanken wanderten zurück zu den vielen Wochen, in denen ich unser Kleines schaukelnd durch die Räume getragen habe. Wenn mir die Arme schwer wurden, setzten wir uns in den Schaukelstuhl. Stunde um Stunde haben wir geschaukelt. Wie nachhaltig müssen diese Stunden für unser Kind gewesen sein? Eine liebevolle Prägung für ihr weiteres Leben. Für ihr ganzes Leben!
Mein kleiner Schatz, Du hast die wertvollste Erfahrung gemacht, die ein Baby machen kann: "Da gibt es ein Wesen, das lässt mich nicht allein, wenn ich mich unwohl fühle. Es reagiert auf meine hilflose Stimme". Ein sicheres Gefühl in einer für Dich unsicheren Welt war gesät! Wandra, das war der Beginn unserer außergewöhnlichen Beziehung!

Jahre später las ich darüber, welche wunderbaren Erfahrungen das Baby durch dieses gleichmäßige "Wiegen" macht. Es lernt sein Gleichgewicht zu halten und zu entspannen. Die Freude an der Bewegung wird geweckt. Es nimmt seinen Körper wahr und entwickelt den Mut, sich auszuprobieren. Fähigkeiten, die es für sein ganzes Leben braucht. Um eines Tages auf eigenen Füßen zu stehen. Noch im Nachhinein war ich so froh, dass unser Baby mit seiner gestörten Sinnesverarbeitung über die "Schaukelbewegung" dieses starke Gefühl des "Gehaltenwerdens" annehmen konnte. Das erste zarte Band wurde zwischen uns geflochten.

Beinahe zur selben Zeit machte ich eine zweite revolutionäre Entdeckung. Es gab noch etwas, dass unserem verwirrten Baby half, sich für eine kurze Zeit wohlzufühlen. Ein warmer Sommertag sollte ein besonders guter Tag werden.

W a s s e r

Die Sonne brannte vom strahlend blauen Himmel. Weit und breit war keine Wolke in Sicht. Dein kleines Gesicht war mit Schweißperlen bedeckt und die Haare klebten Dir am Kopf. Ich nahm Dich hoch. "Mein Gott wie schwer Du bist!" Leblos und steif hingst Du an meinen Händen. Vor uns stand eine kleine Plastikwanne mit Wasser. Jetzt eine Erfrischung, die müsste Dir doch gut tun? Vorsichtig tauchte ich Deinen kleinen Körper langsam in das frische Nass ein. Angespannt hielt ich Dich fest und wartete ab. Wie wirst Du reagieren?
Deine Beine und Dein Po waren schon vom Wasser überspült und mit einem Mal wurdest Du lebendig. Dein ganzer Körper geriet in Bewegung. Du hast heftig gestrampelt. Das Wasser spritzte nach allen Seiten und Deine Stimme krähte vor Vergnügen. Ich konnte es kaum fassen, was ich erlebte. Wie war das möglich?

Vor ein paar Minuten lag unser Baby noch völlig apathisch auf seiner Decke, als würde es nichts auf dieser Welt interessieren und jetzt das!

Dieser wunderbare Augenblick erinnerte mich an ein Bild aus meiner Jugend. Mein Onkel nahm mich mit zum Angeln. Es war noch sehr früh am Morgen und über dem See lag eine dichte Nebeldecke. Was für ein Anblick! Vor lauter Staunen vergaß ich zu atmen. Mit einem kraftvollen Wurf zerschnitt seine Schnur die klare frische Luft. Nur das leise Surren von Onkels Angelschnur unterbrach die Stille. Geduldig erklärte er mir die Technik. "Zuerst nimmst Du eine bequeme Haltung ein. Deine Füße müssen auf festem Grund stehen. Halte die Leine fest, aber sei nicht verkrampft. Jetzt kommt es auf den richtigen Schwung an. Locker und kräftig musst Du die Arme schwingen, damit die Leine mit der richtigen Drehung ins Wasser gleitet. Und dann warte ab. Achte immer wieder auf den Leinenzug in Deiner Hand und lass die Wasseroberfläche nicht aus den Augen. Um für den spannenden Augenblick, wenn der Fisch anbeißt, gerüstet zu sein. Aber das Wichtigste ist, hab Geduld! Ohne Geduld wird sich kein Fisch "ködern" lassen."
In Gedanken wiederhole ich: Bodenhaftung behalten, festhalten aber nicht zu fest, mit einem lockeren Schwung loslassen, achtsam und geduldig sein.
Dieser Ratschlag sollte auf meiner langen Reise mit Wandra noch eine besondere Bedeutung bekommen.

Ich hörte interessiert zu und warf die Angel aus. Es dauerte nicht lange und die Spitze bog sich. Blitzschnell reagierte ich, drehte an der Kurbel und zog die Leine langsam aus dem Wasser. Ein kleiner Fisch zappelte daran. Anfängerglück! Mein Onkel befreite den Fisch vorsichtig und legte ihn an das Ufer. Ich sah entsetzt, wie er sich hin und her krümmte, voller Angst zu vertrocknen. Beherzt packte ich zu und warf ihn wieder in den See. Mit einem Freudensprung bedankte er sich bei mir. Dann tauchte der kleine Fisch ab in sichere Gewässer und entschwand unseren Blicken. Er war zu neuem Leben erweckt.

Mein kleiner Schatz, genauso erlebe ich Dich, quicklebendig durch die Berührung mit dem frischen Wasser. Dein Körper ist in den vertrauten Ort der Schwerelosigkeit und der sanften Schaukelbewegungen eingetaucht. Dieses sichere Gefühl, "hier kann mir nichts passieren," war wieder da. Das war das ganze Geheimnis! Unsere kleine Wandra hatte einen "Freund fürs Leben" gefunden: Das Wasser!

Ich wurde an eine Wahrheit erinnert, die ich längst vergessen hatte: Ohne Wasser kann niemand leben - niemand überleben! Unsere Wandra, erst ein paar Wochen alt, schien dieses Geheimnis zu kennen. Immer wieder auf unserer langen Reise hat Wandra mich darauf gestoßen, was in unserem Leben wirklich wichtig ist. Das was zählt und worauf es ankommt.

Nachdenklich blickte ich auf unseren zappelnden Nackedei herunter. Ein glücklicher Augenblick, der mich noch lange bewegte. Eigentlich ist es ganz einfach: Man muss nur den richtigen Ort finden und ohne unser Zutun und ohne groß darüber nachzudenken, werden die Lebensgeister geweckt. Für unser kleines Mädchen war dieser Ort das "Wasser".
Ich ahnte noch nicht, welche großartige Bedeutung das Wasser für die gesamte Entwicklung unseres Kindes im Laufe der Jahre haben sollte.

Wandras Lippen waren inzwischen blau angelaufen und ich wollte sie herausholen. Aber sie protestierte lautstark: "Ich will im Wasser bleiben!" Zum ersten Mal zeigte unsere Baby eine normale Reaktion. Ich war völlig verblüfft. Wir erleben etwas, was uns glücklich macht und sofort wird der Wunsch in uns geweckt, diesen wunderbaren Augenblick so oft wie möglich zu wiederholen.

Unser Tagesverlauf nahm eine erfrischende Wende. Einmal am Tag sind wir in dem kleinen Hallenbad von Oma und Opa abgetaucht. Es war unsere Rettung!
Einmal am Tag hat sich ihr kleiner Körper wohl gefühlt. Vor Vergnügen krähte unser kleiner "Fisch" und ich konnte für eine Weile tief durchatmen.
Teddy, es ging mir so gut! Die Angst war weg!
Für ein paar Stunden hielt die Entspannung an. Dann brach der nächste "Sturm" los.

Unser kleiner Schatz lag in seinem Himmelbett, ganz nah bei Mama und Papa und doch so weit von uns entfernt. Ich lauschte auf jede Regung. Die Unruhe war spürbar. Länger als drei Stunden schlief unser Baby nie durch. Wie sehr sehnte ich mich danach, einmal eine Nacht lang Ruhe zu finden. Denn ich gehöre zu den Menschen, die mindestens acht Stunden Schlaf brauchen, um sich gut zu fühlen. Die Müdigkeit begleitete mich.
Ein Gedanke tauchte immer wieder auf und machte mir Angst. So wie früher, wird es in meinem Leben nie wieder sein. Diese unbeschwerte Zeit ist für immer vorbei!

Die Monate vergingen schleppend. Eine starke Intuition, die nur eine Mutter haben kann, wurde von Tag zu Tag drängender: Mit unserem Baby stimmt etwas nicht! Irgend etwas ist anders! Aber was? Wenn ich nur einen Menschen kennen würde, der mir helfen könnte! Aber ich kannte niemanden. Unzählige Fragen beschäftigten mich: "Könnt Ihr nicht sehen, dass sich unser Baby so sonderbar verhält? Wie es seine Glieder verrenkt und keine Reaktion zeigt, wenn ich es anspreche oder mit ihm spielen will. Welche eigenartigen Laute es von sich gibt? Und dieser leblose, leere Gesichtsausdruck. Schaut doch mal her!" Manche Menschen versuchten mich zu trösten: "Das wird schon wieder, mach Dir keine Sorgen!" Aber es war nur so dahingesagt. Ein falscher Trost!

Niemand wollte genau hinsehen. Man schaute lieber weg. Ich fühlte mich so jämmerlich allein! Der Himmel war weit weg!

Der Blick in meine Kindheit:
Das Gefühl allein zu sein, voller Hunger nach Antworten - voller Hunger nach Geborgenheit, das war mir vertraut. Mein kleiner Kopf war voll gestopft mit Fragen: Warum gibt es so viele hungrige Kinder? Warum gibt es so viel Kampf und Streit? Warum wachsen Kinder ohne Liebe auf? Warum ist das Leben oft so himmelschreiend ungerecht? Warum haben die einen so viel, zu viel und die anderen so wenig, zu wenig? Warum wehrt sich niemand? Warum haben die Großen Angst, die Wahrheit zu sagen? Warum übernimmt niemand die Verantwortung? Warum hört mir keiner zu? Niemand gab dem kleinen Mädchen eine Antwort. "Mit Deiner ewigen Fragerei kannst Du einem den Nerv töten. Siehst Du nicht, dass wir zu tun haben!" Verwirrt blieb es zurück.

I n s e l d a s e i n

Wie durch einen dichten Nebel hörte ich die energische Stimme des Arztes: "Ihre Tochter ist zu hundert Prozent geistig behindert. Sie wird nie sprechen und nie in einer Gemeinschaft leben können. Ein hoffnungsloser Fall!

Je eher Sie sich damit abfinden, desto besser. Geben Sie Ihr Kind in ein Heim."
Er drückte mir unser Baby, ohne eine Antwort von mir abzuwarten, wieder in die Arme. Ich wurde das Gefühl nicht los, er will uns so schnell wie möglich loswerden. Kein Wort des Trostes, kein guter Rat, kein "es tut mir leid!"
Gefühllos, wie ein grober Klotz, stand er mir gegenüber. Sein Gesicht zeigte keinerlei Regung. Jedes weitere Gespräch war für ihn Zeitverschwendung. Am liebsten hätte ich ihn angeschrieen: "Wissen Sie, wie weh es tut, wenn man sich als Mutter diese schrecklichen Dinge über das eigene Kind anhören muss?" Aber ich schwieg. Ich spürte, meine Worte würden ihn nicht erreichen.
Er hatte unser Kind mit dem Stempel "geistig behindert" versehen und aufgegeben. Damals galt Autismus als unheilbar, nicht der Mühe wert, sich um diese kleinen verstörten Wesen zu kümmern.

Die kalte vernichtende Aussage blieb im Raum hängen. Sie streifte kurz meine Kleidung, drang aber nicht tiefer zu mir durch. Meine störrische Hartnäckigkeit ließ es nicht zu. Alles in mir wehrte sich dagegen. Ich verließ die Praxis und rannte den Flur entlang. Ich wollte nur noch raus an die frische Luft. Draußen konnte ich mich nicht mehr beherrschen. Tränenüberströmt ging ich die Treppe hinunter und drückte Wandra ganz fest an mich. Im Stillen dachte ich, wie ein

trotziges Kind, das seinen Willen durchsetzen will: Das wollen wir doch mal sehen! Diese niederschmetternde Wahrheit gilt nicht für unser Baby! Das darf einfach nicht wahr sein!
Teddy, später hat Mama immer gesagt: "Hoffnungslos ist etwas erst dann, wenn man es aufgibt!"

Wandra, das erinnerte mich an meine Kindheit. Als Deine Mama noch klein war und die Großen zu mir sagten, "das geht doch nicht, das hat doch keinen Sinn, was Du da vorhast" und alles in mir rebellierte. Wie konnten sie das wissen, sie haben es doch noch nicht einmal versucht? Instinktiv spürte Deine Mama, wenn ich ihnen glaube, wird meine unbändige Neugier und Lebendigkeit, die mein Wesen zu einem großen Teil ausmacht, für immer im Keim erstickt.
Ich habe ihnen nicht geglaubt. In meiner kleinen Welt war vieles möglich, was in der Welt der Großen nicht vorstellbar war. Der Lieblingsspruch meiner Mutter fiel mir wieder ein, wenn ich versuchte meinen Kopf durchzusetzen: "Du wirst schon sehen, was Du davon hast!" Es klang wie eine Drohung und sollte mich davon abhalten, meinem Willen zu folgen. Wahrscheinlich wollte sie mich davor schützen, die selben Fehler wie sie zu machen. Denn Mutter war eine sehr willensstarke Frau, die immer ihren Weg ging, ohne nach rechts oder links zu schauen und damit oft aneckte. Ich schien ihr sehr ähnlich zu sein und ließ mich nicht einschüchtern.

Diese kindliche Sturheit, mit der ich mein Umfeld oft zur Verzweiflung brachte, meldete sich wieder: Ich will es versuchen. Ich werde um unser Baby kämpfen! Mutter hatte mir diese Kämpfernatur in die Wiege gelegt. Dafür bin ich ihr heute noch dankbar!

Wie klug die Natur handelt. Sie schenkt uns in ihrer weisen Voraussicht Fähigkeiten, die unserem Wesen entsprechen und uns helfen, unseren Weg zu gehen. Und dann kommt der Tag an dem wir diese Begabungen dringend brauchen, um einem anderen oder sich selbst auf die Sprünge zu helfen. Wir müssen sie ausgraben, wie einen versunkenen "Schatz", der nur auf diesen Augenblick gewartet hat. Einsatzbereit!
Teddy, Mama sagt: "Es gibt Menschen, die ihr Leben lang Vorräte sammeln, ohne sie jemals zu nutzen."
Teddy, das ist traurig!

Welche fatalen Folgen dieser Vorsatz, "ich werde um Dich kämpfen," für mein weiters Leben haben sollte und wie einschneidend er sich auf unsere kleine Familie auswirken würde und das über eine endlos lange Strecke, davon hatte ich nicht die leiseste Ahnung. Aber gilt das nicht für alle Entscheidungen, die wir treffen? Man steht am Ufer eines Sees, wirft einen "Stein" ins Wasser und hört dieses leise "Plop" wenn er in das nasse Element eintaucht. Wo er eines Tages liegen wird, bleibt zunächst im Verborgenen. Heute denke ich, gut so!

Wenn Sie mich damals gefragt hätten: "Woher haben Sie den Mut genommen?" Ich hätte Ihnen keine Antwort geben können. War es überhaupt Mut? Es war mehr wie ein Sprung in eiskaltes, unbekanntes Gewässer. Volles Risiko!
Ohne zu überlegen: Soll ich springen, soll ich nicht springen und was kann passieren, wenn ich springe? Mein Verstand war ausgeschaltet.
Teddy, Mama hat oft gesagt: "Es gibt Entscheidungen, die treffen wir spontan nur mit dem Herzen."
Eine innere Stimme meldete sich lautstark: "Es ist Dein Kind, Du kannst es nicht im Stich lassen!" Jedes Zögern war überflüssig. Dieses kleine hilflose Wesen ist mein Kind - damit war alles gesagt!

Unser Inseldasein begann. Das Leben draußen pulsierte weiter, als wäre nichts geschehen. Nur ich gehörte nicht mehr dazu. Eine unsagbare Leere breitete sich in mir aus. Als hätte man eine Schiefertafel, die voller lustiger Schnörkel, gelungener Redewendungen und bunter Bilder den ganzen Raum ausfüllte, mit einem Mal ausgewischt. Ein großer schwarzer Fleck blieb zurück.
Es gab nichts, auf das ich mich freuen konnte. Alles was bisher zu meinem Leben gehörte und mir wichtig war, war bedeutungslos geworden. Die Kontakte zu vertrauten Menschen, mein Garten mit den vielen Blumen, die ich mit viel Liebe gepflanzt hatte, meine kreativen Interessen, meine Lieblingsmusik und meine

Bücher, ich hatte die Freude daran verloren. Ich habe gegessen, geschlafen, getrunken, mich bewegt und geatmet, aber ich merkte nicht, was ich tat.

Oft stand ich am Fenster und sah hinaus. Es war Frühling. Die ersten Knospen brachen auf und zarte Farbtupfer leuchteten herüber. Ich nahm sie nicht wahr. Mein Blick verlor sich ins Leere. Wie ähnlich ich in diesen Augenblicken unserem Kind war - mit diesem starren, leblosen Blick, der sich im Nirgendwo verlor. Zu viel stürmte auf mich ein, was ich nicht verstehen und nicht verarbeiten konnte. Jeden Tag kamen neue Eindrücke dazu. Aber es fehlte ein Gegenüber, mit dem ich meine Befürchtungen austauschen konnte. Das normale Leben mit seinen Alltäglichkeiten kam mir banal und unwirklich vor. Es ging mich nichts mehr an. Plötzlich von einer Sekunde auf die andere, war alles anders!
Ich war abgeschnitten vom Rest der Welt. Meine Gedanken drehten sich nur noch um das kleine fremde Wesen, das in seinem Himmelbett lag und sich krampfhaft bemühte, zur Ruhe zu kommen. Ich versorgte unser Baby, mehr schlecht als recht, hielt unser Haus in Ordnung, kochte das Essen und funktionierte. Mein Herz war nicht beteiligt. Wie ein Roboter, den man morgens anstellte und abends abstellte. Mein altes geordnetes Dasein zerfiel mit einem festen "Ruck" in tausend Puzzlestücke.

Wir lebten isoliert in der Stille und Abgeschiedenheit der Natur. Für eine junge Frau ein sehr einsames, unnatürliches Leben! Erst viele Jahre später begriff ich, nur in dieser notgedrungenen Einsamkeit, ohne irgendeine Störung von außen, konnte ich mich auf unser fremdartiges Kind einlassen.

Viele Monate waren inzwischen vergangen. Ich hatte mich an unser Inseldasein so sehr gewöhnt, dass ich kein Bedürfnis mehr nach menschlichen Kontakten verspürte. Wandra hatte mein Leben, unser Leben, in wenigen Wochen gründlich auf den Kopf gestellt. Mittlerweile erging es mir wie unserem kleinen Mädchen: Menschen waren sehr anstrengend! Sie stellten Erwartungen an mich, die ich nicht erfüllen konnte. In ihrer Nähe fühlte ich mich unwohl.
Für Außenstehende war mein Verhalten nicht nachvollziehbar. Ich passte nicht mehr in ihre Welt. Für sie war ich eine unfähige Mutter: "Wie kann man sich nur von einem Baby so tyrannisieren lassen?" Und eine unhöfliche Nachbarin, die keine Zeit hatte sich um den Besuch zu kümmern. "Mein Gott, setz Dich doch endlich! Der Kaffee wird doch kalt. Mit Deiner Unruhe machst Du einen ja ganz nervös!"
Ja, ich war nervös! Ich hatte keine Ruhe mich gemütlich hinzusetzen und der Nachbarin zuzuhören. Ich hatte auch kein Interesse am Klatsch und Tratsch der anderen. Mein Kopf war voll gestopft mit anderen Problemen. Ich steckte in einer Zwickmühle. Entweder

der Besuch oder Wandra! Beiden konnte ich nicht gerecht werden. Wandra nahm so viel Raum ein!
Und prompt meldete sich unser kleines Mädchen und verlangte ihr Recht. Sie war an einen geregelten Tagesablauf gewöhnt. Jede Unterbrechung verschlimmerte ihre Unruhe und machte unser Zusammensein noch schwieriger. Mit einer Entschuldigung lief ich die Treppen hoch und hoffte, wenn ich zurückkomme, ist das Wohnzimmer leer. Unten fiel die Tür laut ins Schloss. Ich war erleichtert.

Wochen später stand ich zum ersten Mal wieder an der Dorfstrasse. Hupen, quietschende Bremsen, Stimmengewirr ... es war unerträglich! Noch nie hatte ich diesen Lärmpegel so störend empfunden. Früher gehörte er zu meinem Alltag. Und jetzt reagierte ich so empfindlich, überempfindlich. Der kalte Schweiß brach mir aus. Seit vielen Wochen lebte ich mit Wandra nur in der Stille der Natur. Meine Sinne hatten sich daran gewöhnt. Wie erstarrt stand ich auf einem Fleck. Die Geräusche kamen von allen Seiten auf mich zu. Ich fühlte mich bedroht. In meiner Not hielt ich mir die Ohren zu. Wie Wandra.
Ich dachte an unser kleines Mädchen. Wie furchtbar muss sie sich damals gefühlt haben, als sie zum ersten Mal mit diesem höllischen Lärm konfrontiert wurde. Kein Wunder, dass ihr Körper in heller Aufruhr war. Niemand verstand sie - auch nicht ihre Mama. Wie jämmerlich allein sie war!

Ich stand immer noch an derselben Stelle, eingesperrt zwischen den Häuserreihen, in Gedanken versunken. Was mache ich eigentlich noch hier?
Die Passanten hetzten vorbei und rempelten mich unfreundlich an. "Sie stehen im Weg, merken Sie das nicht!" Nein, ich hatte es nicht bemerkt. Ich hatte abgeschaltet. Ihre Gesichter zogen an mir vorbei wie in einem Stummfilm, der mich unberührt lässt. Teilnahmslos registrierte ich dieses Geschehen.
Das monatelange Leben in der Isolation hatte Spuren hinterlassen. Meine Selbstsicherheit, auf die ich immer so stolz war, stand plötzlich auf wackeligen Beinen. Ich war menschenscheu geworden. Die lockere Art auf Menschen zuzugehen, hatte ich verloren. Ich verspürte nur noch einen einzigen Wunsch: Nach Hause! Ganz schnell nach Hause!

Die Glaswand

Es trennte uns eine dicke unsichtbare Glaswand, die Wandra wie ein Schutzschild umgab. Ich stand auf der einen Seite der Wand. Verzweifelt, traurig und völlig ratlos. Ich konnte unser kleines Mädchen sehen, aber durfte ihr nicht zu nah kommen. Sie lag in ihrem Kinderbett. Ihr Blick war abgewandt. Ihr Körper signalisierte mir deutlich: "Mama lass mich in Ruhe!" Als wäre ich ein bedrohlicher Fremdkörper, den man sich vom Leibe halten muss.

Ich glaube, niemand der es nicht selbst erlebt hat, kann sich vorstellen, was diese deutliche Abwehr des eigenen Kindes für eine Mutter bedeutet. Immer wieder musste ich mich zwingen, meine Tränen vor unserem Baby zu verbergen.
Völlig entmutigt stellte ich mich ans Fenster und sah den ziehenden Wolken nach. Die Minuten schlichen langsam vorbei. Meine Gedanken zogen mit. Wenn ich nur jemanden fragen könnte. Einmal aussprechen können, was mich beschäftigt. Es fiel mir niemand ein. Manchmal dachte ich, das kann nicht wahr sein, was ich erlebe. Das ist nur ein schrecklicher Traum, aus dem ich bald aufwache! Aber leider war es die raue Wirklichkeit.
Ich spürte, das Einzige, was ich für unser kleines hilfloses Baby im Augenblick tun kann, ist ihr Bedürfnis nach Distanz zu akzeptieren. Auch wenn es mir noch so schwer fällt!

Die Tage vergingen. Aber ich kam nicht zur Ruhe. Die Fragen ließen mich nicht mehr los. Was hat ihre starke Abwehr zu bedeuten? Vor wem muss sich unser Kind schützen, vor was? Wieso reagiert sie auf menschlichen Kontakt und Berührung mit panischer Angst? Wie eine kleine Schnecke, die sich schnell in ihr Schneckenhaus zurückzieht, wenn "Gefahr" droht.
Es erging mir wie vielen Menschen in einer ähnlichen Situation: Was wir nicht verstehen, macht uns völlig hilflos!

Hilflosigkeit

Zwei hilflose Wesen, Wandra und Mama, standen sich gegenüber. Ihr stereotypes Schreien war unerträglich. Ich hatte Mühe meine Gefühle vor unserem Kind zu verbergen. Am liebsten hätte ich zurück geschrien: "Hör endlich auf - ich kann es nicht mehr hören!" Mit jedem Schrei hörte ich eine anklagende Stimme: "Du bist unfähig, gut für Dein Baby zu sorgen, sonst müsste es nicht so schreien. Du bist keine gute Mutter!"
Erst Jahre später, als ich schon einige Puzzlestücke zusammengesetzt hatte, wurde die Sicht etwas klarer. Mit ihrer hartnäckigen Stimme wollte sie auf sich aufmerksam machen. Sie wollte uns zeigen, ich brauch etwas, ich weiß selbst nicht was: "Mama, Hilfe!"
Stumm stand ich vor Wandras Bett. Ihre Augen fixierten pausenlos die Bewegungen ihrer Finger. Wahre Kunststücke! Was war so interessant daran?
Alle Versuche, Kontakt zu ihr aufzubauen, verliefen im Sande. Unser Kind war in eine Welt abgetaucht, zu der ich keinen Zugang hatte. "Wer ist dieses kleine, fremde, verschlossene Wesen? Ich habe Dich neun Monate in mir getragen und jede Regung von Dir gespürt. Woche für Woche fühlte ich mich mehr mit Dir verbunden. Und jetzt? Welches Geheimnis verbirgst Du in Deinem kleinen Körper?" Ich kannte nicht ein Baby, das so war wie Du. Dein leerer Blick verfolgte Mama bis in ihre Träume. Albträume!

Wandra, auf den ersten Blick scheinst Du "bedürfnislos." Du brauchst keine Berührung, keine Nähe, keine Zuwendung, keine Spielsachen. Einfache Dinge, eine Papprolle, eine Papiertüte oder ein Plastiklöffel in Deiner Hand und Du wirkst zufrieden. Oder trügt der Schein? Steckt mehr dahinter? Spricht Dein Schreien nicht eine deutliche Sprache: Du willst mehr - aber was?

Unendlich weit entfernt zogen die weißen Wolken friedlich ihre Bahn. Nichts schien sie aus dem Gleichgewicht zu bringen. Das tiefe Verlassenheitsgefühl aus meiner Kindheit holte mich wieder ein. "Ob es da oben einen Himmel gibt? Ob mich jemand hört?" Ich machte die Erfahrung, wie viele Menschen in einer ähnlichen Situation, dass Verzweiflung und Zweifel sehr nahe zusammen liegen!
Es ist nicht einfach, weiter zu glauben, wenn alles so ausweglos erscheint. Ein Gedanke wurde immer stärker: Hier geschieht etwas, über das ich keine Kontrolle mehr habe. Mein Leben entgleitet mir und ich stehe ohnmächtig daneben.
Eigentlich war es höchste Zeit, sich Hilfe zu holen. Aber ich war wie gelähmt. Die alten Kinderschuhe, die mir schon seit vielen Jahren nicht mehr passten und bei jedem Schritt drückten, blockierten meine Schritte. Ich hatte schon früh gelernt: "Behalte Deine Sorgen für Dich. Sie gehen niemand etwas an." Es war verpönt, um Hilfe zu bitten. "Bloß keinem zur Last fallen!"

Ich erinnerte mich an eine Situation in meiner Kindheit, die sich immer wiederholte. Es war ein sehr kalter Winter. Über Nacht hatte es geschneit. Dicke weiße Flocken fielen vom Himmel, tanzten im Wind und verzauberten meine kleine Welt.
Eine weiße Schneedecke hatte die lauten Stimmen für eine Weile sanft zugedeckt. Still, hell und friedlich lag der Tag vor mir. Eine kurze Atempause für das kleine Mädchen. Dick eingepackt stapfte es mit Begeisterung morgens durch den frischen hohen Pulverschnee, der unter ihren Füssen knirschte. Es freute sich über die Spuren, die es bei jedem Schritt hinterließ. Der Fußabdruck war noch sehr klein, aber der feste Schritt war erkennbar. Mit roten Backen kam es zu Hause an.
Die Eisblumen blühten am Fenster in verschiedenen Variationen. Die ersten Sonnenstrahlen brachten sie zum Leuchten. Es drückte seine Nase an der kalten Scheibe platt und hauchte den zarten Blumengebilden seinen warmen Atem entgegen. Fasziniert beobachtete es, wie sie lebendig wurden und ihre Form veränderten. Dieses Spiel mit "Kälte, Wärme und Licht" hatte mich tief beeindruckt. Erstaunt stellte ich fest, wenn ich mich bewege, kann ich etwas verändern und ich fühle mich so gut dabei - springlebendig!
Es war kalt in der Wohnung. Unser Holz war verbraucht und wir froren. "Mutter, soll ich zu den Nachbarn gehen und sie um etwas Holz bitten?" Eine feste energische Stimme, antwortete: "Wir brauchen keine Almosen. Wir kommen allein zurecht!"

Diese Äußerung hatte ich verinnerlicht: "Ich brauche keine Hilfe, ich komme allein zurecht!" Ich kann mich nicht daran erinnern, dass Mutter einmal um Hilfe gebeten hätte. Jahrelang hatte sie als Flüchtling Abwertung und Ausgrenzung erlebt. Das Einzige was sie retten konnte, war Ihr Stolz. Der sie aber nicht davon abhielt, immer wieder anderen Menschen zu helfen. Später habe ich sie einmal gefragt: "Mutter, wenn alle Menschen so wären wie Du, wem kannst Du dann noch helfen?" Keine Antwort.
Ihr Stolz ging so weit, dass es uns verboten war von Bekannten Süßigkeiten anzunehmen. Für uns Kinder eine harte Strafe. Denn Süßes gehörte zu den Raritäten meiner Kindheit. Schon bei dem Gedanken daran lief mir das Wasser im Mund zusammen. Ob Mutter nur die leiseste Ahnung davon hatte, was sie damit angerichtet hat? Ich glaube, eher nicht. So sehr war sie in ihrer Vergangenheit gefangen. Sie war streng mit sich und mit ihrem Umfeld.
Teddy, Mama hat damals gelernt: "Ein falscher Stolz kann viel Schaden anrichten und steht einem selbst am meisten im Weg!"

Für Mutter kam es einer menschlichen Kapitulation gleich, hilflos zu sein. Nur keine Schwäche zeigen - nur niemandem etwas schuldig sein! Menschen ohne Rückgrat, wie sie es nannte, waren ihr ein Gräuel.
Sie lebte mir diese "Stärke" vor und schien alles unter Kontrolle zu haben. Wie ein Mensch, der genau

wusste, wohin er will. Zielbewusst! Selbstbewusst! Ein Mensch, der allen Stürmen des Lebens die kalte Schulter zeigt, weil er ihnen gewachsen scheint. Unberührbar!
Mit ihrem stolzen, aufrechten, festen Gang täuschte sie sich und andere. Diese aufrechte Haltung war Mutter in Fleisch und Blut übergegangen. Als frühere Gutshoftochter war sie es gewohnt "hoch zu Ross" über die Wiesen und Felder ihres Heimatlandes zu reiten. Ihre Augen bekamen ein besonderes Leuchten, wenn sie von dieser Zeit erzählte. Sie schwärmte von dem eigenen Pferd, das sie selbst zugeritten hatte, von den Ausflügen mit ihrem Vater in der Kalesche, eingehüllt in dicke Pelzdecken in der Winterzeit. Ein Leben, wie im Märchen.

Zum ersten Mal bekam ich eine leise Ahnung davon, wie sehr die äußere Fassade in die Irre führen kann. Wie sehr sie von dem eigentlichen inneren "Kern", dem Wesentlichen, ablenkt. Ich spürte, allein auf meine Augen kann ich mich nicht verlassen. Sie können sehr trügerisch sein!
Aber hier ging es nicht um meine Mutter und nicht um mich. Hier ging es um unsere kleine Wandra, die sich in unserer Welt nicht zurecht fand.

Die ersten grauen Wolken wurden sichtbar. Immer mehr Wolken schlossen sich zusammen und türmten sich zu gewaltigen Wolkenbergen auf. Ein bedrohli-

cher Anblick. Der Himmel zog sich von Minute zu Minute dichter zu.
Das Gefühl, "ich schaff es nicht mehr allein", meldete sich immer stärker. Aber die Erfahrungen aus der Kindheit lagen mir im Weg. Wie dicke schwere Steine, die ich nicht umgehen konnte. Gott war weit weg. Die Verbindung zu ihm schien unterbrochen. Oder doch nicht? Ich erinnerte mich an die Zeit, als wir in Franken lebten. Da begegnete man sich mit dem Gruß: "Grüß Gott!" Das hat mir gefallen. Es klang wie eine Aufforderung: "Sprich doch mit ihm! Versuch es einfach. Was soll schon passieren. Du hast nichts zu verlieren!" Als wäre Gott ein alter Bekannter, der einem täglich über den Weg läuft und ein offenes Ohr für mich hat. Eines Tages, es kostete mich eine sehr große Überwindung, flüsterte ich zaghaft ein kleines Gebet: "Gott, wenn Du mich hörst, bitte hilf mir! Ich weiß nicht mehr weiter!"

Jetzt war es gesagt. Aber ich fühlte mich nicht wohl in meiner Haut. Dieses Bedürfnis um Hilfe zu bitten, war mir so fremd. Ich kam mir vor, wie jemand, der sich zum ersten Mal Schlittschuhe ausgeliehen hatte. Er hatte davon gehört, dass Schlittschuh laufen den Kopf frei macht. Noch voller Zweifel, ob das wohl stimmt, wollte er es ausprobieren. Als erstes versuchte er die Schuhe richtig zu binden - nicht zu fest und nicht zu locker, damit der Fuß Halt fand. Noch wackelig auf den Beinen erhob er sich ganz langsam, krampfhaft be-

müht die Balance zu halten. Dann stand er endlich. Ein gutes Gefühl!
Jetzt kam der schwierigste Teil. Der erste Schritt aufs Eis. Ein mutiger Schritt! Vorsichtig berührten seine Füße die Eisfläche. Er ruderte heftig mit den Armen, um nicht weg zu rutschen und auf dem Po zu landen. Das mulmige Gefühl begleitete ihn: "Wird das Eis mich tragen?" Noch sehr unsicher wagte er sich auf die Eisfläche. Zaghaft rutschte er, Meter für Meter in kleinen Schritten vorwärts. Was hatte man ihm erzählt: "Du musst Dich nur darauf einlassen!"
Erstaunt stellte er fest: "Tatsächlich, es trägt mich!" Eine unbändige Freude erfüllte ihn.

Mein Blick richtete sich nach oben. Die geschlossene Wolkendecke riss langsam auf und die Sonne lugte hervor. Es war als würde eine "starke Hand" mich behutsam weiter schieben: "Gebe nicht auf - auch wenn Deine Liebe noch nicht erwidert wird, irgendwann wird es anders." Ich war irritiert. Sollte das ein Zeichen sein? Ein Zeichen für mich?
Wenn ich einen Blick in die Zukunft wagte, sah ich nur einen mächtigen, unüberwindbaren Berg vor mir. Wie soll ich diese grenzenlose Geduld aufbringen und woher nehme ich dieses starke Vertrauen? Dieser "Stolperstein" lag mir besonders im Weg. An manchen Tagen hinkte ich wie ein "Invalide" durch die Gegend. Warum hinkte ich eigentlich immer hinterher, wenn es darum ging, zu vertrauen?

Manchmal wird in unserem Leben eine Tür zugeschlagen, ehe man die Chance bekommt, durch sie hindurch zu gehen. Und es ist schwer, sie eines Tages zu öffnen. So habe ich es als Kind erlebt. Mutter war über viele Jahre mein Vorbild. Mit ihren traumatischen Erfahrungen beeinflusste sie mich unbewusst. Der zweite Weltkrieg, der Luftschutzkeller, die Bomben, die Angst vor Gewalt, zerstörte Häuser, zerstörte Menschen! Bei jedem Klopfen an der Tür wurde die Luft angehalten. Sie lebte mit der Angst im Nacken. Wie soll das ein Mensch verkraften?
Ihr Vertrauen in die Menschen war stark erschüttert. Sie verließ sich nur auf sich selbst. Oft sagte Mutter mit fester Stimme: "Merk Dir, man kann niemandem trauen!"
Ich hatte keinen Grund an ihrer Aussage zu zweifeln. Dazu war ich noch zu jung. Aber sie hinterließ tiefe Spuren. Meine Vertrauen war stark beschädigt!

Aufgewachsen bin ich in einer Familie, die streng katholisch erzogen wurde. Von einem "strafenden Gott" war die Rede. Es gab nur Verbote und Einengung. "Gott sieht alles!" Das klang wie eine Drohung. Niemand machte sich darüber Gedanken, welche verheerende Wirkung diese Worte auf ein Kind haben. Ich bekam zum ersten Mal ein Gefühl dafür, wie wichtig es ist, genau zu überlegen, was man sagt. Im Stillen nahm ich mir vor, meine Entdeckung nicht zu vergessen und achtsam mit Worten umzugehen, wenn ich eines Tages selbst Kinder haben werde.

Zu dieser Entdeckung gehörte auch ein Ritual, das mich als Kind sehr beeindruckt hatte. Wenn Mutter einen frischen Laib Brot anschneiden wollte, drückte sie das Brot fest an ihre Brust und zeichnete ein kleines Kreuz mit dem Messer auf den Brotrücken. Dieses kratzende Geräusch ist mir heute noch lebendig. Ob sie es nur so machte, weil sie es von ihrer Mutter übernommen hatte oder aus innerer Überzeugung? Ich wusste es nicht. Darüber wollte sie nicht sprechen. Vielleicht waren auch die Zeiten der großen Hungersnot dafür verantwortlich. Brot war damals ein kostbares Gut. Was es auch war, diese kleine Geste hat sich fest bei mir eingeprägt. Noch heute hat Brot für mich eine besondere Bedeutung. Ich könnte es niemals verschwenden!

Sonntags ging man in die heilige Messe. Als Kind war es für mich eine lästige Pflicht. Aber darüber wurde nicht diskutiert. Es war ein ungeschriebenes Gebot. Ich saß neben Mutter auf der harten Bank. Ich schaute mich um. Die Köpfe waren starr nach vorne gerichtet. Kein freundliches Gesicht, kein Lächeln - nur ernste, verkniffene Mienen. Ob Gott sich in dieser düsteren Atmosphäre wohlfühlen würde? Mein kindliches Gemüt hatte starke Zweifel. Ich fühlte mich sehr unwohl. Dieses Gefühl änderte sich, wenn ich die Kirche alleine aufsuchte. Ohne Menschen, ohne Priester. Allein mit dem Geruch von Wachs und brennenden

Kerzen, den beeindruckenden Fresken an den Wänden und hoch oben in der Kuppel. Das Licht schien durch die bunten Glasfenster und brachte die kräftigen Farben zum Leuchten. Auf einmal störte mich die schwache Beleuchtung nicht mehr. Ich genoss diese friedliche Stille und Kühle, die mich umgab.
Das Klingeln der kleinen goldenen Glocke holte mich in die Wirklichkeit zurück. Die Eindrücke waren verwirrend. Man glaubte und tat was von der Kanzel herunter angeordnet wurde. Zumindest sah es für das Mädchen auf der harten Kirchenbank so aus. Bedingungsloser Glaube wurde gefordert. Nichts sollte hinterfragt werden. Wieder verstand ich die Großen nicht. In der Schule wurde uns beigebracht, man soll seinen Verstand benutzen. Ich hatte so viele Fragen und war immer auf der Suche nach Antworten? Wo blieb die Freude und die eigene Gewissensentscheidung? Ein Lichtblick waren die Worte meiner Großmutter: "Mädel, red nicht vom Glauben - tu ihn!" Das leuchtete mir ein. Das ergab einen Sinn für das junge Mädchen: "Nicht reden, sondern handeln!"

Eine zeitlang hatte ich Angst vor "ihm". Ich fühlte mich ständig beobachtet, ständig kontrolliert, ständig bewertet. Die Worte engten mich ein, wie ein zu kleiner langer Mantel, der meine Schritte beim Gehen behinderte. Noch fehlte mir die Erkenntnis: Ich kann ihn einfach ausziehen!
Später habe ich oft daran zurück gedacht. Was hinderte

mich eigentlich daran, mich von dem "Mantel" zu trennen? Ich spürte doch, wie er mir durch seine falsche Größe im Weg stand. Warum dauert es manchmal so lange, zu erkennen, was einem gut tut und was nicht? Immer dieser innere Zwiespalt. Er hatte sich wie ein Wirrwarr aus vielen Fäden zu einem dicken Knäuel zusammen gezogen. Aber wo war der Anfang? Heute weiß ich: Die Zeit war noch nicht reif - ich war noch nicht reif! Erst mit dem Älterwerden verlor sich diese Angst und die Neugierde siegte. Gott sei Dank! Aber ich hatte noch einen weiten Weg vor mir!
Teddy, später auf unserer Reise hat Mama gelernt: "Nichts was im Leben wirklich wichtig ist, geht schnell und ist leicht!"

T e d d y

Monate vergingen. Ich tappte immer noch im Dunkeln. Nichts scheint unser Kleines zu interessieren, außer ihrem Teddy. Vor ein paar Tagen habe ich ihn ihr in den Arm gelegt. Seitdem hat sie ihn nicht mehr losgelassen.
Es erinnerte mich an die Zeit, als ich klein war. Ich hatte eine Stoffpuppe, die mich durch meine ganze Kindheit begleitete. Wenn ich die Augen schließe, sehe ich sie noch genau vor mir. Ich spüre ihren weichen Körper und rieche ihren alt vertrauten Duft. Den Duft von Geborgenheit. Nur weil sie da war, konnte ich ein-

schlafen. Nach Jahren war meine Puppe, die ich überall mit hin nahm, ziemlich ramponiert. Aber sie blieb für mich das Wertvollste, was ich besaß. Ich hätte sie für nichts auf der Welt eingetauscht. Sie war mein Zuhause!
Wandra, dieses starke Gefühl aus meinen Kindertagen habe ich nicht vergessen und Dir den Teddy geschenkt. Ich war erleichtert. Er durfte bei Dir bleiben. Er half unserem Kind die fremde, Angst machende Welt, auszuhalten. Wandra, Dein Teddy und Du, Ihr ward enge Freunde - bis heute.

Viele Jahre später las ich auf einer Karte einen Spruch, der mich an meine Kindheit erinnerte: "**Lange bevor ich erwachsen wurde, lehrte mich, mein Teddy** (bei mir war es die Puppe), **was Liebe wirklich bedeutet. Nämlich da zu sein, wenn man gebraucht wird.**"
(von Jim Nelson) Niemals vorher hatte mich eine einfache Aussage, so mitten ins Herz getroffen. Sie passte zu meinem Leben mit Wandra, als wäre sie für mich geschrieben.
Wie viele Bücher über die Liebe hatte ich schon verschlungen. Immer auf der Suche nach einer Antwort, die mir weiterhilft. Liebe war in meinem Leben immer ein großes Thema. Aber als Wandra dann geboren wurde nahm das Thema "Liebe" Ausmaße an, die mich so stark erschüttert haben, wie ein Orkan mit Windstärke zwölf. Und ich war nur noch bemüht, Halt zu finden.

Oft fragte ich mich, was hat dieser Text, den ich hier lese, mit meinem Leben zu tun? Wo steht, wie man ein Kind lieben kann, das so stark behindert ist, dass es einen ablehnt? Und wie schaffe ich es, meiner kleinen Familie Liebe zu geben, wenn mein Tank leer ist? Der Text war so meilenweit von meinem Alltag entfernt. Graue Theorie!
Aber diese wenigen Zeilen von Jim Nelson, diesem unbekannten Autor, brachten es unmissverständlich auf den Punkt: "Liebe ist da zu sein, wenn man gebraucht wird!" Nicht mehr und nicht weniger. Ganz einfach!?

Ich beobachtete Wandra schon eine ganze Weile. Sie saß in ihrer Lieblingsecke, den Teddy im Arm und schaukelte immer im selben Takt mit ihrem Oberkörper nach vorne und zurück und gab eigenartige summende Töne von sich. Als würde sie einer inneren Melodie folgen. Das Sonnenlicht fiel auf ihre dunklen Locken. Ihre Augen fixierten die Plastikhülle einer Wattepackung, die sie zwischen ihren kleinen Fingern hin und her drehte. Sie war unserer Welt entrückt und auf ihre "eigene kleine Insel" abgetaucht. Ein eigenartiger Zauber umgab sie. Sie hat gestern dasselbe getan wie heute. Und morgen wird sie es wiederholen und übermorgen wieder. Es schien ihr gut zu tun. Es schien ihr zu genügen!?
Mich verwirrte ihr Anblick. Ich hatte nur ein einziges Bedürfnis: Ich wollte allein sein!

Niemand sollte mir begegnen und mir Fragen stellen, auf die ich keine Antwort wusste. Für eine lange Strecke mied ich die Menschen. Ihr Tuscheln hinter meinem Rücken konnte ich auf der Haut spüren. Es war verletzend! Vor allem die Mütter mit ihren Babys am Arm, denen das Glück aus allen Poren strahlte, setzten mir zu. Ihr stolzer Blick sprach aus, was sie dachten: "So musst Du es machen. Das kann doch nicht so schwer sein! Wir können es doch auch!" Ich fühlte mich unfähig. Ich hatte versagt!

Ob sie wussten, welches Glück sie hatten, ein gesundes Baby in ihren Armen zu halten? Wahrscheinlich nicht. Vielleicht wäre es mir in ihrer Situation ähnlich ergangen. Erst wenn uns etwas aus der Bahn wirft, weiß man zu schätzen, wie gut es einem vorher erging. Ich machte einen großen Bogen um sie. Nur nicht mit ansehen müssen, wie die Babys ihnen die Arme entgegen streckten und sie anlächelten, aus Freude das vertraute Gesicht ihrer Mama zu sehen. Ich vermisste dieses Lächeln so sehr, dass es weh tat. Diese Nähe zwischen Mutter und Kind. Ein Gefühl das alle kleinen und großen Sorgen des Alltags wegschwemmt.
Immer häufiger ertappte ich mich bei dem Gedanken: Wie schön müsste es sein, ein gesundes Kind zu haben und eine junge Mutter zu sein wie alle anderen! Mittendrin im Geschehen. Statt am Rande der Gesellschaft zu leben. Über eine lange Strecke schleppte ich diesen unerfüllbaren Wunsch mit.

Wir machten endlose Spaziergänge durch den Wald, an Feldern und Wiesen entlang, immer bemüht Wege zu gehen, die menschenleer waren. In dieser Zeit lernte ich den Wald zu schätzen. Das satte Grün erfrischte mich und gab mir neue Kraft. Meine gleichmäßigen Schritte und das monotone Geräusch der Räder begleitete uns. Unser Kind gab keinen Laut von sich. Meine Gedanken liefen mit: "Ich bin allein auf der Welt mit unserem kleinen Mädchen, das sich wie eine leblose Stoffpuppe von mir bergauf und bergab schaukeln lässt und nur reagiert, wenn ich nicht schnell genug fahre."
Dieses Phänomen hatte ich vor ein paar Tagen beim Einkaufen entdeckt. Ich schob Wandra mit dem Kinderwagen im Eiltempo durchs Dorf. Sobald ich langsamer fuhr, meldete sich ihre kräftige Stimme. Beschleunigte ich das Tempo, war es still im Wagen. Aus dem Kinderwagen wurde in Windeseile ein Rennwagen. Völlig außer Atem hielt ich vor einem Geschäft um schnell etwas einzukaufen. Dann wackelte es heftig im Innern des Wagens. Wandras Stimme war nicht zu überhören. Das Getuschel im Rücken begleitete mich hinaus.
Teddy, einmal hat Mama gesagt: "Manchmal muss man fester "aufdrehen", um gehört zu werden!"
Es dauerte noch Monate bis ich endlich auf ihre seltsame Reaktion eine Antwort fand: Dieses starke Bedürfnis nach Geschwindigkeit hatte einen ganz einfachen Grund: Unser Kind wollte sich spüren! Aber dazu später.

Die Sonne war hinter den Bäumen verschwunden. Es wurde langsam dunkel. Ich fröstelte und wollte nach Hause. Unser Zuhause war eine feste Burg, in der ich mich mit Wandra versteckte. Dicke Mauern schützten uns vor dem "kalten Wind". Hier konnte unser Baby seine bizarren Bewegungen machen und Lautmalereien von sich geben, ohne dass wir Aufsehen erregten. Und ich konnte meinen Gefühlen freien Lauf lassen und war niemandem Rechenschaft schuldig. Mutters feste Stimme kam mir in den Sinn: "Wenn Du den anderen aus dem Weg gehst, hast Du Deine Ruhe!" Wie recht sie hatte.
Mein Bedürfnis nach Ruhe wurde Tag für Tag stärker. Mein angespanntes Nervensystem meldete sich. Wenn das Telefon klingelte, legte ich den Hörer daneben. Die neugierigen Fragen, "wie sie kann das immer noch nicht," machten mich nur traurig. Wenn der Postbote klingelte, öffnete ich die Tür nur einen Schlitz und er übergab mir die Post, ohne ein Wort zu sagen. Er hatte sich an meine wortkarge Art gewöhnt.
Mittlerweile war mein Ruhebedürfnis so extrem, dass ich sogar das Radio ausstellte, wenn ich alleine im Haus war. Alle Geräusche, die ich nicht ertragen musste, stellte ich ab. Nur die Stille war wohltuend. Eigenartig, viele Menschen fühlen sich unwohl, wenn das Schweigen zu lange anhält? Sie können die Stille nicht aushalten. Sie reden und reden, als müssten sie einen leeren Raum füllen und haben doch nicht viel zu sagen. Für mich war diese Stille wie eine erfrischende

Atempause. Zeit durchzuatmen. Wandra, es ging mir wie Dir!
Später las ich darüber, wie wichtig eine ruhige Atmosphäre für unser Kind war. Ihr Nervensystem reagierte übersensibel auf Reize und war nicht in der Lage auszusortieren. Wir versuchten jede Reizüberflutung zu vermeiden.

D i a g n o s e n

War es Zufall oder ein Wink des Himmels? Ich schlug die Seite eines Buches auf und Zeile für Zeile kam Wandra mir entgegen. Ich konnte mich nicht satt lesen. Da begegneten mir Kinder, die ein unsichtbares Schild um den Hals trugen: "Bitte nicht berühren." Kinder, die stundenlang stereotyp mit ihrem Körper hin und her schaukeln, scheinbar sinnlos über Flächen streichen und Gegenstände wie in Trance fixieren. Kleine Wesen von einem anderen Stern!
Die plötzlich, ohne ersichtlichen Grund, außer sich sind und Kräfte entwickeln, die man in ihrem kleinen Körper niemals vermuten würde. Immer wieder dachte ich: So wie unsere kleine Wandra!
Endlich hatte ihr fremdartiges Wesen einen Namen: **"Frühkindlicher Autismus."** Ich hatte diesen Begriff niemals vorher gehört. Eine dichte Nebelwand, die mir bis dahin die Sicht versperrt hatte, brach auf. Ein kleines Stück Himmel wurde sichtbar!

Der Zufall hatte mir eine Fachzeitschrift mit einem Auszug aus dem Fachbuch "Der unheimliche Fremdling" von Carl H. Delacato in die Hände gespielt. Ein amerikanischer Pädagoge und Psychologe der sich seit vielen Jahren mit hirnverletzten Kindern befasste. Als ich das Wort "hirnverletzt" zum ersten Mal las, stolperte ich darüber. Ich war irritiert. Am liebsten hätte ich diesen fremdartigen Begriff verneint und weit von mir geschoben. In meinem Kopf überschlugen sich die Gedanken: "Und wenn er doch zutrifft?"
Ich setzte mich in meinen Lieblingssessel und dachte nach. Was hatte ich gelesen? Diese Hirnverletzungen treten in unterschiedlichen Schweregraden auf. Aber eines haben diese Kinder gemeinsam, sie haben Probleme die Reize des Umfelds mit ihren Sinnen adäquat zu verarbeiten. Ich konnte nur noch still nicken. Diese Beschreibung trifft genau ins Schwarze. Unser kleine Wandra, unser hilfloses Kind ist hirnverletzt!
Voller Erregung nahm ich die Zeitschrift wieder in die Hand. Ich spürte ganz deutlich, ich bin nicht mehr allein. Da gibt es jemanden, der mir helfen wird, die Wahrheit über unser kleines Mädchen herauszufinden. Können Sie sich meine große Erleichterung vorstellen? Dieses Tappen im Dunkeln wird ein Ende haben. Ich schöpfte wieder Hoffnung.

Jedes Wort, was ich im Laufe der folgenden Jahre in der Fachliteratur über Autismus finden konnte, wurde von mir verschlungen. Die Begriffe purzelten wirr

durcheinander: Starke seelische Störung, tief greifende Entwicklungsstörung, Schädigung des Gehirns, Sauerstoffmangel, Kontaktstörung, Isolationsbedürfnis, zwanghaftes Verhalten, bizarre Bewegungen, kein kreatives Spielen, Stereotypien, Angst vor Veränderungen, Autoaggressionen ... nur wenig Hoffnung auf Besserung. Zwei Worte blieben haften: "Frühkindlicher Autismus". Die Seiten verschwammen vor meinen Augen. Das ist unser kleines Mädchen! Es gab nichts mehr zu leugnen.
Im Verlauf von Wandras Geburt ergaben sich starke Komplikationen. Schon im Geburtskanal begann ihr Abenteuer. Sie steckte fest und wurde mit der Saugglocke gewaltsam auf die Welt gezogen. Durch den Sauerstoffmangel wurde ihr Gehirn sehr stark geschädigt. Aber unser Baby hat überlebt!
Dieser eine Augenblick, diese wenigen Sekunden im Geburtsverlauf entschieden darüber, wie das Leben unseres Kindes weiter verläuft! Unfassbar und erschreckend zugleich!
Ich legte die Literatur zur Seite und streckte meine steifen Glieder. Ein Gedanke ließ mich erschauern: Der steile Weg, der jetzt vor mir liegt, wird alles übertreffen, was ich bisher in meinem Leben bewältigt habe! Ich hatte nicht die geringste Ahnung, welche Bedeutung in diesen Worten steckte. Gott sei Dank! Ich wusste es nicht. Wie sollte ich auch. Noch nie in meinem Leben war ich mit dem Begriff Behinderung konfrontiert worden. Ich konnte mein Herzklopfen hören.

Mit gemischten Gefühlen las ich weiter: Diese Schädigung wird schon in den ersten Tagen sichtbar, wenn man sie erkennt. Eine Reihe von Bildern tauchte vor mir auf: Wandras starke Abwehr gegen meine Umarmung, ihr lebloser Blick, ihr andauerndes Schreien und ihre völlige Teilnahmslosigkeit, was ihr Umfeld anbetrifft. Sie wirkte wie "taub".
Nur ihr Teddy war wichtig. Seine Nähe schien unserem Kind gut zu tun. Ich blickte zu unserem kleinen Schatz hinüber. Sie schlief eng an ihn gekuschelt. Der Teddy und Wandra, zwei Puzzlestücke, die so fest ineinander passten, dass niemand sie trennen konnte.

Dann ereignete sich etwas, es war einer dieser dunklen Tage, das mich völlig aus der Bahn werfen sollte. Ich stand reglos an Wandras Kinderbett und beobachtete schockiert, wie sie mit dem Kopf gegen die Rückwand schlug. Immer wieder und wieder. Mein Gefühl war ausgeschaltet. Voller Entsetzen sah ich dieses fremdartige Verhalten. Für eine lange Zeit oder war es auch nur kurz, rührte ich mich nicht von der Stelle. Ich war wie versteinert - starr vor Schreck. Langsam löste sich meine Benommenheit in pure Verzweiflung auf. Was soll ich bloß machen? Den dumpfen Klang höre ich heute noch.
Ich dachte, es zerreißt mir das Herz, unser kleines Mädchen so außer sich zu erleben. Ich riss Wandra aus diesem Wahnsinn an mich. Die Tränen liefen mir die Wangen herunter. "Mein Kleines, wenn ich Dich nur

fragen könnte! Warum tust Du das? Wieso verletzt Du Dich? Das muss Dir doch sehr weh tun?" Fassungslos blickte ich in ihr teilnahmsloses Gesicht.
Wandra, in diesem Augenblick warst Du mir so fremd, weit entfernt und ganz nah zugleich. Ich stand immer noch an derselben Stelle, mit unserem Kind im Arm und bemühte mich das Karussell meiner Gedanken zu ordnen. Was hat dieses kleine Wesen mit seinem bizarren Verhalten mit mir zu tun? Niemand hatte mich darauf vorbereitet. Zugleich spürte ich und das erschütterte mich bis in den tiefsten Kern meines Wesens: Dieses kleine Bündel Mensch ist mein Kind!

Eine bedrückende Atmosphäre war im Raum. Ich wusste nicht mehr aus noch ein. Es war als wäre eine schwere Eisentür ins Schloss gefallen. Aber wo war der Schlüssel? In meiner Verzweiflung, habe ich Gott meine Wut vor die Füße geworfen: "Warum lässt Du uns im Stich? Wo bist Du? Was willst Du von mir? Was macht das für einen Sinn, was ich hier erlebe? Tragödien habe ich in meinem Leben schon vor Wandras Geburt ausreichend erlebt. Also Gott sag mir warum?" Aber er blieb stumm. Der Verstand sagte mir: Hör auf Warum zu fragen. Du wirst nie eine Antwort darauf bekommen!
Ich fand keine Ruhe. Eine Frage blieb haften: Wieso verhält sich unser Baby so abartig? Tagelang stöberte ich wieder in meinen Büchern. Ich erfuhr von Kindern mit einer trägen Sinnesseite, die zu wenig Reize durch

die Haut erhalten. Könnte das der Schlüssel für ihr eigenartiges Verhalten sein?
Wir mussten noch eine lange Strecke überwinden, bevor ich das sonderbare Verhalten unseres Kindes in seiner ganzen Tragweite verstehen konnte.

Wandra, wie gut, dass Du nicht mit bekommst, was Deine Mama jetzt bewegt. Wie wird das Leben unseres kleinen Mädchens eines Tages aussehen? Wird sie immer isoliert bleiben? Wird sie jemals laufen und sprechen können? Wird sie einmal arbeiten können? Wird sie jemals Freunde finden? Wird sie eines Tages glücklich sein? Wird sie jemals ...
Ich stoppte mich gewaltsam und redete mir zu, wie einem "kranken Gaul". Und versuchte mich mit dem Gedanken zu trösten: Dein Schreien, das uns so stark zu schaffen machte, war doch ein unüberhörbares Zeichen wie unendlich viel Energie in Dir steckte! Eine Energie, die wir nutzen müssen. Aber wie?
Ich muss einen Weg finden, der uns aus diesem Labyrinth herausführt!

Immer stärker wuchs in mir das Gefühl, jemand nimmt mich fest an der Hand und macht mir Mut: "Mach weiter, verfolge diese Spur. Es ist Wandras einzige Chance!" Im Laufe der Reise erkannte ich, es war auch meine große Chance. Denn nichts beutelt einen Menschen so sehr, kratzt an seiner Fassade und hinterfragt ihn, wie ein "dicker Brocken", der uns über eine lange

Strecke den Weg blockiert. Kilometer für Kilometer wird die Persönlichkeit sichtbar, die er in Wirklichkeit ist. Dieser "dicke Brocken", wenn man ihm nicht aus dem Weg geht, formt den Charakter!
Teddy, Mama hat später gesagt: "Es ist erstaunlich, wie besondere Lebensumstände einen Menschen verändern können!"

Endlose Wochen vergingen. Ein Gedanke blieb hängen und begleitete mich: Es muss noch etwas anderes geben, was unser Kind so sehr aus dem Gleichgewicht bringt! Ich ließ nicht locker. Nach mehreren Untersuchungen fand man heraus, dass Wandras Schilddrüse nicht arbeitet. Eine Unterfunktion der Schilddrüse, die Hypothyreose, wurde diagnostiziert. (*siehe Seite 60) Wenn das kleine Organ, das wie ein Schmetterling aussieht, nicht richtig funktioniert, macht es sich im ganzen Körper bemerkbar. Kein Wunder, dass unser Baby nicht zur Ruhe kommt! Ich war erleichtert und erschrocken zugleich.
Es fiel mir wie Schuppen von den Augen. Die trockene Haut, die ständige Verstopfung, die Appetitlosigkeit, das alles waren typische Symptome des Hormonmangels. Wenn ich Wandra badete, erlebte ich jedes Mal das gleiche Phänomen. Die nassen schwarzen Haare kringelten sich bis der ganze Kopf von krausen dunklen Locken bedeckt war. Kaum waren sie getrocknet, standen sie kerzengerade wie Borsten in die Höhe.

Das erinnerte mich an einen "kleinen Igel", der seine Stacheln zeigt: "Lasst mich alle in Ruhe!"
Der schielende ernste Blick und die zusammen gezogene Stirnfalte zeigten deutlich ihre innere Abwehr. Ein nacktes Baby mit einem aufgedunsenen Körper lag völlig apathisch vor mir. Unser Baby! Wie fremd es aussah! Ein Arzt erklärte mir: Wenn ein solcher Mangel über eine lange Zeit bestehen bleibt, weil dieser Defekt nicht erkannt wird, stagniert die geistige und körperliche Entwicklung völlig - bis zum Endstadium Kretinismus.

Ein kalter Schauer nach dem anderen lief mir über den Rücken. Fassungslos beugte ich mich über Wandras Körbchen und blickte in ihr Gesicht, dass starr in die Ferne gerichtet war: "Wie kann Gott das zulassen? Sieht er nicht unsere große Not? Warum hilft er unserem Baby nicht?" Ich hatte das Gefühl, ich stehe vor einer riesigen Felswand. Kalt, glatt, abweisend und unüberwindbar starrte sie auf mich herunter. Wie klein, wie winzig kam ich mir vor. Wie ohnmächtig. Die Welt schien auf einmal still zu stehen! Aber das bunte Treiben um mich herum ging unaufhaltsam weiter, als wäre nichts geschehen.

Wenn wir spazieren gingen, hoffte ich niemandem zu begegnen. Sobald ich in der Ferne eine bekannte Person auf uns zukommen sah, änderte ich schnell die Richtung. Wollte jemand einen Blick in den Kinderwagen werfen, zog ich eilig die Decke hoch, um Dich vor den neugierigen Blicken zu verstecken. Wandra, verzeih mir, aber ich habe mich in dieser Zeit für Deinen Anblick geschämt. Nein, so stimmt es nicht. Ich muss es zurecht rücken. Eigentlich habe ich mich für mich geschämt, weil ich nicht in der Lage war, ein gesundes Baby zur Welt zu bringen. Ich war zutiefst davon überzeugt: Ich habe versagt!

Mutters Geschichte aus der Zeit im Lager fiel mir ein. "Wir waren Kriegsflüchtlinge. Es erging uns wie so vielen Menschen in dieser Zeit. Die Not war groß! Die Kälte zog in dem spärlich eingerichteten Raum durch alle Ritzen. Wir hatten nicht genug Decken und froren. Ich hatte keine Milch für Dich, nur Wasser und Mehl. Dein Bauch war stark aufgebläht. Deine spindeldünnen Arme und Beine, die wie "Stecken" aussahen, konnten Dich kaum tragen. Du warst "unterernährt", wie so viele Kinder in der Nachkriegszeit."
Bei dem Wort "unterernährt" sah ich wieder diese hellbraune Glasflasche mit dieser öligen Flüssigkeit auf mich zukommen. Schon von weitem packte mich beim Anblick der Ekel und am liebsten wäre ich weg gerannt. Aber ich wusste, ich kann ihr nicht entgehen. Wenn Mutter sich etwas in den Kopf gesetzt hatte, gab es kein Entkommen. Sie wollte meinen großen Vitaminmangel bekämpfen. Der Geruch von Lebertran stieg mir wieder in die Nase und ich schmeckte diesen öligen, penetranten Fischgeschmack auf der Zunge.

Auch das trockene Stück Brot, das Mutter mir schnell in den Mund schob, änderte nichts daran. Der aufdringliche Fischgeschmack blieb.

Mutter erzählte weiter: "Auffallend waren Deine großen dunkelbraunen Augen. Sie blickten kritisch und ernst um sich. Kindliche, wache Augen, denen nichts entging. Du konntest stundenlang nur still dasitzen und Dein Umfeld intensiv beobachten. Wenn uns jemand begegnete, habe ich Dich schnell in den Kinderwagen gesetzt und die Decke über Deinen Körper geworfen, so erbärmlich sahst Du aus. Du hast Dich nicht gerührt. Nur Deine neugierigen Augen blieben lebendig. Sie verfolgten mich auf Schritt und Tritt."

Meine kleine Wandra, auch Du sahst in den ersten Monaten vor der Hormontherapie so "erbärmlich" aus. All das liegt so lange zurück, dass es mir manchmal so vorkommt, als wäre es in einem anderen Leben gewesen. Es ist verblasst und für immer hinter einer dichten Nebelwand verschwunden. Ich bin unendlich dankbar, dass diese schreckliche Zeit vorbei ist! Gott sei Dank!

* Heute wird bei einem Säugling, unmittelbar nach der Geburt, abgeklärt, ob eine Stoffwechselerkrankung vorliegt.

Hormontherapie

Der Kinderarzt erklärte mir: "Sobald Ihr Kind hormonell besser versorgt ist, durch eine stationäre Behandlung mit Schilddrüsenpräparaten, wird sich sein Aussehen und sein Verhalten verändern."
Ich hörte die Worte aber ich konnte es kaum glauben. Wandras Verhalten und Aussehen wird sich verändern! Wie sollte das möglich sein? Ich lächelte tapfer. Es war ein Hoffnungsschimmer. Dieser Schrecken, der Wandra tags und nachts nicht zur Ruhe kommen lässt, wird vergehen! Unserem Baby wird geholfen!

Mit sechs Monaten setzte die Hormontherapie im Krankenhaus ein. Wandra, es war eine schwere Zeit für uns beide. Bisher waren wir keinen Tag voneinander getrennt. Die Schwester musste Dich aus meinen Händen reißen. Der Gedanke, Dich in fremde Hände abzugeben, war unerträglich. So viele kleine Rituale bestimmten unseren Tagesablauf. Und jetzt war niemand da, der Deine besonderen Bedürfnisse befriedigen konnte, weil er Deine Sprache nicht verstand. Damals war der Mutter der Kontakt zu ihrem Baby untersagt. Bis heute habe ich diese hartherzige Regel nicht nachvollziehen können. Bis heute frage ich mich, warum ich mich nicht vehementer gewehrt habe? Wahrscheinlich spürte ich, es macht keinen Sinn!
Dieses "Nicht-Verstehen" sollte mich auf unserem langen Weg noch oft begleiten. Der Kampf mit Behörden

und Fachleuten nahm kein Ende. Ein Marathon von Untersuchungen, mit endlos langen Wartezeiten, lag hinter uns. Aber es sollten noch viele folgen. Immer wieder musste ich Wandras Entwicklungsverlauf beschreiben. Was mir ungeheuer schwer fiel, weil ich einer fremden Person gegenüber saß. Oft schaute ich in skeptische Augen. Augen, die an meinen Aussagen zweifelten und mich verstummen ließen. Unzählige Formulare habe ich ausgefüllt, ohne zu wissen, ob es überhaupt einen Sinn macht. Sie stahlen mir die Zeit, die ich nicht hatte. Oft fühlte ich mich als "Bittsteller" und kämpfte mit den Tränen. Es war zermürbend. Warum stellt man Müttern immer wieder neue Hürden in den Weg? Sie brauchen so viel Kraft und Nerven für die Begleitung und Förderung ihres behinderten Kindes. Der Weg ist schon mühsam und steinig genug!

Wandra, ich konnte Dich nur aus weiter Entfernung durch eine Glasscheibe sehen. Wieder trennte uns eine Glaswand. Nur diesmal war sie real, was fast noch schlimmer war. Ich sah wie Dein kleiner Körper sich unruhig hin und her drehte, hörte Dich laut und anhaltend schreien, aber niemand reagierte darauf.
Am liebsten hätte ich einen Stein in die Scheibe geworfen und geschrieen: "Sind Sie eigentlich taub? Mein Baby schreit! Es braucht Hilfe!" Kein Mensch war zu sehen. Ich wollte zu Dir, um Dich in meinen Armen zu schaukeln, bis Du Dich wieder beruhigt hast. So wie Du es gewöhnt warst. An der Tür wurde

ich von einer resoluten Stimme abgefangen: "Hier können Sie nicht durch - die Gefahr der Infektion ist zu groß!" Schweren Herzens ging ich von Dir weg.

Endlich kam der Tag, auf den ich mit gemischten Gefühlen gewartet hatte. Ich konnte Dich nach Hause holen. Wie wird es unserem kleinen Mädchen gehen? Wie kann ich ihr die Medikamente geben, wo sie sich doch bei jedem Löffel weigert, den Mund aufzumachen? Ich hatte so viele Fragen, aber man wimmelte mich schnell ab. Im Hintergrund hörte ich verzweifeltes Babyschreien. "Sie hören ja, ich werde gebraucht."

Die Schwester drückte mir ein kleines hübsches Baby mit großen blauen Augen in die Arme. Statt der dunklen borstigen Haare rahmten blonde Locken das Gesicht ein. Der apathische starre Gesichtsausdruck war verschwunden. Lebhafte Augen blickten neugierig und interessiert um sich. Es war unfassbar!
Im ersten Augenblick war ich über Wandras verändertes Aussehen so überrascht, dass ich unser Baby gar nicht entgegen nehmen wollte. Das soll unser Kind sein? Ich konnte es nicht glauben.
Es dauerte eine Weile bis mein mütterlicher Instinkt hellwach wurde. Dieses hübsche kleine Mädchen mit dem aufgeweckten Gesicht ist unsere kleine Wandra! Dieser Moment war so überwältigend, dass ich ihn kaum beschreiben kann. Voller Glück und Erleichterung streckte ich Dir meine Arme entgegen.

Das Bild einer kleinen Raupe tauchte vor mir auf. Auch sie häutet sich mehrere Male. Bis eines Tages die Zeit reif ist, sie aus ihrem Kokon schlüpft und sich als wunderschöner Schmetterling entpuppt. So wie das kleine Wesen vor mir. Was in diesem Kokon geschehen ist, bleibt ein Geheimnis. Aber die wunderbare Verwandlung ist da.
Mein kleiner Schatz, Deine großen hellblauen Augen strahlten voller Leben. Der leblose Blick war für immer verschwunden.
Nur mit dem "Fliegen", das musste noch warten!
Wie bei einem Schmetterling. Wenn er ausgeschlüpft ist, sind seine Flügel noch feucht und sehr empfindlich. Er muss warten, bis der Wind und die Sonne die Flügel getrocknet haben. Vorher kann er nicht fliegen. Er würde eine schlimme "Bauchlandung" machen. Und dann eines Tages ist es soweit. Die Flügel sind getrocknet. Der Schmetterling breitet sie weit aus, hebt ab und fliegt los, um die Welt da draußen zu entdecken.

Wie viele Jahre wird es dauern, bis unsere Wandra aus dem "Nest fliegt"? Oder bleibt sie für immer bei uns? Aber so weit wollte ich gar nicht denken.
Ein Schritt nach dem anderen. Die vielen Puzzlestücke, das auffallende Verhalten, das ich noch nicht zuordnen konnte, lagen wild verstreut am Boden. Ein heilloses Durcheinander!

Meine Gedanken schweiften ab in die Vergangenheit. Meine kleine Welt war schon als Kind völlig durcheinander geraten. Oft hatte ich keinen Appetit.
In der Schulbank schlief ich vor Erschöpfung ein. Die Worte des fremden Mannes hinter dem Pult rauschten an mir vorbei. Was ich erlebte, was ich sah, was ich hörte, machte mich müde und traurig. Es ergab keinen Sinn. Oft dachte ich: Was hat das hier mit meinem Leben zu tun? Meilenweit war es von dem entfernt, was ich mir erträumt hatte.
Die Großen waren zum Greifen nahe, aber sie hatten keine Zeit. Sie waren zu sehr mit dem Aufbau beschäftigt. Wenn ich unangenehme Fragen stellte, weil mein kindliches Gemüt aufgebracht war, "das muss man doch ändern können, das ist so ungerecht," stieß ich auf taube Ohren oder vage Andeutungen: "Du hast ja keine Ahnung ... dazu bist Du noch viel zu klein ... werd Du erst einmal erwachsen!" Damit wurde ich vertröstet. Aber es war kein Trost. Dinge, die mich stark beschäftigten, konnte ich nicht einfach loslassen. Ich nahm sie mit ins Bett und wälzte mich darin herum. Im Schlaf schreckte ich manchmal auf. Warum spricht niemand mit mir? Seite für Seite habe ich mich meinem Tagebuch anvertraut.

Mutter musste dieses Chaos in unserem Alltag ähnlich empfunden haben, denn sie achtete sehr, zu sehr, auf die "äußere Ordnung". Als würde ein aufgeräumtes Zimmer irgend etwas verändern. Wie oft forderte

sie mich auf: "Kind räum endlich auf!" "Ja Mutter, das werde ich tun!" Die ersten wichtigen Schritt hatte ich bereits gemacht. Mutige Schritte!
Ich war so froh, dass ich mich auf meine Intuition verlassen hatte und mich nicht abwimmeln ließ, mit der lapidaren Bemerkung: "Das wächst sich aus!" Nichts wächst sich aus!

Wandra, Deine Mama hat sich wie eine Löwin aufgeführt, die sich für ihr Junges einsetzt, wenn ihr "eisiger Wind" entgegen schlägt.
Teddy, später hat Mama mir aus einem Bilderbuch vorgelesen: "Eine Löwenmutter gibt ihr Junges niemals auf, egal was passiert!"

P a p a

Wandra, auf Deinen Papa konnte Mama damals nicht zählen. Er arbeitete im Außendienst und war manchmal wochenlang viele Kilometer von uns getrennt.
Wenn Papa von seinen Auslandsreisen müde und erschöpft nach Hause kam, wollte er sich von den Strapazen erholen. Schon auf dem Weg nach Hause freute er sich auf seine junge Frau und malte sich in schillernden Farben die zärtlichsten Stunden aus. Aber diese junge Frau, die ihn sehnsüchtig erwartete, wie er es sich ausgemalt hatte, gab es nicht mehr. Sie war leer wie ein kleiner Bach, der ausgetrocknet war, weil es

schon so lange nicht mehr geregnet hatte.
Ein Schicksalsschlag hatte alles in Frage gestellt, was bisher stabil erschien. Wandra war mit ihrer Behinderung immer präsent. Unsere Beziehung wurde auf eine sehr harte Probe gestellt. Eine Probe, die nie zu enden schien!
Wenn ich heute an diese lange Strecke zurückdenke, kann ich mir für eine junge Ehe kaum eine größere Belastung vorstellen, als sich um ein behindertes Kind zu kümmern. Ohne Unterstützung von außen. Und das Tag für Tag und Nacht für Nacht und Jahr für Jahr. Der "Raum" um liebevoll miteinander umzugehen, war besetzt - von Wandra!
Schritt für Schritt ließ ich mich auf unser Baby ein und unbemerkt verschlang sie mich mit Haut und Haaren. Die junge Mutter war völlig erschöpft und hatte nur ein Bedürfnis: Schlafen!
Der junge Mann wollte seine junge Frau umarmen, statt mit den "Tragödien seiner Tochter" konfrontiert zu werden. Dieses "Thema" war für ihn tabu, als würde es nicht existieren. Anfangs konnte er zu diesem "schreienden Bündel" keinen Zugang finden. Auch er war mit dieser fremden Situation völlig überfordert und machte dicht.

Erst Jahre später fiel mir auf, wie ähnlich sich Vater und Tochter in diesem Punkt waren. Wenn es unangenehm wird, laufe ich weg oder stelle mich "taub" und tauche ab.

Teddy, Mama hat zu Papa gesagt: "Du hörst auch nur, wenn Du hören willst!" "Na ja," meinte Papa, "ich kenne in unserer Familie einige sture Esel!"
Teddy, weißt Du was Papa meint?

Wenn Papa länger zu Hause war, wurde er unruhig. Er lief durch die Räume wie ein Fremder, der nur zu Besuch war. Ausgeschlossen aus unserer notgedrungenen Zweisamkeit. Wie überflüssig muss er sich vorgekommen sein? Wie allein? Wohin mit seinen Gefühlen und seinen Wünschen? Aber dieses Verständnis konnte ich damals nicht aufbringen. Ich fühlte mich von ihm im Stich gelassen! Und er fühlte sich von mir im Stich gelassen. Unsere Beziehung war in eine Sackgasse geraten. Wir hätten dringend Hilfe gebraucht. Aber die Sorgen um Wandra erstickten alles.
Irgendwann nahm Papa seine Jacke vom Haken: "Ich brauch nur etwas frische Luft. Ich bin bald wieder da!" Und die Tür fiel mit lautem Knall zu. Sein Körper reagierte wütend auf die nicht gestillten Bedürfnisse. Es verging eine geraume Zeit, da drehte sich der Schlüssel wieder im Schloss. Erleichtert atmete ich auf: "Mein Kleines, Papa ist wieder da!"

In den ersten Lebensmonaten vermisste unsere Wandra ihren Papa nicht. Er war für sie wie alle anderen menschlichen Wesen - ohne Bedeutung. Eine zeitlang hatte sie Angst vor ihm. Sie bekam ihn nur sehr selten zu Gesicht. Er war für sie wie ein Fremder. Sobald er

in ihre Nähe kam, brüllte sie los. Teddy und Mama, das war genug! Die Nähe zu Teddy und die "Versorgung" von Mama, mehr wollte sie nicht.
Wandras Verhältnis zu Papa änderte sich schlagartig, als durch die hormonelle Veränderung ihr Interesse am Umfeld geweckt wurde. Sie war neugierig und wollte wissen: Wer ist dieser fremde Mann, der sich zu mir herunterbeugt? Seine Stimme klingt anders als die von Mama. Sie wandte sich nicht mehr ab. Ihre kleinen Arme streckten sich ihm entgegen. Der Bann war gebrochen.

Immer häufiger suchte mein Mann Wandras Nähe. Ein schönes Bild bot sich mir. Wandra saß auf Papas Arm und untersuchte unbeholfen aber voller Neugier mit ihren kleinen Händen seine Bartstoppeln. Dann warf er sie hoch in die Luft und fing sie in seinen starken Armen wieder auf. Ein freudiges Kreischen war zu hören. Sie konnte nicht genug von dieser "Luftnummer" bekommen.
Ich glaube in diesem Augenblick wuchs in unserem Kind das Gefühl: "Ich kann mich auf Papa verlassen. Er lässt mich nicht fallen. Er fängt mich auf!"
Zur gleichen Zeit schien Wandra eine stille Vereinbarung getroffen zu haben: Papa ist zuständig, wenn ich mich körperlich bewegen will. Im Laufe der Jahre wurden sie beste Freunde!

Spurensuche

In kleinen Schritten lernte ich die verheerenden Folgen der Unterfunktion der Schilddrüse und des Sauerstoffmangels kennen. Das Zusammenspiel von Wandras Sinnen war gestört. Durch ihr verzerrtes Sinnessystem hat unser Kind eine "verzerrte Welt" erlebt.
Ich erinnerte mich daran, wie ich einmal versucht hatte, mit einem Kaleidoskop vor den Augen durch den Raum zu gehen. Es war unmöglich. Die bunten, verschiedenartig geformten Teilchen bewegten sich bei jedem Schritt. Ich hatte das Gefühl, ich trete in Watte und der Boden rutscht unter meinen Füßen weg. Völlig verunsichert schwankte ich hin und her. Dabei war ich nur beim Sehen beeinträchtigt!
Mein Gott, wie Furcht erregend, muss jeder Tag für unser kleines Mädchen sein! Unendlich viele Reize strömten auf sie ein und sie konnte sie nicht verarbeiten. Manche ihrer Sinne reagierten auf die Reize von außen träge, andere überempfindlich. Einerseits erhielt ihr Gehirn zu viele Reize andererseits zu wenig.
Ich hatte eine wertvolle Spur entdeckt: Hinter Wandras fremdartigen Verhalten steckte ein tiefer Sinn!
Jedes Wesen mit dieser starken Hirnschädigung muss sich so bizarr verhalten, wie unsere Wandra. Deutlich zeigte sie uns, wie ihr innerlich zumute war. Ein Chaos! Wie viele versteckte Hilferufe hat sie uns gesandt. Wenn ich ihr meine Hände entgegen streckte, wandte sie sich ab. Wenn der Besuch sich ihr nähern

wollte, machte sie sich steif wie ein Brett und schrie. Mit einem tiefen Seufzer dachte ich: "Wie gut, dass es Teddy gibt!"
Menschliche Nähe überforderte unser Kind völlig. Menschen waren für Wandra unberechenbar. Sie veränderten sich ständig und Wandra konnte sich nicht auf sie einstellen. Auf ihre Art zu sprechen, ihren Geruch, ihre abrupten Bewegungen und ihr seltsames Verhalten. Es war ihr unheimlich! Vielleicht war das der Grund, warum sie sich nur Dingen zuwandte? Dinge waren ungefährlich. Sie bedrängten sie nicht und ließen sie in Ruhe. Dinge bewegten sich auch nicht. Es sei denn Wandra bewegte sie selbst. So behielt sie die Kontrolle. Das gab ihr Sicherheit.
Ihr abweisendes Verhalten war kein Affront gegen mich persönlich. Ich war unendlich erleichtert. **Was immer unser Kind macht, es hat einen Grund!**
Unser Kleines gebärdete sich nicht so, um uns das Leben schwer zu machen. Es war ihr hilfloser Versuch, sich gegen dieses äußere und innere Chaos zu wehren, um ihren Zustand zu ertragen.

Für den Leser mag dieser Satz, "was immer unser Kind tut, es hat einen Grund", nur eine einfache Aussage sein, nur ein paar belanglose Worte. Für mich war es eine großartige Entdeckung. Ihr auffälliges Verhalten zeigte mir, wo sie Hilfe braucht. Ich dachte, so ähnlich muss es einem "Goldgräber" ergehen. Der schon über viele Monate an verschiedenen Orten mit enormen

Krafteinsatz und viel Geduld gegraben hatte. Und immer wieder enttäuscht feststellte: "Es ist wieder nicht die richtige Stelle. Hier gibt es weit und breit kein Gold!" Aber er gibt nicht auf und gräbt weiter. Und dann entdeckt er einen kleinen "Goldschimmer". Er ist auf der richtigen Spur!
Es gibt kein Halten mehr! Jeder der sich ihm in den Weg stellen will, bekommt es zu spüren. Ich machte die heilsame Erfahrung, die schon unzählige Menschen vor mir gemacht haben. Wenn ich etwas besser verstehe, fällt es mir leichter, damit umzugehen!

Wie gerne hätte ich diese wertvolle Erkenntnis mit jemandem geteilt. Aber niemand hörte mir zu. Wenn ich bei Fachärzten den "harten Alltag" mit unserem verstörten Mädchen beschrieb, bekam ich kurz angebunden zur Antwort: "Sie übertreiben, so schlimm kann es gar nicht sein!" Es war noch schlimmer.
Die Ärzte erlebten Wandra immer nur wenige Minuten, in denen sich Wandra manchmal völlig unauffällig benahm. Ich war fassungslos: Wie war das möglich?
Erst nachdem wir schon viele Kilometer hinter uns hatten, fand ich eine Erklärung. Unser kleines verwirrtes Mädchen hatte einfach "dicht" gemacht.
Als wollte sie sagen: Ich versteck mich für eine Weile und tauche erst wieder auf, wenn es draußen wieder sicher ist!
Für die Ärzte blieb ich eine hysterische Mutter, die sie mit ihren unzähligen Fragen und ihren Beobachtungen

nervte. Man wich meinen Fragen aus und meine Vermutungen wurden belächelt. Meistens fehlte mir die Energie den Fachleuten zu widersprechen. Außerdem spürte ich, es hat ja doch keinen Sinn! Wer nimmt schon eine junge Mutter ernst? Sie waren froh, wenn die Tür hinter mir ins Schloss fiel.
Autismus war vor fünfundvierzig Jahren noch ein unbekanntes Phänomen. Ich musste mich mit dieser harten Wirklichkeit allein auseinandersetzen. Es gab keinen anderen Weg!
Erst als Wandra zwanzig Jahre alt war, wurde der Frühkindliche Autismus von einem Facharzt bestätigt. Bis dahin stand ich mit meiner Eigendiagnose allein da.

Nur auf meine Bücher, meine treuen Wegbegleiter, konnte ich mich verlassen. Was hätte ich nur ohne sie gemacht? Ich hätte noch jahrelang im Ungewissen gelebt, ohne zu wissen, was unserem Kind fehlt und wie ich ihr helfen kann.
Ein hoher Stapel Fachbücher und Psychologiebücher türmte sich vor mir auf. Schritt für Schritt arbeitete ich mich durch, um die Hintergründe des Krankheitsbildes zu entwirren und Wandras sonderbares Verhalten zu verstehen. Schon als Kind wollte ich den Dingen immer auf den Grund gehen.
Sehr früh entwickelte ich eine besondere Beziehung zu Büchern und flüchtete mich in diese Welt. Es war eine aufregende Welt, die sich vor mir auftat. Da gab

es Menschen, die genauso dachten und fühlten wie ich. Die sich mit ähnlichen Fragen herumschlugen und auf der Suche nach Antworten waren. Es war ein schönes Gefühl, Gleichgesinnte zu finden.
Von Jahr zu Jahr wurden die Bücher kostbarer für mich. Sie waren nicht nur beschriebene Seiten - sondern Freunde. Echte Freunde! Immer in meiner Nähe, wenn ich Hilfe brauchte. Und das über eine lange, lange Zeit. Sie stillten meine Neugier und bauten mich auf: Verlier nicht den Mut. Du bist nicht allein! Aber das ist leichter gesagt, als getan.

O m a

Wenn ich nicht weiter wusste, dachte ich an meine Mutter: "Was würdest Du an meiner Stelle machen?"
Wandra, Deine Oma war eine sehr starke Frau.
Der disziplinierteste Mensch den ich kannte. Sie lebte nach dem Motto: "Nicht viel reden, nicht jammern, sondern handeln!"
Von wem hätte ich sonst lernen sollen, jeden neuen Tag mit Wandra zu meistern. Wenn nicht von Mutter?
Die Kriegsjahre hatten Mutter stark geprägt. Für sie war das Leben ein Kampf, den man gewinnen muss. Als Einzelkämpferin löste sie schwierige Situationen mit vier Worten: "Da muss man durch!" Ich hörte, wie sie mir mit fester Stimme den Rat gab: **"Gib niemals auf!"**

Wandra und genau das habe ich gemacht, ich habe Dich nicht aufgegeben!

Diese "feste Stimme" lernte unsere Wandra viele Jahre später kennen. Oma wurde zu einem sehr wichtigen Menschen in ihrem Leben. Es war Oma, die mit Wandra zum ersten Mal eine heilige Messe besuchte und den Wunsch in unserer Tochter weckte, regelmäßig sonntags in die Kirche zu gehen. Diese besondere Atmosphäre in dem Kirchengebäude, die Rituale während dem Gottesdienst, die Lieder, die sie mit der Zeit auswendig kannte, sprachen Wandra an. Die Faszination ist bis heute geblieben.

Mit der Zeit kristallisierte sich heraus, dass es viele Eigenschaften gab, in denen sich Oma und Enkelin verblüffend ähnlich waren. Vielleicht haben sie sich deshalb so gut verstanden? Oma steckte voller Energie und was ihr wichtig war, setzte sie durch. Genauso wie unser kleines Mädchen. Oma bewegte sich gerne an der frischen Luft. Wandra liebte Bewegung. Oma hatte ein hervorragendes Zahlengedächtnis. Auch unsere Tochter hat diese Begabung. Alle Daten und Telefonnummern, die für sie wichtig sind, hat sie abgespeichert.

Es gab noch eine Ähnlichkeit zwischen den Beiden, die mir sehr zu schaffen machte! Zu viel menschliche Nähe war Mutter unangenehm. Sie ging lieber auf Distanz. Wie unsere Wandra. Beide, Oma und Enkelin, zogen sich gern zurück, um nicht "berührt" zu werden.

Oma hinter einem "Panzer" und Wandra hinter ihrer "Glaswand". Und wieder stand ich vor einer "Wand". Nur dieses Mal ging mir dieser Zustand noch stärker unter die Haut. Es war unser kleines Mädchen, das mich auf Abstand hielt. Kaum auszuhalten!
Wie sich manche Verhaltensauffälligkeiten in Familien auf sonderbare Weise wiederholen!

Damals lernte ich zu akzeptieren: Manche Menschen zeigen ihre Liebe nicht durch Zärtlichkeiten, sondern durch Taten. Man muss genau darauf achten, sonst verpasst man die kleinen verborgenen Gesten. Aber es fällt einem sehr schwer, mit ihnen zu leben, wenn die eigenen Bedürfnisse auf der Strecke bleiben.

Oma und Enkelin hatten viel Spaß zusammen. Wenn sie gemeinsam vor dem Fernsehen saßen und alte Filme mit viel Aktion ansahen. Dann lachten sie um die Wette. Oder wenn Oma ihre geliebte Patience legte. Dann saß Wandra neben ihr und verfolgte gespannt, wie Oma mit flinken Händen die Karten mischte und ganz konzentriert die erste Reihe legte. Wandra lernte die Bedeutung der Bilder kennen und wie man die Zahlenfolge richtig zuordnet. Bilder, Zahlen, Farben, das war Wandras Welt!
"Und wenn die Patience nicht aufgeht, dann fängst Du wieder neu an. Nur nicht so schnell aufgeben!"
Wandra sagte kein Wort, verhielt sich ganz ruhig und ließ Oma nicht aus den Augen. Mit unendlich viel

Geduld hat Oma ihre Enkelin in die Geheimnisse des Patiencelegens eingeweiht.
Teddy, Patience legen, ist immer noch mein Ding!
Ich erlebte in dieser Zeit eine Seite an Mutter, die mir völlig fremd war. Woher nahm Mutter plötzlich so viel Geduld? Wieso reagierte sie nicht ungehalten? Nicht einmal hörte ich: "Stell dich nicht so an!" Ein Satz, der mich jahrelang verfolgte.
Es gab nur eine logische Antwort: Sie muss ihr Enkelkind sehr lieb gehabt haben!

Im Ställchen

Als unser Kind klein war, gab es tagsüber nur einen Ort, wo ich mir sicher war, hier kann ihr nichts passieren. Dieser Ort war ihr Ställchen. Das bunte Tuch mit den kleinen Fischen, das sich durch die Holzstäbe zog, schirmte sie von den Außenreizen ab und gab ihr eine Gefühl von Sicherheit. Teddy lag wie immer neben ihr. Die kleine Glocke klingelte häufig, denn ihr Kopf drehte sich auf der Matratze immer wieder hin und her. Bis das Haar am Hinterkopf so verfilzt war, dass ich es abschneiden musste. Was trieb unser Kind an, ihren Kopf so intensiv und ausdauernd zu bewegen? Nach endlos langen Wochen fand ich die Antwort. Mit ihren stereotypen Kopfbewegungen stimulierte sie sich selbst mit Reizen, um das Ungleichgewicht ihrer Sinnesverarbeitung auszugleichen.

Diese "Selbstheilungsversuche" sind für autistische Kinder nicht ungewöhnlich. Wieder hatte ich einen Puzzlestein gefunden, der passte!

Mein Blick fiel auf die Holzstäbe. Ich hörte Mutters Stimme: "Wahrscheinlich kannst Du Dich an die Zeit im Lager nicht mehr erinnern. Du warst noch zu klein. Ich zog mit Deiner kleinen Schwester über die Felder zum "Hamstern". Sie lief tapfer mit. Abends kamen wir völlig erschöpft zurück. Die kleine Beute, ein paar Kartoffeln und einige Möhren, war in meiner Manteltasche versteckt. "Hamstern" war strengstens verboten! Du bliebst allein in Deinem Kinderbett.
Du konntest noch nicht so weit laufen und hättest uns in Gefahr gebracht. In einer Ecke des Bettchens stand ein weißes Töpfchen aus Emaille und in der anderen lag eine Scheibe trockenes Brot. Die Nachbarin, die manchmal nach Dir sah, berichtete immer dasselbe. "Ihr Töchterchen war ganz brav, sie hat keinen Laut von sich gegeben." Das Töpfchen war voll und das Brot war aufgegessen."
Später habe ich oft darüber gedacht: Warum habe ich nicht geschrieen? Warum habe ich mich so still in mein Schicksal ergeben? Haben kleine Kinder schon einen sechsten Sinn? Spürte ich Mutters Not? So muss es wohl gewesen sein.
Von außen betrachtet, hört sich diese kleine Geschichte sehr lieblos an. Aber Mutter hatte keine andere Wahl! Sie musste mich allein zurücklassen, sonst

wären wir verhungert! Wie es dem kleinen Mädchen allein in dem Gitterbett erging, darauf konnte sie keine Rücksicht nehmen. Die große Sorge, wie werde ich meine kleine Familie morgen "satt" bekommen, verschlang alles.

Wenn ich an diese Zeit zurück denke, werde ich an eine Wahrheit erinnert, die sich fest bei mir eingeprägt hat: Liebe kann viele Gesichter haben. Gesichter, die nur der zu lesen versteht, der ähnliche Situationen durchgestanden hat. Für alle anderen sind das "Böhmische Dörfer"!

Noch im Nachhinein habe ich großen Respekt vor ihrem Mut und ihrem eisernen Überlebenswillen. Woher nahm sie diese übermenschliche Kraft als junge Mutter immer wieder neu zu beginnen? Ich konnte nie mit ihr darüber reden. Immer wich sie mir aus. Aber ihre Haltung blieb standhaft: Egal, was passiert, nur nicht aufgeben!

Ich beugte mich über Wandras Ställchen und strich zart über ihre blonden Locken: "Mein kleiner Schatz, wie gut es uns geht! Wir haben immer ein warmes Zuhause. Genug Decken zum Hineinkuscheln. Ein Dach über dem Kopf, wenn es regnet. Immer ausreichend zu essen und zu trinken. Und Mama ist für Dich da, wenn Du mich brauchst! Mein kleiner Schatz, das haben wir Deinem Papa zu verdanken."

Diese kleinen Dialoge habe ich oft geführt. Ich wollte Wandra beruhigen. Aber ich glaube, die Worte waren mehr für mich bestimmt. Immer wieder musste ich mir gut zureden. Es wurde zu einer festen Angewohnheit, wie das Drehen einer Gebetsmühle.

Der Tag beginnt

Es war nicht die Morgensonne, die mich weckte, sondern Wandras unruhiges Schreien. Von Minute zu Minute wurde es fordernder. Ich war noch so müde! Wie gerne hätte ich unser Baby in mein Bett geholt und noch eine Weile mit ihr gekuschelt, Haut an Haut. Aber Wandra ließ immer noch keine Nähe zu. "Wie soll ich nur diesen Tag überstehen?" Ein dicker Kloß steckte mir im Hals, wenn ich daran dachte. Und unser täglicher Kampf begann.
Ich wollte unseren kleinen Spatz neu wickeln, waschen und eincremen. Bei jeder Berührung wehrte sie sich und schrie. Ich war fassungslos. "Wie ist es möglich, dass ein kleines Wesen so starke Kräfte entwickeln kann?" Ich hatte Mühe und Not, unser Baby auf dem Wickeltisch zu halten.
Erst mit der Information, dass ihr Tastsinn, ihr Körpergefühl und ihr Geruchssinn stark unterentwickelt war, bekam ich eine leise Ahnung, warum sich unser armes Baby so verhält. Wieder passte ein Puzzlestück in eine Lücke.

Wie soll ein kleines Wesen sich mitteilen, wenn es die Beschaffenheit des Handtuchs oder des Bademantels stört? Entweder war es zu hart oder zu weich? Wenn das Etikett vom Schlafanzug auf der Haut kratzt und unser Kleines nicht auf dem Rücken liegen wollte. Wenn der Geruch der Seife und des Waschlappens unangenehm ist? Wenn meine Hände entweder zu kalt oder zu warm waren? Oder? Oder? Sie wollte die "Störenfriede" abschütteln, wie eine lästige Fliege, die einem keine Ruhe lässt. Dieses Gefühl, meine Haut juckt immer noch, muss furchtbar sein. Mir konnte schon ein kleiner Mückenstich zu schaffen machen.
Langsam musste ich mich vortasten. Ich beobachtete genau, wann reagiert unser Kind heftig und wann nicht? Wenn Wandra nackt strampeln konnte, wirkte sie zufrieden. Als wollte sie sagen: "Mama schau her, mir geht es gut - nicht anziehen!"
Aber wie sollte ich dieses Bedürfnis stillen?
Der Heizstrahler über dem Wickeltisch überbrückte die schlimmsten Unruhephasen. Sehnsüchtig warteten wir jedes Jahr auf den Sommer!

Die nächste Geduldsprobe stand an, das Füttern. Manchmal verging eine Stunde und unser Baby hatte sein Fläschchen noch nicht einmal zur Hälfte geleert. Immer wieder versuchte ich ihm die Milch einzuflössen. Es presste seine Lippen fest zusammen, als wollte es sagen: "Mama, lass mich in Ruhe, ich habe keinen Hunger!"

Erst nach der Hormontherapie, da war Wandra sieben Monate alt, änderte sich dieser Zustand. Ein gesundes Hungergefühl entwickelte sich. Schon beim Anblick des Fläschchens kam mir ihr Mund suchend und gierig entgegen. Unser Baby hatte so viel nachzuholen!
Ein Erlebnis, das für andere Mütter das Normalste der Welt war, wenn ihr Baby voller Lust trinkt, war für mich wie ein Wunder. Dieses beglückende Gefühl, das eigene Kind im Arm zu halten, seinen einmaligen Geruch einzuatmen und zu erleben, wie es mit Genuss trinkt. Es war unbeschreiblich!

Aber die starke Unruhe beim Wickeln hörte nicht auf. "Mein Kleines, was kann ich nur tun, damit es Dir besser geht?" Ich versuchte mich in Wandras Lage zu versetzen. Wie muss man sich fühlen, wenn man sich in seinem eigenen Körper nicht zurecht findet, weil das Sinnessystem völlig aus den Fugen geraten ist? Dann kommt jemand, der einem fremd ist und Dinge macht, die einem unangenehm sind. Man ist den unbekannten Reizen hilflos ausgeliefert. Wandra, es blieb Dir gar nichts anderes übrig, als ängstlich zu reagieren!
Gedankenverloren blickte ich auf unser kleines Mädchen. Vielleicht verliert sie die Angst vor dem, "was passiert jetzt", wenn ich sie immer in derselben Reihenfolge versorge? Manchmal war es, als wäre eine Idee geradewegs vom Himmel gefallen und ich hatte wieder eine neue Spur, die ich verfolgen konnte.

Tag für Tag habe ich diesen Plan "erst kommt das und dann das" genau eingehalten und Wandras Unruhe nahm tatsächlich ab. "Gewöhnen", "Gewohnheit" wurde zu unserem Zauberwort. Ohne es zu ahnen, hatte ich zufällig eine Strategie gefunden, die ihrem Wesen entsprach. Wie es sich später herausstellte, es war Wandras Strategie! Unsere Reise blieb voller Überraschungen.

Und manchmal war es einfach nur wundervoll, was ich mit Wandra erlebte. Dann war der "schwere Vorhang" zur Seite gezogen und der Blick war frei. Frei für einen glücklichen Augenblick. Wenn die Sonne Staubstrassen in die Luft zeichnete und Wandra versuchte, hopsend auf den Knien, die kleinen Teilchen einzufangen. Oder wenn sie mir zum xten Male einen Luftballon in die Hand drückte, damit ich ihn aufblase und gleich wieder schnellen lasse, damit er seine Loopingrunden dreht. Dann schallte ihr freudiges Glucksen durch die Wohnung, weil sie wieder einen Schatz entdeckt hatte. Oder wenn ich zum hundertsten Mal "wer kommt in meine Arme" gesungen hatte und sie zum ersten Mal strahlend, noch wackelig auf ihren Beinen, auf mich zulief und ich sie umarmen durfte. Oder wenn sie in die Küche kam, die Eier entdeckte, die neben der Pfanne lagen und in ihrer noch unvollständigen Sprechweise sagte: "Mama Eispiegel machen!" Spiegeleier mit Spinat war eines ihrer Lieblingsgerichte. Das waren die Augenblicke, die mir wieder neue Kraft gaben und Mut machten, weiter zu gehen.

Am Sandkasten

In der Nacht hatte es stark geregnet. Um den Sandkasten herum waren große Pfützen verteilt und unser Kind saß mittendrin mit ihrer Spezialhose. Eine Hose aus einem besonders festem Material, die allen kleinen Malheuren standhielt. Wie wichtig waren diese kleinen Hilfen, die unseren Alltag etwas leichter machten. Mutter hatte mir beigebracht: Einfach drangeben! Und ein ungeübter "Schneiderlehrling" nähte die erste "Spezialhose". Denn für unser Kind war immer "Sandkastenzeit".
Ihren Teddy hatte sie auf die Bank in die Sonne gesetzt. Schon den ganzen Vormittag füllte sie den kleinen Eimer mit Sand. Dann kippte sie ihn langsam auf ihre Hände und beobachtete, den Kopf seitlich dem Licht zugewandt, wie der Sand zwischen ihren Fingern hindurchrieselte. Wandra, wie wenig brauchst Du um glücklich zu sein - nur ein bisschen Sand in der kleinen Hand!
Selbstvergessen war sie in ihr Spiel versunken. Unser kleines Mädchen schien mit sich und ihrer kleinen Welt völlig im Einklang zu sein. Die Angst, etwas zu versäumen, war ihr fremd. Die innere Getriebenheit, die viele Menschen wie ein Virus ergreift, war ihr fremd. Diese Hektik, die ihnen die Fähigkeit nimmt, zu sehen und zu staunen. Es gab nur den Sand und Wandra. Die Bedeutung des Augenblicks wurde mir bewusst: Nichts denken, einfach nur da sein!

Darin war unser Kind Meister - mir weit voraus. Aber wie leicht ist es zufrieden zu sein, wenn man es nicht besser weiß!
Ich wusste es besser und machte mir viele Gedanken - zu viele!
Wie unbekümmert muss das Leben sein, wenn der Verstand nicht alles hinterfragt und abwägt. Wenn man einfach nur den Tag so annehmen kann, wie er einem begegnet.
Ich ließ den Sand durch meine Finger rieseln. Eine stille Wehmut überfiel mich. Meine Gedanken schweiften ab. Wie schön müsste es jetzt sein, weitab vom Alltag am Strand in der Sonne zu sitzen, die Füße im Sand zu vergraben, die frische Brise, die die Müdigkeit vertreibt, auf der Haut zu spüren, ein kühles Getränk zu genießen und in die Ruhe der Meerlandschaft einzutauchen. Ein verführerischer Gedanke: Ich könnte auch ganz anders leben, wenn ja wenn...

Stattdessen sitze ich hier allein am Sandkasten. Ich backe einen Sandkuchen nach dem anderen. Beobachte stundenlang Wandras stereotypes Spiel und höre ihr monotones Lautieren. Und das Tag für Tag. In solchen Augenblicken tat ich mir selbst leid und gleichzeitig schämte ich mich für meinen "Ausflug".
Mutters Gesicht tauchte kurz vor mir auf. "Ja, Mutter ich weiß, ich soll meine Zeit nicht mit Selbstmitleid verplempern." Sie besaß die seltene Fähigkeit, Selbstmitleid einfach auszuschalten. Darin war sie perfekt.

Bei ihr schien es so einfach zu sein, als würde man mit einem Schalter das Licht ausdrehen.
"Mutter, ein bisschen Selbstmitleid gestehe ich mir zu. Ich vermisse mein altes unabhängiges Leben so sehr. Wo ist der Spass geblieben? Ich habe ihn gegen viele Sorgen eingetauscht, die sich heimtückisch in mein Leben eingeschlichen haben. Ich habe mir dieses Leben nicht ausgesucht!"

Mein Blick wanderte nach oben. Der Himmel war strahlend blau und die kleinen weißen Wolken zogen wie zarte Federn vereinzelt über uns ihre Bahn. Ihr Flug wirkte so leicht und unbeschwert - ohne jede Anstrengung. Als wäre das Leben nur ein einfaches Spiel. Heute half mir dieser Blick in den Himmel nicht weiter. Er passte nicht zu meinen Empfindungen. Mein Alltag war nicht leicht und unbeschwert. Der Blick beruhigte mich nicht. Er machte mich eher wütend. Die Wolken schienen sich über mich lustig zu machen.
Manchmal gibt es Situationen im Leben, da befreit uns niemand. Wir müssen es selber tun. Wie oft hatte ich als Kind gehört: "Hilf Dir selbst, dann hilft Dir Gott!" Mit einem Mal bekam dieser Spruch eine neue Bedeutung! Mit dem ersten Teil der Aussage kannte ich mich gut aus. Nur mit dem zweiten Teil, "dann hilft dir Gott", tat ich mir noch sehr schwer. Und was jetzt?

Ich klammerte mich an eine winzige Hoffnung mit aller Kraft: Irgendwann wird es besser! Wieder redete ich mir gut zu. Vor ein paar Tagen fiel mir ein interessanter Satz in die Hände: Meine innere Einstellung beeinflußt meine Empfindungen! Lange dachte ich darüber nach. Es klang so einleuchtend. So einfach! Aber so einfach war es nicht. Ich war nicht immer erfolgreich!

Wandra zog ungeduldig an meiner Hose und holte mich in die Wirklichkeit zurück. Ihre Geste war deutlich: "Mama Sandkuchen backen." Sie ließ mich nicht aus den Augen, bis der Kuchen auf der Holzumrandung stand. Jetzt kam ihr Auftritt. Als würde eine lang einstudierte Zirkusnummer vor meinen Augen ablaufen. Aber unser kleines Mädchen brauchte keine Zuschauer. Sie war sich selbst genug!
Ihr kleiner Körper zitterte vor Erregung. Dann schnellte ihr Finger nach vorne und stach genau in die Mitte des Sandhügels. Er sackte in sich zusammen.
Eine kurze Pause für die "Bäckerin" und ich backte den nächsten Kuchen. Wieder hat ihr Finger einen Sandhaufen daraus gemacht. Unzählige Kuchen habe ich an diesem Tag gebacken. Wandra war unersättlich!

Was faszinierte sie so sehr, dass sie es immer wiederholen wollte? Vielleicht hatten ihre Augen Spaß daran, wenn der Haufen zusammensackte? Oder hatte sie die sensationelle Entdeckung gemacht: Ich kann mit meinem Finger etwas bewirken? Wenn ich nur mit ihr sprechen könnte! Dann wäre vieles einfacher!

Lebensplanung

Ja, ich hatte mein Leben geplant. Ein buntes glänzendes Puzzle. Ohne jede Lücke! Wie ein bunter schillernder Teppich, der nur darauf wartete, von mir betreten zu werden. Ich sah wieder die junge ehrgeizige Frau vor mir. Voller Elan stand sie jeden Morgen auf. Der Tag wartete schon auf sie. Es reizte sie Aufgaben zu übernehmen, von denen sie nicht wusste, kann ich das überhaupt? Unbekanntes stachelte ihren Ehrgeiz an, ihr Bestes zu geben. Sie wollte ihre Fähigkeiten entdecken und ihre Grenzen erfahren. Die Karriereleiter immer höher klettern und eines Tages die Spitze erreichen. Sie war fest davon überzeugt: Ich muss mich nur genug anstrengen, dann werde ich Erfolg haben! Im Leben Erfolg zu haben und Erfüllung zu finden, war immer an einen Beruf und an Leistung gekoppelt. So hatte sie es von den Großen gelernt. Niemand hatte ihr beigebracht, es gibt auch einen Erfolg im Stillen. Weitab von der beruflichen Bühne. Für andere nicht sichtbar - aber deshalb nicht weniger wertvoll! Das erkannte sie erst viele Jahre später als Wandra "erwachsen" war. Privat wollte sie sich sozial engagieren. Ihre kleine Welt gerechter und menschlicher machen. Dieses starke Empfinden, sich für andere, die vom Schicksal benachteiligt sind, einzusetzen, lag in ihrer eigenen Biografie begründet.
Teddy, Mama sagt immer: "Was man am eigenen Leib erlebt hat, bleibt für immer haften!"

Eine Führungsposition war in Aussicht. Schon damals kristallisierte sich heraus, dass sie eher als "Leitwolf" geboren war. Es entsprach nicht ihrem Wesen, sich in eine "Herde" über eine lange Strecke einzufügen und den anderen hinterher zu trotten. Es entsprach noch weniger ihrem Wesen, dem Kommando eines anderen zu folgen, ohne die Richtung zu hinterfragen und sich einfach anzupassen. Sie musste die Zügel selbst in die Hand nehmen. Wenn sie allein unterwegs war, fühlte sie sich lebendig! Sobald sich die Möglichkeit ergab, sonderte sie sich von der "Herde" ab. Immer bemüht, niemandem auf die Füße zu treten.

Später machte sie die herbe Erfahrung: Es ist nicht möglich, unbeirrt seinen Weg weiter zu gehen, wenn man nicht den Mut aufbringt, etwas zu riskieren.
Manchmal muss man etwas wagen und über den Zaun springen, auch wenn es nicht erlaubt ist! Man muss in Kauf nehmen, dass man aneckt und mit seiner Meinung oft allein dasteht. Und man muss bereit sein, für eine längere Strecke mit der Einsamkeit zurecht zu kommen. Eine leise Stimme meldete sich immer lauter und flüsterte ihr zu: "Wenn Du Dich immer an die Regeln hältst, versäumst Du eines Tages Dein eigenes Leben!"
Meine Einstellung habe ich damals nicht hinterfragt. Sonst wäre ich mir auf die Schliche gekommen: Ich bin nicht gerne auf andere angewiesen. Ich will unabhängig sein, um jeden Preis!

Endlich hatte sie das erdrückende Korsett der Familie ausgezogen. Sie konnte es gar nicht abwarten, erwachsen zu werden. Damals ahnte sie noch nicht, wie rasend schnell sie erwachsen werden sollte. So schnell, dass sie es selbst nicht bemerkte. Sie war fest entschlossen, die alten eingefahrenen Spuren zu verlassen. Eine unbändige Sehnsucht nach Freiheit hatte sie gepackt. Nur weit weg! Zwei Jahre verbrachte sie im Ausland, um Sprachen zu studieren. Zwei atemberaubende Jahre - in Paris und London. "Frei wie ein Vogel!"

Teddy, Mama sagt: "Ein freier Vogel fliegt so hoch er kann!"

Haben Sie einmal einen Kondor, diesen großen König der Lüfte bei seinem Flug beobachtet? Wie er ein paar Mal mit seinen gewaltigen Flügeln schlägt, als wollte er ankündigen, "Achtung, jetzt komme ich" und dann abhebt. Er kreist majestätisch in der Luft, macht die ersten Proberunden. Einmal, zweimal, dreimal. Dann werden seine Kreise immer größer. Er wird immer mutiger. Runde für Runde erkundet er riesige Gebiete. Die Neugier treibt ihn an: Was werde ich noch alles entdecken? Durch den warmen Aufwind schraubt er sich höher und höher. Bereit zu jedem Abenteuer, das ihm begegnet.

So fühlte sie sich damals, bereit zu jedem Abenteuer das ihr begegnet. Sie wollte hoch über den Wolken arbeiten. Als Stewardess um die Welt fliegen und dieses unbeschreibliche Hochgefühl der Weite genießen.

Runde um Runde - bis sie sich eines Tages satt gesehen hatte. Das war ihr Traum!
Und jetzt hatte ich ein schwer behindertes Baby, das mich rund um die Uhr beschäftigte. Die Rolle der "Nur-Mutter" wurde mir übergestülpt wie ein viel zu großer Hut, der mir nicht passte und mir die Sicht auf das "echte" Leben versperrte. Ein Leben ohne beruflichen Erfolg, ohne Karriereleiter, ohne Applaus. Ein Leben im Abseits mit einem Kind, das mir alles abverlangte, was ein Mensch imstande ist zu geben. Für endlos viele Jahre!
Wut und Ohnmacht über meine ausweglose Situation wechselten sich ab. Ich blickte aus dem Fenster. Es war ein trüber Tag. Meine Stimmung wurde dadurch nicht besser. Mein Blick wanderte zu der nahe gelegenen Weide. Ich beobachtete wie drei angepflockte Schafe unermüdlich Verrenkungen machten, um sich aus dem Strick, der um ihren Hals hing, zu befreien. Mit aller Kraft stemmten sie sich gegen den "Pflock" und gaben jämmerliche Laute von sich. Aber niemand hörte ihre Hilferufe.
Der Wind wehte den frischen Geruch von hohem, saftigen Gras zu ihnen herüber, was ihre Lage noch verschlimmerte. Die Schafe hatten nur eines im Sinn, endlich frei zu sein, um diese "köstliche Mahlzeit" zu genießen. Sie zogen noch fester an dem Strick. Aber je fester sie zogen, desto enger wurde die Schlinge um ihren Hals. Nach mehreren Versuchen ergaben sie sich in ihr Schicksal. Aussichtslos!

Dasselbe Gefühl war in mir. Ich, die freiheitsliebende junge Frau war "angepflockt".
Mit der Entscheidung für unser Wunschkind, war ich mir der Verantwortung wohl bewusst. Ein neuer Lebensabschnitt wird auf uns zukommen! Ich freute mich auf unser erstes Kind und war bereit, für drei Jahre meine Bedürfnisse zurück zu stecken, um unserem Baby die Geborgenheit zu geben, die es braucht.
Nur Muttersein, das kam für mich nicht infrage. Ich wollte "draußen" etwas bewegen. Es machte mir einen Heidenspaß, Dinge ins Rollen zu bringen. Ein kleiner Stoss und es klappte. Selbstverständlich wird mein Leben immer so weiterlaufen! Selbstverständlich werden wir ein gesundes Kind bekommen! Wir verschwendeten keinen Gedanken daran, dass unser Leben vielleicht anders verlaufen könnte.

Viele Jahre später wurde ich von Wandra wieder an diese unbekümmerte Zeit in meinem Leben erinnert.
Wie oft fragte sie: "Mama, bleibt alles beim Alten?"
"Ja, Wandra, alles bleibt beim Alten!"
Meine Antwort gab ihr die Sicherheit, die sie brauchte, um gut durch den Tag zu kommen. Genau dieses gute Gefühl begleitete mich vor Wandras Geburt. Wo ist diese Sicherheit geblieben? Ein bitteres Gefühl stieg in mir hoch: Warum musste gerade ich dieses sonderbare Baby bekommen? Ein Baby das nicht gesund ist? Ein Gedanke tauchte immer wieder auf, wie die trotzige Haltung eines kleinen Kindes, das mit den Füßen

stampft: Das Leben ist mir noch etwas schuldig - als Ersatz für meine trostlose Kindheit. Ich will mir das zurück holen, was das Schicksal mir vorenthalten hat! Schon als Kind musste ich durch eine "harte Schule" gehen. Mühsam lernte ich, dass man Pflichten und Verantwortung nicht einfach abschütteln kann, wie ein lästiges Insekt. Dass es keinen Sinn macht wegzulaufen. Auch wenn man es noch so gerne tun würde. Dass es Familien gibt, die für ein sorgenfreies Leben nicht geschaffen zu sein scheinen. Aus so einer Familie stammte ich.

Das Leben hatte mich bisher nicht sehr verwöhnt. Schon mein Start war nicht rosig. Ich wurde in eine kaputte Welt geboren, die meine Kindheit geprägt hat. Als Flüchtling bin ich im Lager unter denkbar ungünstigen Bedingungen auf die Welt gekommen. Bis heute meide ich enge, dunkle, stickige Räume. Sie nehmen mir die Luft.

Jetzt war ich erwachsen und wollte mich mit den sozialen Ungerechtigkeiten nicht mehr abfinden. Alles in mir wehrte sich dagegen, diese verhängnisvolle Kette fortzusetzen. Trotz aller Vernunft, die mir Tag für Tag eingetrichtert wurde, verspürte ich nur noch den starken Drang wegzulaufen. So weit wie möglich! Als Wandra endlich schlief, nahm ich meinen Mantel vom Haken, schlang den Schal schnell um den Hals und schlich, wie ein Dieb, aus dem Haus. Ich rannte ziellos durch den Wald, wie ein Mensch, der auf der

Flucht ist. Nur von einem einzigen Bedürfnis getrieben: "Weg von hier, weg von Dir!"
Ich rannte und rannte, stolperte über Baumwurzeln und lose Äste. Die Sträucher ritzten mit ihren Stacheln meine Haut. Ich merkte es nicht. Ich war wie von Sinnen. Irgendwann blieb ich völlig außer Atem stehen. Mein Herz schlug bis zum Hals. Ich holte tief Luft und blickte nach oben. Friedlich zogen die Wolken über uns her und brachten mich zur Besinnung: Unsere kleine Wandra kann nichts dafür. Sie trifft keine Schuld!
Teddy, Mama sagt: "Manchmal ist es so schwer, das Richtige zu tun - ohne wenn und aber - wenn es so weit von den eigenen Plänen entfernt ist!"

Beschämt kehrte ich nach Hause zurück, beugte mich über Dein Bett und sah wie friedlich Du schliefst, mit Deinem Teddy im Arm. Für diesen einen kurzen Moment schien unsere kleine Welt in Ordnung. Ich berührte Dich ganz zart an der Wange. Mehr traute ich mich nicht, aus Angst Du könntest wach werden und meine Berührung würde Dich erschrecken. Es war der schönste Augenblick des Tages. Leise zog ich die Tür hinter mir zu.
Lautstark meldete sich die "innere Stimme" wieder. Ich fühlte mich ertappt. Wie konnte ich nur einen kurzen Moment, mit dem Gedanken spielen, mich aus dem Staub zu machen? Unser hilfloses kleines Mädchen, in dessen Welt alles "ver-rückt" war, braucht

mich. Wer sonst sollte sie hinter ihrer Glaswand hervor locken? Sie behutsam an die Hand nehmen und ihr die Angst vor unserer fremden Welt nehmen, wenn nicht ich, ihre Mama? Das allein ist meine Aufgabe. "Mehr nicht", fragte der Verstand? "Das ist mehr als genug", sagte das Herz!
Der Spruch auf der Karte fiel mir wieder ein: "Liebe bedeutet da zu sein, wenn man gebraucht wird!" Das war das Fundament, auf dem ich aufbauen wollte.
Es gab Tage, an denen mir eine einzige Aussage wieder Kraft gab, weiter zu machen. Für einen Menschen, der diese langen Durststrecken noch nicht erlebt hat, mag das unwirklich erscheinen. Aber genau so war es. Ein einziger Gedanke, der mir zufällig in die Hände fiel und mich ansprach, konnte mich wieder aufrichten. Ich spürte wieder festen Boden unter meinen Füssen.
Das Bild mit meinem Onkel beim Angeln tauchte kurz auf. Wie hatte er sich ausgedrückt? "Auf die Bodenhaftung kommt es an!"

Es gab auch Gedanken, die mich einfach nur wütend machten. Wie ein asiatische Sprichwort, auf das ich beim Durchblättern eines alten Kalenders stieß: "Leid festigt und stärkt den Menschen - je mehr der junge Bambus vom Sturm gepeitscht wird, desto fester wird er." Das war genau das, was mir in meiner Lage noch fehlte! Es wäre ja noch schöner, mich mit einem Bambus zu vergleichen!

Aber eigenartiger Weise sollte mich dieses Sprichwort noch eine lange Strecke beschäftigen - bis es seinen Zweck erfüllt hatte.
Später wurde es zu einer lieben Gewohnheit, mich zu fragen: Was hat das zu bedeuten, dass ich gerade jetzt diese Stelle lese? Soll ich vielleicht die Richtung ändern? Oder soll ich meine alte Spur weiter verfolgen? Ich hielt inne.
Der Zeitpunkt war gekommen, mich von der jungen lebensfrohen Frau mit den wilden Plänen endgültig zu verabschieden. Nur nicht mehr zurück schauen.
Was vorbei ist, ist für immer vorbei! Leere Worte!
Die großen Träume, die unserem Leben eine besondere Farbe geben und uns lebendig halten, kann man nicht so einfach begraben. Sie bleiben tief in uns verborgen, wie ein versunkener Schatz. Je nachdem was wir erleben, tauchen sie wieder auf und versetzen uns einen heftigen Stoss. Und man hat Mühe und Not standhaft zu bleiben.
Immer wieder kämpften die Wünsche der jungen Frau gegen die Zumutung des Schicksals. Immer dieser innere Zwiespalt. Ein Teil von mir wollte bleiben und ein Teil von mir wollte so schnell wie möglich alles hinter sich lassen, was das Leben so schwer machte und die eigenen Pläne durchkreuzte.
Ein ewiges Ziehen und Zerren - ein ewiges Auf und Ab. Dieser Zustand hielt viele Jahre an. Ich wünschte, ich könnte etwas anderes schreiben, aber es wäre nicht ehrlich!

Ich war nicht auf unser seltsames kleines Mädchen, das mir so fremd war, vorbereitet. Auf ihre bizarren Bewegungen, ihre eigenartigen Laute, ihr abweisendes Verhalten und ihren starren Blick. Aber wie soll man sich auch auf ein behindertes Kind vorbereiten?

Zum Glück war ich nicht allein. Auch andere Mütter mit einem ähnlichen Leid hatten gelernt, damit umzugehen und nicht zu verzweifeln. Ihre Worte machten mir Mut: "Mit der Zeit wird es leichter!" Wenn sie es geschafft haben, werde ich es auch schaffen!

Auszeit

Hätte mich jemand gefragt, "was machst Du eigentlich den ganzen Tag?" Ich hätte es nicht in Worte fassen können. Nichts in unserem Tagesablauf war alltäglich. Von einem Augenblick zum anderen rastete unser Kind aus.
Ohne jede Vorwarnung. Wandras "Flippi", wie wir ihn später nannten, breitete sich aus wie ein Sturm, der sich im Stillen zusammengebraut hatte. Irgend etwas muss sie stark irritiert haben? Aber was war es? Ich wollte ihr helfen und konnte es nicht. Ein fürchterlicher Zustand! Mir erschien der Anlass meistens gering - eine Kleinigkeit. Aber Wandra geriet völlig aus der Fassung.

Teddy, wenn Mama von einer "Kleinigkeit" spricht, dann ist es für mich eine "Großigkeit". Aber ich kann es ihr nicht sagen!

Wandras rätselhaftes Verhalten brachte mich ständig an meine Grenzen und hielt mir den blank geputzten Spiegel vor Augen. Eine frustrierte und erschöpfte Frau blickte mich an. Den Blick auf die schönen Dinge, die das Leben lebenswert machen, hatte ich verloren. Meine seelische Verfassung war auf dem Nullpunkt angekommen. Mein Körper wehrte sich gegen die tägliche Überforderung und schickte mir Alarmsignale. Ich habe sie überhört.
Damals machte ich die harte Erfahrung: Es gibt Menschen, die sich selbst überfordern - aber das Leben selbst kann uns auch überfordern. Ich war in einer Sackgasse. Ich hätte dringend Hilfe gebraucht. Eine Auszeit!

Bei diesem Begriff muss ich mit einem Schmunzeln an ein Erlebnis denken, dass sich viele Jahre später auf einem Spaziergang ereignete. Unser erstes Enkelkind, ein aufgeweckter kleiner Junge, begleitete uns. Er fuhr mit seinem Laufrad eine Weile neben uns her. Plötzlich, ohne jede Vorwarnung blieb er stehen, stieg vom Rad und kippte es in die Wiese. Er selbst schmiss sich daneben ins Gras und sagte mit dem Brustton der Überzeugung: Ich mach jetzt eine Auszeit! So einfach war das! Er war nicht bereit, auch nur einen Meter weiter zu gehen. Insgeheim war ich sehr stolz auf unser Enkelkind: Er wird es im Leben noch weit bringen! Und amüsiert dachte ich: Dieses Eselverhalten scheint in unserer Familie genetisch bedingt zu sein! Denn ein Esel geht erst weiter, wenn es **ihm** passt!

Unser Enkel lag immer noch auf der Wiese, kniff die Augen fest zusammen und tat so, als würde er die Wärme der Sonnenstrahlen genießen. Seinem Gesicht war anzusehen, dass er darauf wartete, was den Großen jetzt wohl einfällt. Wie recht unser Enkelkind hatte. Eine "Auszeit" machen, abtauchen und Abstand gewinnen, um wieder Boden unter die Füße zu bekommen. Frei von den Bedürfnissen der Familie. Den Tag nur nach eigenen Wünschen gestalten. Ja, das wäre genau das Richtige! Unter normalen Umständen der einzig sinnvolle Weg. Aber meine Situation war damals alles andere als normal. Wandra brauchte mich rund um die Uhr!
Als unser Kind klein war, gab es noch keinen Familien unterstützenden Dienst. Eine Mutter mit einem behinderten Kind war mit ihren zaghaften "Überlebenskünsten" jämmerlich allein.

An manchen Tagen spielte ich mit dem Gedanken, aufzugeben. Was ist das für ein Leben? Das hat doch alles keinen Sinn. Ich kann nicht mehr! Vergebens hatte ich mich nach Hilfe umgesehen. Abwesend wanderte mein Blick durch den Raum. Er blieb an den beiden kleinen

Mädchen hängen, die in einiger Entfernung voneinander spielten. Mit ihren großen ausdrucksvollen Augen, voller Hunger nach Leben, sahen sie mich an. Mir wurde warm ums Herz und ich wusste, ich könnte unsere beiden Töchter niemals allein lassen!
Teddy, Mama hat eine wichtige Erfahrung gemacht: "Man entwickelt ungeahnte Kräfte, wenn man gebraucht wird!"

Zum Glück hat sich die Situation für Eltern mit einem behinderten Kind heute positiv verändert. Sie erhalten die notwendige Hilfe, die sie brauchen. Gott sei Dank! Heute würde ich jede Unterstützung, die es gibt, dankbar in Anspruch nehmen.
Wir suchten nach einem "Strohhalm", nach irgendeiner Möglichkeit, die unsere schwierige familiäre Situation entlasten könnte und hatten einen Besuchstermin in einem Heim vereinbart. Im Auto war eine erdrückende Stille. Keiner sprach ein Wort. Mit jedem Kilometer ging es mir schlechter. Der Gedanke, unser hilfloses Mädchen in fremde Hände zu geben, war unerträglich. Wie ambivalent Gefühle sein können!
Unser Kleines machte mir das Leben schwer und trotzdem hatte ich sie fest in mein Herz geschlossen.
Mein Mann drückte kurz meine Hand. Eine Geste, die mir zeigte, es scheint ihm ähnlich zu gehen. Eigentlich stand meine Entscheidung schon fest als wir den Termin ausmachten. Wenn wir unsere kleine Wandra in ein Heim geben, hätte das für mich bedeutet: Ich

gebe mein Kind auf! Fremde Menschen würden sich um unser Kind kümmern. Die Tür würde sich hinter ihr schließen und ich werde nie wieder lachen können! Ihr lebloses Gesicht hätte mich überall hin verfolgt. Könnte ich dann zufrieden weiterleben? Ganz bestimmt nicht!

Der Heimleiter, ein Mann im mittleren Alter mit einem blassen, erschöpften Gesichtsausdruck öffnete die schwere, knarrende Holztür. Er führte uns ziemlich wortkarg in einen großen Raum. Die Fenster waren zu hoch, um hinaus zu schauen. Obwohl draußen die Sonne schien, war es düster. Graue nüchtere Wände blickten uns an und ein beißender Geruch stieg mir in die Nase. An der Wand entlang war eine Holzstange befestigt. Davor saßen eine Reihe spärlich angezogener Kinder im Alter von drei bis sechs Jahren auf einem Töpfchen. Jedes Kind war an der Stange mit einer Baumwollwindel festgebunden. Sie hielten traurig den Blick gesenkt. Warum sollten sie auch hoch schauen? Es gab nicht einen einzigen Farbfleck an der Wand. Nichts was ihren tristen Tag erhellte. Dieses "Grau in Grau" füllte den Raum und machte mir das Atmen schwer. Der Anblick war so erschütternd, dass sich die Frage ob wir unser kleines Mädchen in ein Heim geben sollen, für immer erübrigt hatte. Ich wollte nur noch weg.
Ich war erleichtert als die Holztür hinter uns ins Schloss fiel. (Die Situation in den Wohnheimen hat

sich mittlerweile drastisch verändert. Welch ein Glück! Diese Verwahranstalten von früher gibt es nicht mehr.) Das war vor vierzig Jahren. Ich habe dieses Bild nie wieder vergessen.

Teddy, Mama hat später gesagt: "Nur was einen Menschen persönlich berührt, verändert ihn! Das Wissen allein bleibt an der Oberfläche hängen."

Immer wenn ich dachte, ich schaff es nicht mehr, tauchten diese traurigen kleinen Gestalten wieder vor mir auf. Sie werden es nie erfahren, aber sie halfen mir dabei, meine Einstellung in eine neue Richtung zu bewegen.

Ein beruhigendes dankbares Gefühl breitete sich in mir aus: Ich kann für mein Kind da sein. Ich kann ihm geben, was es braucht. Es lebt in einer kleinen Familie, in der sich jeder bemüht. Wie gut es ihm geht!

Ich hatte mich wieder beruhigt. Einem Impuls folgend gab ich unserem Kind ein Versprechen: "Mein kleiner Schatz, Deine Mama wird Dir helfen, ein glückliches Kind zu werden!" Ich flüsterte es Dir leise zu. Mir fehlte der Mut, es laut auszusprechen. Ich hatte mir viel vorgenommen, unglaublich viel!

Mein Mann, ein leidenschaftliche Motorradfahrer hatte bei einem Endurotraining eine wertvolle Erkenntnis gewonnen: Wenn ich nicht vom Weg abkommen will, muss ich in der Ferne ein Ziel anpeilen und das darf ich nicht mehr aus den Augen verlieren. Denn man fährt immer dahin, wo man hin sieht!

Wandra, genau so wird Mama das machen - wie ein leidenschaftlicher Motorradfahrer!
Ich blickte nach vorne, als würde ich Scheuklappen tragen, mit der festen Absicht, mich von niemandem von meinem Ziel abbringen zu lassen.
Eines Tages, wann immer das auch sein wird, wird unser Kind ein Leben führen, das seinem Wesen entspricht! Ich weiß nicht, woher ich plötzlich diese Zuversicht hatte? Aber für einen kurzen Moment war sie da.

Mama mischt sich ein

Teddy, Mama hat eine Aussage gelesen, die sie nie wieder los ließ: Unser Gehirn kann durch geeignete Stimulation geändert werden. Niemand kann vorhersehen, wie sich ein kleines Kind - auch wenn es noch so schwer gestört ist - eines Tages entwickeln wird. Niemand!
Teddy, das hat Mama gefallen.

Die Worte des Kinderarztes fielen mir ein: "Geben Sie Ihr Kind in ein Heim. Die Krankheit ist unheilbar!" Ohne einen Funken Hoffnung ließ er mich stehen.
Und jetzt stand hier schwarz auf weiß geschrieben: Die Natur überrascht uns immer wieder! Gehirnzellen die zerstört sind, kann man nicht mehr reparieren. Aber durch gezielte Stimulation können Teile des Gehirns, die bisher brach lagen, erschlossen werden und neue

Kanäle öffnen sich. Immer wieder las ich diese Zeilen. Unfassbar!
Es war eine unruhige Nacht. Ich lag noch lange wach und dachte nach. Warum sollte es nicht möglich sein, brach liegende Teile des Gehirns wach zu rütteln? Das ist die Chance für unser Mädchen. Ich war voller Zuversicht!
"Komm Wandra wir gehen in den Garten." Ich nahm ihre kleine Hand und zog sie leicht hinter mir her. Ich wollte mit ihr die letzten Sonnenstrahlen genießen.
Wir setzten uns auf unsere Lieblingsbank vor die gelbe Klinkerwand unseres Hauses. Das warme Licht der Sonne ließ die gelben Steine honigfarben leuchten. Ich redete einfach drauf los. "Wandra, wir werden es versuchen. Wir haben nichts zu verlieren!" Was habe ich da gerade gesagt? Dieser Satz hatte in meinem Leben schon einmal eine besondere Bedeutung. Damals habe ich mich mutig auf den Weg gemacht, bin über meinen Schatten gesprungen und habe Gott um Hilfe gebeten. Und genau diese Spur werde ich jetzt wieder aufnehmen. Wir haben nichts zu verlieren!

"Mama wird geeignete "Spiele" erfinden, die Dir Freude machen. Wie mit einer Kurbel werden wir Dein Gehirn anstoßen, damit es los läuft und in Deinem Nervensystem Ordnung schafft."
Wandra saß still neben mir. Ob sie mir zugehört hat? Ob sie etwas verstanden hat? Ihr Blick schaute in die Ferne. Sie wirkte zufrieden, mit ihrem Teddy im Arm.

Es schien ihr an nichts zu fehlen. Eigentlich sollte mich ihr Anblick glücklich stimmen!
Aber so war es leider nicht. Immer wenn es mir gut ging, hatte ich das Gefühl, es zieht jemand heftig an mir: Erst die Arbeit dann das Vergnügen. Ohne Fleiß kein Preis! Das Leben ist kein Zuckerschlecken! Schon als Kind konnte ich mit diesen Sprüchen nichts anfangen. Als dürfte das Leben keinen Spaß machen.

Viele Jahre später, erinnerte ich mich an diese Zeit. Mein Gott wie konnte ich mich nur so sehr unter Druck setzen? Warum war ich nicht in der Lage, mich mit unserem kleinen Mädchen einfach nur zu freuen? Die alten Muster waren immer noch lebendig. Sie schlummerten in mir und immer dann, wenn ich sie am wenigsten gebrauchen konnte, mischten sie sich wieder ein. Geradezu heimtückisch. Ich hatte sie nicht darum gebeten.
Mein Rucksack war bepackt mit falschen Erwartungen, zu viel Ehrgeiz und überzogenem Pflichtgefühl. Dicke schwere "Steine". Ich hatte Mühe, nicht zu stolpern. Erst nach vielen Kilometern merkte ich, dieser beladene Rucksack gehörte nicht zu mir. Ich trug Mutters Rucksack!
Wandra, auf Deine indirekte, liebenswerte Art hast Du mich immer wieder darauf gestoßen: "Mama, der ist zu schwer für Dich!" Es war höchste Zeit mich von diesem "alten Rucksack" zu trennen.

Jetzt fing unsere Reise erst richtig an. Schon als ich klein war, faszinierte es mich, mein Umfeld zu beobachten. Niemand bemerkte das kleine Mädchen. Neugierig, mit wachen Augen, hörte ich zu: Was sagen die Großen? Wie klingt ihre Stimme? Wie sieht ihre Mimik aus? Die Gesichter wirkten ernst und verbittert. Es erschreckte mich. Was tun sie? Was tun sie nicht? Mir fiel auf, was sie sagen und was sie tun, passte häufig nicht zusammen. Warum das so war, das wusste das Mädchen noch nicht. Es blieb in Habachtstellung!

Diese Wesensart gehörte zu mir und machte es mir leicht, jetzt unser Kind im Auge zu behalten. Wochenlang wartete ich geduldig aus der Ferne. Wie ein Urlauber, der am Rand des Meeres steht und mit einem Fernglas jede Bewegung der Wellen beobachtet, damit ihm nur nichts entgeht. Erwartungsvoll wandern seine Augen unruhig über die unendliche Weite des Meeres. Was wird er entdecken? Er spürt, ich muss nur Geduld haben, dann wird sich etwas verändern. Plötzlich kommt Bewegung in die Meeresoberfläche. Kleine Blasen bilden sich und noch mehr Blasen kommen dazu. Es wird lebendig! Der Meeresspiegel wölbt sich langsam hoch, ein grauer glatter Hügel taucht auf und eine Schwanzflosse wird kurz sichtbar. Ein dunkler großer Schatten springt in die Luft und ehe er begreift was passiert, taucht er mit einem klatschenden Geräusch wieder ein. Das ging so rasend schnell! Noch berauscht von diesem einmaligen Erlebnis, steht er

eine Weile versunken da. Es war ein Delphin! Ganz sicher, war es ein Delphin! Die Spannung ebbt ab und voller Zufriedenheit denkt er: Das Warten hat sich gelohnt!
Eine lange Strecke lag bereits hinter uns. Wandras Vorlieben und Abneigungen waren mir vertraut. Ihre stereotypen Aktionen über Stunden, Tage oder auch Wochen. Ihr Bewegungsdrang und immer wieder das ausgeprägte Bedürfnis nach Isolation - nach einer kleinen "Insel", auf der sie niemand störte.
Teddy, Mama hat später immer gesagt: "Der Autist ist ein Inselmensch!"

Unser Kind spielte ruhig und zufrieden, solange man sie zu nichts drängte. Sie schien sich mit sich selbst wohl zu fühlen. Ein großes Geschenk der Natur. Aber wie kann ich ihr begegnen, ohne ihre Grenze zu überschreiten? Es war Zeit, sich einzumischen und sie aus der Isolation zu holen. Sonst wird unser Mädchen nie erleben, dass es auf der anderen Seite der Glaswand noch eine andere Welt gibt. Vielleicht wird ihr diese neue Welt gefallen? Vielleicht auch nicht? Und was ist mit dem Begriff "geeignete Stimulation" gemeint?
Da jedes autistische Kind einzigartig ist, muss es eine "Methode" sein, die Wandras Wesen entspricht. Eine Methode, die mehr die Sinne als den Verstand anspricht. Wenn ich zurückblicke, es war keine direkte Methode. Es war ein Ausprobieren - Herumirren und ganz viel Zufall und Glück.

Immer wieder versuchte ich mich in sie hinein zu fühlen. Was bewegt sie? Was denkt sie? Was interessiert sie? Was würde mich "berühren" und hinter der Glaswand hervorlocken, wenn ich unser kleines Mädchen wäre?
Vor mir tauchte eine Situation auf, die mich sehr stark beschäftigt hatte. Wandra, saß in der Ecke am Boden. Sie hatte die Knie fest an ihren Körper gezogen. Ihre Kopf lag auf den Knien vorne über gebeugt und sie schluchzte jämmerlich. Eine ungewohnte Regung. Ich wollte sie trösten. Es war nicht möglich. Nur ihr Teddy durfte bei ihr sein. Wandra, heute kann ich es Dir gestehen. Ich war oft auf Deinen grauweißen Plüschbär eifersüchtig - ausgeschlossen aus Eurer Zweisamkeit! Ich konnte es nicht länger ertragen, wie sich unser kleines Mädchen selbst verletzte und meine zaghaften Versuche, sie zu berühren, abwehrte. Ich hatte nur einen Wunsch, diese trennende Glaswand muss endlich zusammenbrechen!

Mein Blick wanderte, wie so oft, auf unserer Reise nach oben. Manchmal fühlte ich mich mit dem Himmel eng verbunden und im nächsten Augenblick war er wieder weit weg. Kennen Sie das Gefühl?
Zwei Wolken zogen nebeneinander her, ganz friedlich, ohne Hast kamen sie vorwärts. Eine unglaubliche Ruhe und Kraft ging von ihnen aus. Ein starke Empfindung überraschte mich: "Er" scheint etwas Besonderes mit mir vor zu haben und traut mir zu, diese

große Aufgabe mit Wandra zu meistern. Ein großer Vertrauensvorschuss. Ob ich ihm gerecht werde?

Mit dem Puzzleteil "Berührung" wollte ich anfangen. Schon lange hatte ich mich mit diesem Thema beschäftigt. Es ist oft die Sehnsucht, die uns antreibt, auf den Grund zu sehen.
Ich wuchs mit dem Gefühl auf: Ich muss mich sehr anstrengen, um ein bisschen beachtet zu werden! Es war keine gute Zeit für Kinder! Die Nachkriegszeit, eine Zeit voller Angst und Schrecken, Hunger und Kälte und großer sozialer Not. Erschütternde Erlebnisse hatten bei Mutter Spuren hinterlassen wie eine tiefe Kerbe in einem harten Stück Holz. Vielleicht muss ein hartes Leben einen Menschen zwangsläufig hart machen? Zwangsläufig? Ich wollte mich nicht damit abfinden.
Damals lernte ich hautnah: Es gibt Lebensumstände, die sind so furchtbar erdrückend, dass sie die Liebesfähigkeit im Keim ersticken!
Aber eine versteckte Liebe kann ein Kind nicht spüren!

Später, das kleine Mädchen war inzwischen erwachsen geworden, machte es eine wunderbare Entdeckung: Das Kostbarste was man im Leben geschenkt bekommt, ist Zärtlichkeit! Durch eine einfache zärtliche Berührung fühlen wir uns lebendig. Genau in diesem Augenblick entsteht Nähe. Aber nur wenn man mit allen Sinnen dabei ist! Sonst verstreicht dieser einmalige Augenblick, ohne dass wir ihn bemerkt haben. Das war Wandras große Hürde. Das Zusammenspiel ihrer Sinne war gestört. Jede Berührung bedeutete für sie eine Bedrohung. Ein "dicker Brocken" lag uns im Weg!

In einem Beispiel aus der Tierwelt, beschrieb der Tierverhaltensforscher Nikolaas Tinbergen anschaulich, welche verheerende dauerhafte Folgen "Berührungsmangel" hat. Jungtiere, die im Käfig lange Zeit ohne Zuwendung aufwachsen, erleiden anhaltende Schäden und zeigen autistisches Verhalten. Sie sind übermäßig erregbar und verletzen sich selbst. Ohne ausreichende taktile Stimulierung reagiert das zentrale Nervensystem später extrem sensibel auf Geräusche und Berührungen. Überlässt man sie weiter sich selbst, bleiben sie in ihrer Welt gefangen.
Erschrocken schoss es mir durch den Kopf, mein Gott, das durfte auf keinen Fall passieren, dass unser kleines Mädchen weiter wie in einem "Käfig" lebt. Alles was in meiner Macht steht, werde ich tun, um sie daraus zu befreien!
Ich schaute zu Wandra hinüber. Wie immer bemerkte sie meinen Blick nicht. Ganz versunken in ihr Tun, war sie damit beschäftigt, eine dicke Holzkugel auf einen Stab zu schieben. Die Kugel fiel daneben und wieder versuchte sie es. Es war erstaunlich, wie geduldig unser Mädchen war, wenn etwas ihr Interesse geweckt hatte. Sie gab nicht auf!

Ich war mir sicher, dieses Bedürfnis nach Berührung und Zärtlichkeit schlummert auch in unserem kleinen Mädchen, wie in jedem Wesen. Nur schläft es zur Zeit, tief und fest und wartet nur darauf, aufgeweckt zu werden.

Ich setzte mich auf einen Stuhl, immer bemüht ihren geduldeten Abstand einzuhalten. Manchmal vergaß ich es, und prompt reagierte Wandra und wollte mich mit den Händen wegschieben.

Teddy, Mama hat immer ein Buch in der Hand!

Ich informierte mich, welche immense Bedeutung unsere Haut hat. Als größtes Sinnesorgan gibt sie unendlich viele Informationen an unser Gehirn weiter. Sie umhüllt unseren ganzen Körper wie ein "Schutzmantel" und schirmt uns von der Außenwelt ab. Bei unserem Kind funktionierte dieser Schutz nicht. Ihre Sinnesverarbeitung war unterbrochen.

Kein Wunder, dass unser kleines Mädchen so oft "aus der Haut fuhr"!

Ich las weiter, wie wichtig Berührungen für die Reifung des Gehirns sind. Schon der kleinste taktile Reiz bewirkt, dass wir uns selbst und das Umfeld wahrnehmen. Ich ließ das Buch sinken: Was soll ich bloß machen? Unser kleines Mädchen lässt doch keine Berührung zu! Wie heftig reagierte sie heute morgen, als ich mich mit der Cremedose näherte. Sie wehrte sich und schrie, als wollte ich ihr etwas antun. Solange dieser Zustand anhielt, konnte unser Kind nicht erleben, wie schön es ist, zärtlich berührt zu werden. Dieses wohltuende Gefühl würde ihr für immer fehlen. Sie würde weiterhin Menschen aus dem Weg gehen und sehr wackelig auf ihren Beinen stehen. Sie hätte nicht die geringste Chance emotionale Sicherheit zu entwickeln. Ich wollte mir gar nicht weiter ausmalen, was das für unsere Beziehung bedeuten würde!

Die vielen erschütternden Augenblicke, die ich mit Wandra erlebt hatte, zogen an mir vorbei. Sie stößt mit dem Kopf gegen die Wand. Sie weint nicht, wenn ihr Knie blutet. Sie zupft ihre Haut und beißt sich in die Hand, bis ihr Handrücken rot und blau anschwillt. Sie schlägt immer wieder mit der rechten Hand gegen die Stirn. Es scheint ihr nichts auszumachen. Ich konnte dieses Geräusch nicht mehr ertragen und zog ihre Hand weg: "Wandra hör auf, das tut doch weh!" Aber kaum war ich um die Ecke verschwunden, verfolgte mich dieses klatschende Geräusch.
Es gab nur eine sinnvolle Erklärung: Unsere Wandra spürte keinen Schmerz! Unser Mädchen wollte sich nicht körperlich verletzen. Es war ihr verzweifelter Versuch, sich zu spüren.
Teddy, Mama hat gesagt: "Wenn Du Dich nicht spürst, dann ist das so, als würde es Dich nicht geben."

Zum ersten Mal in meinem Leben machte ich mir Gedanken darüber, wie wichtig unsere Fähigkeit ist, Schmerz zu empfinden. Bisher war ich immer froh,

von ihm verschont zu bleiben. Und jetzt dachte ich: Wenn ich Schmerz spüren kann, bin ich lebendig! Meine Sinne funktionieren noch!
Durch Wandra änderte sich meine Einstellung Kilometer für Kilometer. Immer wieder gab sie mir versteckt zu verstehen: "Mama, was machst Du da?" Viele meiner festen Überzeugungen zerbröselten wie fein gemahlener Sand und der nächste Windstoss trug sie weiter. Nichts blieb davon übrig.

Der Begriff "geeignete Stimulation" kam mir wieder in den Sinn. Wenn ich nur wüsste, wie ich unser Kind am besten erreichen kann? Wandra stand am Waschbecken, mit ihrer bunten Gummischürze und ließ das Wasser unermüdlich über ihre Hände laufen. Am Boden hatte sich schon eine große Pfütze gebildet. Mit Begeisterung platschte sie darin herum. Ihre Augen strahlten. Wandra war in ihrem Element! Das ist es. Das muss mit "geeigneter Stimulation" gemeint sein! "Mein Kleines, mit dem Wasser werden wir Deine Haut sensibilisieren. Mama wird Deinen Tastsinn behutsam anregen!"
Teddy, ich habe Mama nicht verstanden. Mama sagt oft so komische Dinge. Aber ich glaube, es war wichtig!
Abwechselnd habe ich Wandras Hände in kaltes und warmes Wasser getaucht. Ich habe sie gebürstet, gedrückt und gerieben. Jeden Tag dasselbe Ritual. Ich weiß nicht mehr wie lange es gedauert hatte. Wochen,

Monate? Ich wollte schon aufgeben. Und dann mit einem Mal, als hätte jemand einen Schalter umgedreht, wurde das Beißen in die Hand seltener. Ich konnte es kaum glauben. Ähnliche Übungen haben wir mit ihrer Stirn gemacht. Nach einigen Wochen wurde auch das klatschende Geräusch seltener, bis es sich ganz verlor. Diese wertvolle Aussage, "neue Kanäle öffnen sich", hatte sich bewahrheitet. Die Nervenzellen ihrer Hand und ihrer Stirn reagierten. Wandra wir haben es geschafft. Wir zwei ganz allein!
Vielleicht hören sich die letzten Zeilen für den Leser wie ein Kinderspiel an. Das war es bestimmt nicht. Der Weg war mit Disziplin und Geduld gepflastert. Aber jede noch so kleine Regung Wandras auf meine Bemühungen gab mir neuen Auftrieb: Mach weiter - nicht aufgeben!

Die Gefühle, die mich damals bewegten, kann ich kaum beschreiben. Sie waren so verwirrend und so einmalig zugleich. Schritt für Schritt ging Wandras Entwicklung voran. Und mit jeder Veränderung bröckelte ein Stück aus Wandras Glaswand heraus! Wir waren auf dem richtigen Weg!
Zuversichtlich marschierten wir weiter. Es war so einfach, zu vertrauen, wenn der Weg übersichtlich vor uns lag. Aber wenn jeder Schritt beschwerlich wurde und die "Stimme" schwieg, dann war es schwer, nicht den Mut zu verlieren.
Teddy, Mama sagt immer: Vertrauen braucht viel Zeit!

Wie schön müsste es sein, voller Vertrauen weiter zu gehen, ohne zu wissen, wo der Weg endet! Wir hatten noch viele Kilometer vor uns!

Manchmal hatte ich die Spur aus den Augen verloren und ich kam vom Weg ab. Dann wurde ich geführt, wie an einer unsichtbaren "Schleppleine". Das erinnerte mich an die ersten Wochen mit unserem kleinen Hund. Er sollte lernen, immer in Sichtweite zu bleiben und zu kommen, wenn man ihn rief. Mit Hilfe einer langen Schleppleine haben wir dieses Training erfolgreich durchgeführt. Wenn er sich zu weit entfernte oder nicht hörte, wurde er zurück gezogen. Und weil er ein sehr kluger Hund ist, hatte er schnell verstanden. Es geht mir gut, wenn ich gehorche! Nur eines konnten wir nicht verändern, es gehörte zu seinem Wesen: Er war kein Leinenhund und wird nie einer werden!
Sein ausgeprägtes Freiheitsbedürfnis duldet kein Festhalten. Hätte er sonst in unsere Familie gepasst? Eigenartig dass ich mich gerade jetzt daran erinnerte.

Wandras Körper war an der Reihe. Ihre dicke rote Gymnastikmatte lag auf dem Boden. Der Raum war verdunkelt. Der Duft von Kerzen, Ihr Teddy und ihre Lieblingsmusik warteten auf sie. In der Ecke drehte sich ihre glitzernde Diskokugel. Sie war von Dingen umgeben, die ihr vertraut waren. Unser kleines Mädchen sollte sich wohl fühlen. Schon nach den ersten Übungen fiel mir auf, dass sie zarte Berührungen erschreckten. Ein weicher Schwamm, ein Handtuch oder ein Bademantel in Weichspüler gewaschen, die sanfte Massage beim Haare waschen, war für Wandra eine Qual. Sie brauchte feste Reize! Berührungen, die ich als angenehm empfand, lehnte sie ab. Anfangs dachte ich: Was mir gut tut, muss ihr auch gut tun! Wie anmaßend wir Menschen doch manchmal sein können! Auch Mütter sind davor nicht geschützt!

Teddy, Mama sagt: "Das Beste für Mama ist nicht immer das Beste für Wandra. Das muss jeder selbst heraus finden." Teddy, hilfst Du mir dabei?

Es verging kaum ein Tag an dem Wandras Kopfhaut nicht mit einer harten Bürste massiert wurde. Schon seit einiger Zeit forderte sie es selbst ein. Und dann mit einem Mal traktierte unser kleines Mädchen ihren Kopf nicht mehr. Es war verschwunden. Für immer? Diese Augenblicke waren so überwältigend, dass ich damit gefühlsmäßig überfordert war. Ich wusste nicht soll ich lachen oder weinen? Kein Schlagen mehr mit dem Kopf gegen eine Wand? Kein Gebrüll mehr beim Haare waschen? Diese fürchterliche Strecke hatten wir hinter uns gelassen. Ab heute gab es Kratzbürsten statt Weichspüler!

Und die nächste Übung begann. Starker Druck, leichter Druck - im Wechsel. Wandra sollte erfahren, wie gut es tut, seinen Körper zu spüren. Wir rollten unser Kind in dicke Decken fest ein und wieder aus - erst langsam, dann schneller und wieder langsam.

Teddy, das war lustig! Ich konnte nicht genug davon bekommen.
Deutlich zeigte uns Wandra, welche Übung ihr gefällt und welche nicht. Es gab kein "richtig" oder "falsch". Es gab nur, macht es Spaß oder nicht?
Ihr Körper wurde weiter heftig geknetet und massiert. Immer bei demselben Musikstück massierte ich das entsprechende Körperteil. Dieser Rhythmus "erst macht Mama das, dann das", war ihr vertraut und sollte ihr die Angst nehmen. Und es klappte. Sie erinnern sich an die Strategie "gewöhnen, Gewohnheit"?
Mittlerweile wartete Wandra gespannt auf meine Hände. Einmal schweiften meine Gedanken ab und ich unterbrach die Übung. Da nahm Wandra meine Hand und zog sie an ihren Körper heran. Als wollte sie sagen: "Mama, hör auf zu träumen, ich bin dran!"

Ihre Haut saugte meine Massage auf, wie ein trockener Schwamm, der schon lange kein Wasser mehr gespürt hat. Unter dem tief gehenden Druck meiner Hände wurde Ihre Hautempfindung sensibilisiert. Wandras Muskulatur lockerte sich sichtbar und ihre trockene Haut wurde geschmeidiger.
Immer wieder musste ich innehalten. Was geschieht hier? Es war unfassbar, was die monatelangen Sensibilisierungsübungen bei unserem Kind auslösten. Ihr Körper entspannte sich und sie genoss unsere Zweisamkeit. Unser kleines Mädchen, dass jeden menschlichen Kontakt aus dem Weg ging und vor

Berührungen Angst hatte, ließ meine Nähe zu. An besonders unruhigen Tagen, konnte ich ihr mit meinen Massagen helfen die Unruhezustände zu lindern.
Manchmal sah unser Kind aus wie ein kleiner roter Krebs. Wie ein glücklicher kleiner roter Krebs!
Teddy, Mama sagt immer: "Sich in der eigenen Haut wohl fühlen, das ist Glück!"

Endlich konnte ich unserem Kind zeigen, wie lieb ich es habe! Wie lange hatte ich darauf gewartet! Ich hätte vor Freude die ganze Welt umarmen können. Wie so oft auf unserer Reise habe ich den Blick zum Himmel gerichtet: "Danke Herr!"
Dieses "Danke Herr" wurde zu einem festen Ritual in meinem Leben.

Teddy, durch die Berührungen konnte ich spüren, wie wichtig ich Mama bin!
Teddy, ich streiche gern über Mamas Wangen. Sie sind so weich!
Dieses stereotype Bedürfnis, ständig in meinem Gesicht zu patschen, konnte ganz schön nerven. Stellen Sie sich vor, Sie sitzen auf dem Stuhl haben eine Tasse Kaffee in der Hand und plötzlich kommen zwei kleine Hände von hinten oder von der Seite und streichen über ihre Wangen. Unermüdlich - ohne Pause. Manchmal konnte ich gut damit umgehen. Aber wenn ich in Eile war, weil der Berg "Alltag" sich vor mir auftürmte, schob ich ihre Hände etwas ungehalten weg.

Ein Ersatz musste gefunden werden. Wir füllten einen abgeschnittenen Seidenstrumpf mit Sand, formten einen runden Kopf, knoteten ihn fest zu und malten ein lachendes Gesicht darauf. Wandras Hände haben den "Sandkopf" heftig traktiert. Aber Mamas Wangen blieben der Renner!

Tag für Tag testete mich Wandra durch ihr Verhalten: "Mama kannst du gut zuhören? Hast du genug Geduld? Machst du Wandra keinen Druck? Wandra nicht zu nahe kommen. Braucht Wandra keine Sorgen machen? Bleibt alles beim Alten? Kann Wandra das noch mal machen, auch wenn Mama es nicht verstehst? Darf Wandra noch einmal im Gesicht patschen?"

Diese Angewohnheit, meine Wangen immer wieder zu berühren, hat sie in abgeschwächter Form beibehalten. Heute habe ich dazu eine andere Einstellung gewonnen. Nach den vielen kleinen und großen Schritten hatte ich einen wichtigen Wesenszug unserer Tochter verstanden. Wenn Wandra mir über die Wangen streicht, ist es für sie nicht nur ein taktiles Erlebnis. Gleichzeitig will sie mir zeigen: "Mama, ich hab Dich lieb"! Wieder passte ein großes Puzzlestück.

Immer wieder entdeckte ich auf unserer Reise kleine versteckte Gesten, die mir zeigten, dass ich Wandra etwas bedeute. Auf ihre Art drückte sie es aus: Wenn sie zart über meine Hand strich - wenn sie mir ihre Wange hinhielt, damit ich ihr einen flüchtigen Kuss geben konnte - wenn sie mir ein kurzes Lächeln zuwarf...

Blickkontakt

Kennen Sie dieses starke Gefühl, man wacht morgens auf und spürt, heute ist ein besonderer Tag? Man kann es nicht begründen, aber dieses Gefühl ist da.
Wandra saß in ihrer Lieblingsecke und drehte eine Plastiktüte zwischen ihren Fingern. Teddy lag neben ihr. Ich war wie immer ausgeschlossen. Eine ganze Weile schaute ich schon unserem Mädchen zu, als mich ein Gedanke mit voller Wucht packte: Wenn du einen anderen erreichen willst, musst du ihn da abholen, wo er steht. Wie oft hatte ich darüber gelesen. Wie konnte ich es nur vergessen? "Mein Kleines, Mama wird versuchen, in Deine Haut zu schlüpfen!"
Jahre später, in meiner eigenen Praxis als heilpraktische Psychotherapeutin, konnte ich meine wertvollen Erfahrungen mit Wandra einfließen lassen. Kein Studium der Welt hätte sie ersetzen können.
Die wertschätzende Haltung war die Grundlage jeder therapeutischen Sitzung. Der Türöffner. Welche Erleichterung erlebte ein Klient, wenn er sich verstanden fühlte. Immer wieder wurde ich an die behutsamen Schritte erinnert, die ich mit unserem Kind gegangen bin, um eine Beziehung aufzubauen.
Teddy, Mama hat zu Papa gesagt: Wandra öffnet sich nur, wenn sie sich verstanden fühlt!
Ich setzte mich in unserem Mama-Wandra-Abstand auf den Boden. Ich drehte die Plastiktüte auf die gleiche Art und im selben Tempo wie unser Mädchen und

schaukelte mit meinem Oberkörper. Es war ein besonderer Augenblick.

Zum ersten Mal machten wir etwas gemeinsam. Eine wunderbare Stille umgab uns. Nur das leise Knistern unserer Tüten war zu hören.

Hätte uns jemand durchs Fenster beobachtet, er hätte bestimmt gedacht: "Da sitzen zwei Verrückte!" Ja, ver-rückt, das waren wir!

Teddy, Mama meint: "Manchmal muss man den Alltag etwas ver-rücken, um aus einem grauen Tag einen besonderen Tag zu machen!"

Ich weiß nicht mehr, wie lange wir da gesessen haben. Plötzlich, für einen kurzen Moment, streifte mich Wandras Blick von der Seite. Wie eine zarte Berührung. Mein Herz klopfte vor Freude. Es war unser erster Blickkontakt!

Wandra erinnerte mich an eine Wahrheit, die uns allen vertraut ist. Sie wollte um ihretwillen beachtet werden. Ohne Vorbehalte, ohne Abwertung - als Wandra. Und wie ein Bumerang kam ihre Antwort zurück. Ihr Blick sagte: "Da ist Mama!" Von da an folgten mir ihre Augen immer häufiger. "Wo ist Mama?"

Sie vermisste mich. Nicht nur ihren Teddy. Ein unbeschreibliches Gefühl!

Endlich hatte ich die lang ersehnte Antwort. Wie sollte unser kleines Mädchen mir ihre Arme entgegen strecken, wenn sie mich gar nicht wahrgenommen hatte? Aber sie konnte mich nicht wahrnehmen, solange ihr die Sinne einen Streich spielten.

Teddy, Mama meint: "Vieles wird so einfach, wenn man es versteht!"

Dieses eine gemeinsame Erlebnis am Boden, mit ihren einfachen Plastiktüten, veränderte unsere Beziehung. Ein dicker Stein war ins Rollen gekommen. Viele Jahre später las ich in einem Buch, dass man diese Methode "spiegeln" nennt, wenn ich ein Kind in seinem Tun imitiere. Ich dachte nur, ein guter Begriff, das passt!

Unsere Nachahmungsspiele, "einmal ich, einmal Du" wurden zu einem täglichen Ritual. In unserem Kind musste das Gefühl wachsen: "Was immer ich tue, es ist in Ordnung - Mama macht es auch!"

Eines Tages, wieder war es der Zufall, der mir geholfen hat, setzte ich mich in ihre Nähe an unsere Glockenbahn aus Holz. Ich legte eine Glaskugel an den Anfang der Bahn und verfolgte ihren Lauf. Ich tat so, als wäre ich allein im Raum. Die kleine Glocke klingelte, wenn die Kugel am Ende der Bahn angekommen war.

Ein paar Tage später, ahmte Wandra mich "verzögert" nach. Ihr fragender Blick traf mich kurz: "Mama hast Du das gesehen?" "Ja, Wandra, ich habe es gesehen."

Wieder war ein großes Stück aus der Glaswand heraus gebrochen. Voller Freude folgte ich der neuen Spur, um unser Mädchen zu motivieren: Indirekt - ohne Erwartung - ohne Druck!

Teddy, Mama hat ein großes Geheimnis entdeckt: "Ein echter Autist lässt sich zu nichts zwingen!"

Tag für Tag trainierten wir den Blickkontakt.
Teddy, Mama hat immer gesagt: "Wandra schau mich an, Mama spricht mit Dir!"
Es kostete sie so viel Überwindung. Noch heute kann Wandra dem Blick eines anderen nicht lange standhalten. Sie erwidert ihn kurz und schaut dann verlegen zur Seite. Nur Teddys Augen waren immer gleich - ein Ruhepol!

Immer tiefer tauchte ich in die Welt unserer Tochter ein. Eine fremde faszinierende Welt. Das heißt so fremd war sie mir gar nicht. Ich musste nur zurück schauen. Ich war wieder ein Kind und erlebte mein Umfeld mit allen Sinnen. Ich entdeckte wieder die Schönheit eines einzelnen Blattes. Wie viele Farbtöne sich vereinten: Grün-, Braun-, Orangetöne - eine herrliche Mischung!
Ich lernte wieder jede Bewegung und jedes Detail bewusst wahrzunehmen. Diesen besonderen Blick hatte ich als kleines Kind von meinem Vater übernommen.

M a l e r e i

Vaters Bild tauchte vor mir auf. Er saß über sein Zeichenbrett gebeugt, versunken in die Welt der Malerei. Ich muss acht oder neun Jahre alt gewesen sein. Ich stand hinter seinem Stuhl und verhielt mich ganz leise. Nur nicht stören, sonst ist der Zauber vorbei!

Der angenehme Geruch von Farben und Terpentin verdrängte den verbrauchten Alltagsgeruch. Ich liebte diesen Duft! Mit einer Leichtigkeit machte Vater aus "schwarz" ein "helles Grau" - nur durch einen kleinen weißen Farbtupfer. Es berührte mich sehr. Jahrelang dachte ich, die Welt ist nur schwarz oder weiß. Und jetzt entdeckte ich diese große Vielfalt der Farben.
Es ist doch nicht alles so aussichtslos, wie ich gehört hatte! Es gibt Zwischentöne, nie geahnte Möglichkeiten. Es gibt Hoffnung!

Diese Zeit hinter seinem Rücken war für mich sehr kostbar. Ich lernte eine Seite von Vater kennen, die sonst hinter seiner Gleichgültigkeit mir gegenüber verborgen blieb. Eine sehr liebenswerte Seite. Voller Gefühl malte er alte und junge Menschen. Ihre Gesichter wirkten so lebensecht, so lebendig, als würden sie mit einem sprechen. Die Augenpartie war die große Kunst. Vater beherrschte sie. Einmal murmelte er vor sich hin: "Vergiss nicht, die Augen sind das Wichtigste. In ihnen spiegelt sich das wahre Wesen eines Menschen - das was ihn ausmacht. Ein Punkt an der falschen Stelle und aus dem Gesicht wird eine Fratze! Schau genau hin!"
Ich bewunderte die Weichheit der Linien und wie die Farben ineinanderflossen. Das Spiel von "Licht und Schatten"... da tauchte es wieder auf. Vater hatte es eingefangen. Für mich war er ein großer Künstler!

Das Gesicht einer alten Frau blickte mich an. Das vergangene Leben spiegelte sich in ihren Gesichtszügen wieder - es war wunderschön! Wie gerne hätte ich es ihm gesagt. Aber ich sprach es nicht aus. Mit einem tiefen Seufzer verließ ich meinen Platz.

Die vielen kleinen Pinselstriche machten seine Bilder besonders wertvoll. Diese "Liebe zum Detail" habe ich wie einen besonderen Schatz aufgehoben. Meine Beobachtungsgabe wurde geschult. Der Blick für das Wesentliche, hat mich bei Wandras Begleitung wertvoll unterstützt. Ihre kleinen Gesten, winzige Fortschritte in ihrer Entwicklung, ihr Spielverhalten, ihre Verhaltensbesonderheiten, alles sah ich durch diese besondere Lupe. Durch Wandra erlebte ich noch einmal hautnah: Das Wertvolle im Leben ist mit dem Verstand allein nicht zu begreifen! Wenn ich mich nur auf die Vernunft verlasse, kann ich mich leicht verirren!

Wandra zeigte mir, wer nicht bereit ist, sich mit allen Sinnen zu öffnen, wird niemals eine echte Beziehung zu einem Autisten aufbauen können. Denn der Autist bewegt sich ohne Vertrauen keinen Schritt vorwärts. Es ist als wollte er uns sagen: "Warum sollte ich mit einem Menschen Zeit verbringen, der mich nicht akzeptiert, wie ich bin? Der mir Druck macht? Der sich nicht auf mich einlässt? Warum sollte ich ihm vertrauen?" Wandra hätte auch sagen können: "Mama, schau in den Spiegel, Du machst es doch genauso!"

Wandra läuft und läuft

Teddy, von oben sieht die Welt ganz anders aus. Man fühlt sich größer und stärker. Teddy, so habe ich das nicht gemeint. Du bist nicht groß und trotzdem bist Du stark! Mama sagt immer: "Alles, was einem Halt gibt, ist stark!"

Teddy, ich habe viele neue Dinge entdeckt. Aber das Tollste kam ein paar Wochen später. Ich habe einfach losgelassen. Das heißt, einfach war es nicht.

Ich bin hingefallen und Mama hat mich hochgezogen. Das haben wir über viele Wochen gemacht. "Hinfallen, aufstehen." Mit Mamas Hilfe bin ich immer wieder aufgestanden. Teddy, das war ganz schön schwer! Mama hat mir später erklärt: Das ist eine wichtige Übung für das ganze Leben. Wir fallen immer wieder hin und dann liegt es an uns, bleiben wir am Boden liegen oder rappeln wir uns hoch und machen weiter?

Tag für Tag trainierten wir mit Wandra. Die Wochen vergingen und nichts geschah. Manchmal überkamen mich Zweifel: Wird Wandra jemals meine Hand loslassen? Wird sie jemals allein laufen können? Aber wir gaben nicht auf und machten weiter. Abwechselnd haben wir für unser Kind das rechte und dann das linke Bein geführt. Sie sollte spüren: Ach so geht das mit dem Laufen!

Dann kam der spannende Tag, der so vieles veränderte. Wandra ließ meine Hand los und bewegte sich zum

ersten Mal, noch etwas unsicher, von mir fort. Vom Stuhl zum Tisch, dann zur Couch und wieder zum Stuhl. Nach ein paar Tagen war es so weit. Wandra nahm ihren Teddy an die Hand, zog los und war nicht mehr aufzuhalten. Eine unbändige Freude trieb sie an, ihre kleine Welt zu vergrößern. Die Tür nach draußen hatte sich geöffnet! Schritt für Schritt hat sie sich weiter von uns entfernt. Ein ungewohntes, seltsames Gefühl machte sich in meinem Bauch breit. Mit einem Mal war meine Hand leer!
Wieder lag eine unbekannte Strecke vor mir. Mit gemischten Gefühlen werde ich aus der Ferne beobachten, wie unsere Kleine jetzt ohne mich die Welt entdecken wird. Jeden Tag ein bisschen mehr. Jeden Tag ein bisschen weiter! Unsere Abenteuerreise war noch lange nicht zu Ende!

Neue stereotype Aktionen beherrschten unseren Tagesablauf. Wandra rannte in schräger Körperhaltung, mit flatternden Armen durch die Zimmer und gab bizarre Töne von sich. Unser Mädchen erinnerte mich an einen Segelflieger, der seine ersten Runden dreht und noch Probleme mit der Balance hat.
Warum bewegte sie sich so eigenartig? Machte es ihrem Körper Spaß sich auszuprobieren? Regte sie damit ihren Gleichgewichtssinn an? Wandra drehte Runde um Runde. Kurz vor der Wand, man dachte, jetzt knallt es, bremste sie ab, wippte mit ihrem ganzen Körper hin und her und drehte immer noch schaukelnd

wieder um. Und die nächste Runde begann. Es berührte mich, Wandra bei ihren "Trockenflügen" zu beobachten. Was für ein eigenartiges kleines Geschöpf unser Kind ist! Wenn ich nur mit ihr sprechen könnte!

Stellen Sie sich vor, Sie sind ein kleines Kind und leben in einer Welt, in der man Ihnen nichts erklären kann, weil Sie die Sprache nicht verstehen. So wie unsere Wandra. Sie musste alles ausprobieren, um es zu begreifen. Ich konnte ihr nicht erklären, was gefährlich ist. Ich konnte sie nicht warnen. Deshalb zeigte sie auch in vielen gefährlichen Situationen keine Angst. Was es mir noch schwerer machte, sie von meiner Hand loszulassen.
Wie oft rannte ich hinter ihr her: "Wandra, bleib doch stehen, wo willst Du denn hin?" Keine Reaktion. Wie berauscht rannte sie blind drauflos. Sie kannte keine Gefahr. Ein Auto war für sie ein interessantes Ding, das rollende Räder hatte und Geräusche von sich gab. Wandra wollte es anfassen. Heute war es der rote glänzende Lack, der ihr Interesse weckte. Morgen war es die bunte Ampel an der Kreuzung. Die fremde Welt war so faszinierend!
Jeden Tag machte Wandra eine neue Entdeckung. Man musste ihre Hand fest halten, sonst wäre sie einfach auf die Strasse gelaufen. Kurzfristig dachte ich daran, unserem Kind eine Art Hundeleine umzubinden. Aber wir fielen schon oft genug unangenehm auf. Also ließ ich die Idee wieder fallen.

Wieder zogen wir um. Unser neues Zuhause stand auf einer Anhöhe mitten im Grünen. Ein großer Teppich von Blaubeersträuchern, Wiesen, Feldern und ein nahe gelegener Wald umzäunte das Haus. Das perfekte Umfeld für unsere bewegungsfreudige Tochter. Das Dorf lag unten im Tal weit weg. Die Menschen weit weg. Der Straßenverkehr mit seinen Gefahrenquellen, in die Wandra in ihrer Unbekümmertheit eintauchen wollte, weit weg. Ein geschützter Wendehammer lag im Schatten eines Baumes vor unserem Haus. Wandras Rennstrecke! Sie lernte den Puppenwagen zu schieben, die Schubkarre um den dicken Baum zu lenken und ihr großes Dreirad (Spezialfahrrad) zu fahren. Welche Freude machte es ihr, sich auszuprobieren - ohne Mama, die sie wie ein Schatten verfolgte. Können Sie sich meine große Erleichterung vorstellen, nicht den ganzen Tag hinter ihr herrennen zu müssen?

Aber sobald wir uns von unserem Zuhause wegbewegten, blieben Wandras Aktionen unberechenbar. Oft haben wir die Luft angehalten und waren dankbar, wenn wir mit dem Schrecken davongekommen sind. Zum Glück ist nichts passiert. Ihr besonderer Schutzengel wurde nie arbeitslos!

Dann kam jener schreckliche Tag, der mir deutlich zeigte, allein kann ich die Ausflüge nicht mehr schaffen. Wir wollten eine Straße überqueren, die sehr befahren war. Ohne die geringste Vorwarnung, riss sich Wandra von meiner Hand los, schmiss sich in der Mitte der Straße auf den Boden und schrie. Die Bremsen quietschten. Das Hupen hörte nicht auf und ungehaltene laute Stimmen drangen an mein Ohr. Ich versuchte unser Kind hochzuheben. Aber meine Anstrengung blieb erfolglos. Der Schweiß lief mir von der Stirn. Wandra gebärdete sich wie ein wildes Tier, wenn sich jemand näherte. Warum? Für mich gab es keinen ersichtlichen Grund. Wenn ich unser verängstigtes Kind nur fragen könnte! Ich versuchte, Ruhe zu bewahren. Ein jämmerlicher Versuch!

In meiner Not sah ich mich um. Alle Blicke waren auf uns gerichtet. Verwunderte, fassungslose, vorwurfsvolle und ablehnende Blicke. Mir war nur noch zum Schreien zumute. Endlich, mir kam es endlos lang vor, spürte ich eine kräftige Hand auf meiner Schulter und sah in zwei gutmütige Augen. Ein älterer Herr fragte freundlich: "Kann ich Ihnen helfen?" Ich nickte stumm. Mit vereinten Kräften haben wir Wandra von der Strasse gezogen. Sie zitterte am ganzen Körper. Wie ein verängstigtes kleines Reh, das jede Orientierung verloren hat. In Schweiß gebadet kamen wir zu Hause an. Ich war so froh, als die Haustür hinter uns ins Schloss fiel. "Jetzt ab in die Badewanne mit Dir kleiner Angsthase und alles ist wieder gut!"

Immer wieder sorgte Wandra für Aufsehen. Leider war es nicht die Aufmerksamkeit, die ich mir gewünscht hätte. Wie sehr habe ich es vermisst einmal eine positive Reaktion vom Umfeld zu erhalten. Aber nach normalen Maßstäben gab es auch keinen Anlass dazu. Die Blicke sprachen eine deutliche Sprache: "Ach da kom-

men die schon wieder!" Einfache Erziehungsregeln konnte man bei unserem Kind nicht anwenden. Jahrelang verstand sie nicht, was man von ihr wollte.
Teddy, später habe ich gelernt, an der Straße muss ich warten. Später habe ich vieles gelernt. Und stell Dir vor Teddy, Mama sagt, sie muss auch noch viel lernen!

Die Plakate von der Kirmes hingen im Ort. Mit gemischten Gefühlen stand ich davor. Jedes Mal kostete es uns eine Überwindung etwas Neues mit Wandra auszuprobieren. Dabei war es so wichtig für ihre Entwicklung. Jeder neue Schritt vergrößerte ihre "kleine Welt". Aber dieses Gefühl, immer wieder unangenehm aufzufallen, war nicht einfach auszuhalten. Zum Glück war ich heute nicht allein! Egal was Wandra einfällt, wir sind zu zweit. Mein Mann ist da! Mutig wollten wir uns auf das Abenteuer einlassen. Wie wird sie reagieren? Wird sie sich wehren und schreien? Oder wird es ihr Spaß machen? Wir waren uns schnell einig. Wenn es ihr zu viel wird, gehen wir sofort nach Hause! Geradewegs steuerten wir auf das Kettenkarussell zu. Schon als kleines Kind liebte sie diese Schaukelbewegung. Sie erinnern sich?
Aufgeregt stieg Wandra mit Papa in den Korb ein. Unruhig rutschte sie auf ihrem Sitz hin und her. Sie konnte es kaum erwarten, dass es endlich los ging. Dann ein kleiner Ruck und die Körbe setzten sich in Bewegung. Ich stand unten, verrenkte mir meinen Hals um die beiden kleinen Punkte in der Schwindel

erregenden Höhe zu entdecken. Voller Bewunderung dachte ich: "Ist mein Mann mutig!" Bald hallte ein fröhliches Juchzen durch die Luft. Unsere Wandra hielt sich nicht die Ohren zu. Sie schrie nicht. Sie wehrte sich nicht. Sie strahlte und genoss den "Flug". Kinderstimmen kreischten, Budenbesitzer priesen laut ihre Attraktionen an und die Musik dröhnte. Der ohrenbetäubende Lärm, der über den Kirmesplatz schallte, schien ihr nichts mehr auszumachen. Es war unfassbar! Sie hatte so viel Spaß und ich genoss jeden Augenblick.

Die Fahrt war beendet. Aber Wandra wollte nicht aussteigen und zog Papa an der Jacke: "Bitte noch eine Runde!" Es war schwer, ihrem bittenden Blick zu widerstehen. Sie hatte eine sehr charmante Art, ihren Willen durchzusetzen.

Papa ließ sich breitschlagen und machte noch eine Runde, bis er schneeweiß im Gesicht war. Unter heftigem Protest haben wir unsere Tochter vom Platz gezogen. So endeten unsere Ausflüge meistens!

Immer wenn unser Kind diese sture Haltung einnahm, sah ich einen kleinen störrischen Esel vor mir. Wenn der nicht weiter will, dann will er nicht.

Von Eseln wusste ich, sie haben immer einen guten Grund, wenn sie sich weigern. Sie folgen nur ihrem Instinkt. Eine Art Selbsterhaltungstrieb.

Mittlerweile hatten wir gelernt, das trifft auch meistens für unser Kind zu.

Tag für Tag und Woche für Woche lernte ich auf unserer Reise: Erst wenn Wandras Sinne "satt" sind, wenn sie ausreichend versorgt sind und sie ihre Empfindungen ordnen kann, erst dann wird unsere Tochter ihr Verhalten ändern.
Wie lange das dauert? Monate, Jahre? Das weiß nur unser Kind allein. Ein Puzzlestück nach dem anderen passte. Das Puzzle "Wandra" wurde immer vollständiger.

"Wandra, warte, lauf nicht so schnell!" Ihre Begeisterung für das nasse Element hielt uns auf Trab. Mit dem Teddy an der Hand rannte sie los. Wir mussten sie an den Hosenträgern festhalten, sonst wäre sie ohne zu zögern eingetaucht. Unser bewegungsfreudiges Mädchen trug damals vorwiegend nur Latzhosen. Ein Griff und wir konnten sie stoppen. Wandra war es egal ob es ein Bach, ein kleiner Teich, ein Springbrunnen, ein See oder ein Delphinbecken war. Hauptsache Wasser! Ein Zoobesuch fiel mir ein. Wandra war zwölf Jahre alt. Gebannt schaute sie den Delphinen zu, wie sie durch die Reifen sprangen. Das Wasser schwappte über den Beckenrand und ihr Mund stand voller Staunen weit auf. Mit einem Mal rannte sie los. Die Anziehungskraft des Wassers war zu groß. Keine Macht der Welt hätte sie auf ihrem Platz gehalten. Dieses nasse Element erinnerte sie an die ersten neun Monate ihres Lebens, eingebettet in Fruchtwasser - den sichersten Ort der Welt. Im letzten Augenblick holten wir sie ein.

Sie wollte zu den Delphinen in das Becken springen. Erstaunt sah sie mich kurz an und dann ihren Teddy.
Teddy, erst Delphin Wasser, dann Wandra schwimmen!

Ein anderer Lieblingsort Wandras war eine Stelle am Bach, wo eine Reihe dicker Steine einen hohen Absatz bildeten. Hier sprudelte das Wasser besonders stark. Abrupt blieb unsere Tochter stehen. Sie war nicht bereit, einen Schritt weiter zu gehen. Diese Faszination für das sprudelnde Wehr ist bis heute geblieben!
Ich stand neben Wandra und beobachtete, wie die Steine sich der Strömung des Bachlaufs anpassten. Sie ließen sich einfach treiben. Manche stießen kurz aneinander, sprangen zur Seite und entfernten sich wieder. Andere lagen am Grund und warteten geduldig, bis die nächste Strömung sie mitriss. Es schien ihnen Spaß zu machen.
Eine lange Zeit ließ ich mich auf dieses Schauspiel ein. Wie kann das Spaß machen, einem vorbestimmten Verlauf zu folgen, wenn ich keine Chance habe, ihm zu entgehen? Wenn ich mich immer im selben Bach tummle und immer wieder an dasselbe Ufer gespült werde. Das soll Spaß machen? Und was wird dann aus meinen Plänen, aus meinen Träumen? Es war als würde der Bach mit mir sprechen: **Hab Vertrauen, alles darf laufen, wie es läuft!**
Wenn es so einfach wäre! Bei jedem neuen Hindernis, bekam ich zu spüren, das Leben nimmt keine Rücksicht auf meine Wünsche. Sie sind zerplatzt wie die

vielen bunten Seifenblasen, die ich im Laufe der Jahre für unsere Kinder aufgeblasen hatte. Aus der Traum! Ich war eben nicht aus Stein!

H ö r e n - S e h e n

Mama kam sich vor wie ein Forscher, der ein unbekanntes Land entdecken will. Unser kleines Mädchen war endlich eingeschlafen und ich forschte weiter.
Ein Tag nach dem anderen verging. Manchmal wusste ich nicht, welcher Wochentag heute war, so tief war ich in Wandras Welt verstrickt. Früher begann jeder Tag mit der Frage: "Was ziehe ich heute an? Was mache ich heute? Wozu habe ich Lust?" Diese Fragen waren banal und überflüssig geworden. Das Verhalten unserer Tochter bestimmte den Verlauf des Tages: "Mama, hier geht es lang!"
Schritt für Schritt wagte ich mich vorwärts. Eine geheimnisvolle Welt kam auf mich zu. Ich las über Kinder, deren Gehör überempfindlich entwickelt ist. Kinder, die vor schrillen Tönen hysterisch flohen und Menschenansammlungen mieden. Kinder, denen die Möglichkeit fehlte, Geräusche, die sie zu sehr verwirrten, einfach auszuschalten. So wie unsere Wandra.

Teddy, die Geräusche haben nicht alle Platz in meinem Kopf. Ich habe Angst! Was soll ich denn machen?

Wenn wir den Staubsauger oder den elektrischen Mixer einschalteten, lief sie in Panik schreiend bis in die hinterste Ecke der Wohnung. Zusammen gekauert wie ein Häufchen Elend klebte sie förmlich an der Wand. Ihre Finger waren fest verkrampft in beide Ohren gesteckt. Bis die störende Geräuschquelle verschwunden war. Wenn es an der Haustür klingelte, versteckte sie sich. Wenn der Besuch sich verabschiedet hatte, machte ich mich auf die Suche nach unserem Mädchen. Meistens hockte sie hinter dem dicken blauen Samtvorhang im Flur. Ihr Gesicht war blass, ihre Augen waren geschlossen und sie schaukelte mit ihrem Körper, immer im selben Rhythmus. Die anderen schüttelten verständnislos den Kopf. Ihre Meinung stand fest, unser Kind sei schlecht erzogen und habe kein Benehmen. Aber es war Wandras Art, sich vor den fremden Blicken und Stimmen zu schützen und sich zu beruhigen. *Teddy, alles ist still!*

Kilometer für Kilometer schaute ich mehr hinter die Kulissen des autistischen Phänomens. Was geht in ihr vor? Warum machen ihr manche Situationen so schreckliche Angst? Und dann, ohne ersichtlichen Grund, war der Spuk vorbei.

Dasselbe Mädchen, zwei Jahre später, holte sich den Staubsauger und den Mixer aus dem Schrank und hantierte mit den Geräten mit einer Begeisterung, die kaum zu stoppen war. Als hätte sie nie etwas anderes gemacht. Immer wieder stieß ich an meine Grenzen.

Entweder schätzte ich die Lage falsch ein oder ich überschätzte mich selbst und verhielt mich Wandra gegenüber ungerecht.
Es war an einem herrlichen Frühlingstag. Gut gelaunt zogen wir zusammen los. Unser Ziel war der Wochenmarkt. Wandra lief meistens ein paar Schritte vor. Der frische Duft von Gemüse, Kräutern, Obst und Blumen stieg mir in die Nase. Als der kleine Garten meiner Großtante in Gedanken vor mir auftauchte. Damals gab es für mich keinen schöneren Ort! Alles was sie zum Leben brauchte, wuchs auf diesem Stückchen Erde. Ihre Blumen, ihr Gemüse, ihre Beeren - ihr Leben. Ein alter Jägerzaun, der schon längst einen neuen Anstrich vertragen hätte, rahmte den Garten ein. An vielen Stellen war die Farbe abgebröckelt. Wenn ich heute an diesen von Wind und Wetter bearbeiteten Zaun zurück denke, bin ich froh, dass Tante ihn so gelassen hat. Sonst hätte er nicht zu dem Bild gepasst, was mich bis heute geprägt hat. Wie war noch ihr guter Rat? "Verändere nur etwas, wenn das Alte nichts mehr taugt!" So wie der alte Zaun war, erfüllte er immer noch seinen Zweck.

Das kleine Mädchen an meiner Seite riss mich aus meinen Träumen. Sie wurde unruhig und zog heftig an meiner Hand. Ihr ganzer Körper sprach mit mir: "Ich muss hier weg!" Ärgerlich hielt ich sie noch fester. "Wandra, was ist denn jetzt schon wieder los? Musst Du Dich immer so anstellen?" Sie hielt sich krampf-

haft die Ohren zu und schrie. Ihr verstörter Anblick berührte mich: Kann es sein, dass diese vielen Reize, die hier auf sie einströmen, ihr so sehr zu schaffen machen? Dass sie sich gar nicht anstellt? "Mein Kleines, Mama kauft nur noch schnell ein und dann gehen wir nach Hause!" Im Eilschritt liefen wir an den Marktständen vorbei. Wandra bemühte sich meinen Schritten zu folgen, als hätte sie die Worte verstanden.
Wandras rätselhaftes Verhalten brachte mich oft ins Schwitzen. Ich flüsterte mir zu: "Jetzt nur nicht aufgeben! Wir haben es schon so weit geschafft!"

Manche Geräusche, die für Wandras Umfeld unerträglich waren, wie ihr eigenes schrilles Schreien oder das Quietschen einiger Türen, die sie mit stoischer Verbissenheit immer auf und zu machte oder das stereotype Geräusch wenn sie mit ihrem Holzauto über den Tisch vor und zurück schob, störte sie überhaupt nicht. Das Geräusch des bunten Blechkreisels, der unermüdlich von Wandra auf den Boden gedrückt wurde, verfolgte uns tagelang. Er summte, brummte, die Melodie eierte und mit einem schleifenden Geräusch kippte er um. Wir waren genervt und unser Mädchen war begeistert!
Teddy, überall sind Geräusche, die ich machen kann!
Wandra steckte voller Widersprüche!
Teddy, Mama hat gelernt: "Es gibt Geräusche die einem gut tun und Geräusche, die einen körperlich so stark bedrängen, dass es weh tut. Jeder Mensch empfindet das anders."

Meine Gedanken wanderten in die Kindheit. Tagaus und tagein, oft auch nachts, nähte Mutter als Schneiderin für Fremde. Die kleine Familie war auf ihren Nebenverdienst angewiesen. Als Kind war mir das nicht bewusst. Man redete nicht darüber. Die Erwachsenen hatten andere Sorgen. Da wir sehr beengt wohnten, führte jeder Schritt unweigerlich an Mutters Nähplatz vorbei.

Dieses Bild hatte sich fest bei mir eingegraben. Mutter saß mit konzentrierter Miene über den meterlangen Stoff gebeugt. Ein dicker Ballen lag auf ihrem Schoss. Zentimeter für Zentimeter schob sie ihn unter dem Nähfuss weiter. Die Stecknadeln klemmten zwischen den zusammengepressten Lippen. Sie hatte gar nicht bemerkt, dass das Nadelkissen vor ihrer Nase hing. So vertieft war sie in ihre Arbeit. Stunde um Stunde verging. Wir Kinder wussten, jetzt war Mutter für uns nicht erreichbar. Ihre Haltung erinnerte mich an unsere kleine Wandra. Sie war so intensiv in ihr Tun vertieft, als würde ein unsichtbares Schild um ihren Hals hängen: "Bitte nicht stören"!

Schon sehr früh entdeckte ich, alles im Leben hat zwei Seiten. Was auf den ersten Blick manchmal nur "schwarz" aussieht, kann auf den zweiten Blick, die Farbe verändern. Und es tauchen "Farbnuancen" auf, die nur der wahrnimmt, der lange genug hinschaut. Das Rattern der alten Singer Nähmaschine gehörte dazu. Dieses vertraute Geräusch war aus meiner Kindheit nicht wegzudenken. Das monotone, immer gleich bleibende, Surren summte mich in den Schlaf. Es war wie eine warme Decke, die mich einhüllte und vor der Kälte schützte. Ein Gefühl von Sicherheit in einer unsicheren Zeit. Mutter ist da, ich kann ruhig schlafen!

Wandra unterbrach meine Erinnerung. Sie hatte wieder eine neue Entdeckung gemacht: "Dinge kann man auch drehen!" Geschickt haben ihre Hände alle Gegenstände gedreht, die möglich waren. Einmal mit der rechten, einmal mit der linken Hand. Niemand hatte es ihr gezeigt. Wie in Trance beobachtete sie die rotierenden Teller, Kreisel, Bierdeckel, Knöpfe, Münzen ... Das surrende Geräusch gehörte für Monate zu unserem Alltag. Mit der Zeit hatten wir uns daran gewöhnt. Unsere Wandra trainiert ihre Sinne!
Ein neuer Puzzlestein lag vor uns. Der Grund für ihre Aktionen war eine massive Störung im Bereich des Hör-, und Sehsinns. Intuitiv steuerte sie diesem Mangel entgegen. Phantastisch wie die eigene Natur etwas regulieren will, was ver-rückt ist!

An manchen Tagen hatte ich das Gefühl, unser Weg geht nicht mehr weiter. Die Zeit schien still zu stehen. Immer derselbe regelmäßige Ablauf. Immer dieselben stereotypen Verhaltensweisen. Tagein und tagaus. Aber dann überraschte mich Wandra wieder. Nichts ahnend stellte ich die Waschmaschine an. Das Wasser lief in die Maschine und die Trommel drehte sich. Bei diesem

Geräusch kam Wandra um die Ecke. Sie setzte sich mit ihrem Teddy vor die Waschmaschine und starrte wie hypnotisiert auf die rotierende Wäsche. Sie war nicht mehr ansprechbar. Als würde ein besonderer Film vor ihr ablaufen, der sie stark gefangen hält. Erst als das Programm beendet war, kam sie in die Küche zurück. Eigenartig, wie oft hatte ich schon die Waschmaschine angestellt und Wandra hatte sie gar nicht beachtet. Und jetzt war es die neue Attraktion!?
Eine verlässliche Steuerung schien sie anzutreiben, die ihr genau zeigte, welcher Sinn, auf welche Weise, zu welchem Zeitpunkt befriedigt werden sollte.
Monatelang gehörte dieses Ritual zu unserem Alltag. Ich stellte die Waschmaschine an und Wandra setzte sich mit Teddy auf dem Schoss davor. Ihre Haltung war deutlich: "Mama, stör bitte nicht, jetzt läuft mein Programm!" Was faszinierte sie so sehr? War es die Reizung für die Ohren oder die Augen? War es vielleicht beides? Was es auch war, Wandra war glücklich in ihrer Welt!

Für eine Weile hielt ich in Gedanken den Alltag an. Diese stereotype Art, mit der unser Kind auf bestimmte Interessen fixiert war, gehörte zu ihrem Wesen. Der gestrige Tag fiel mir ein. Vielleicht war das der Grund warum ich solche Mühe hatte, Wandra von der Wasserpfütze wegzuziehen? Die vielen bunten Ölflecken, die sich auf der Oberfläche spiegelten, schienen sie magisch anzuziehen.

Unser Mädchen entdeckte jeden Tag etwas Neues und wollte verweilen. Es war als würden ihr die Dinge "Geschichten" erzählen, die nur Wandra verstehen konnte.
Einige Wochen später war es ein rundes, glattes, durchsichtiges Ding, eine einfache kleine Glasmurmel, um die sich alles drehte. Eine Murmel nach der anderen hielt sie gegen das Licht. Dieses "Spiel mit dem Licht" hatte es ihr angetan! Ich schmunzelte, es kam mir bekannt vor. Erinnern Sie sich noch an das Bild mit den Eisblumen am Fenster, die durch die ersten Sonnenstrahlen plötzlich leuchteten? Wie begeistert war ich, als kleines Mädchen, von diesem Phänomen. Meiner kleinen Tochter schien es heute ähnlich zu ergehen. Einfache alltägliche Dinge, die für andere Kinder nach kurzer Zeit ohne Interesse waren, haben sie über eine lange Strecke in Staunen versetzt.
Ich wünschte ihr, es möge immer so bleiben! Ich glaube, dieser Wunsch wird in Erfüllung gehen. Denn für unser Kind wird unsere Welt immer voller Rätsel sein - zumindest zum größten Teil.
Erging es uns nicht ähnlich? Wandra blieb rätselhaft. Es war müßig, den nächsten Schritt planen zu wollen. Es kam immer anders. Ein richtiges Abenteuer!

Eine ganz normale Autofahrt hätte sich beinahe zu einer Katastrophe entwickelt. Es regnete in Strömen, Wandra saß hinter meinem Sitz und sah wie immer gebannt aus dem Fenster. Ich machte die Scheibenwi-

scher an und das monotone Geräusch "tack, tack" begleitete uns. Nach einigen Kilometern hielt ich an und stellte nichts ahnend den Motor ab. Die Scheibenwischer blieben stehen. Eine kleine Hand kam von hinten, zog kräftig an meinen Haaren und an meiner Kleidung und ein fürchterliches Gebrüll folgte. "Wandra was ist los? Bitte beruhige Dich!" Aber Wandra war außer sich. Ratlos stimmte ich eine ihr bekannte Melodie an. Manchmal lenkte sie mein Gesang ab. Dieses Mal hatte ich kein Glück. Unsere Tochter hörte nicht auf. Intuitiv stellte ich den Motor wieder an. Die beiden Scheibenwischer bewegten sich und es wurde still auf dem Rücksitz. Was war der Grund? Die gleichmäßige Bewegung der Scheibenwischer und das monotone Geräusch, dieses "tack, tack", hatte das große Nachholbedürfnis ihrer Sinne nach Reizung gestillt. So einfach war es!
Ich erinnerte mich an Autofahrten wo es nicht so glimpflich abgegangen war. Wo Wandra so heftig von hinten an mir zog, dass ich Mühe und Not hatte das Auto auf der Strasse zu halten. Für viele Monate fuhr ich nicht mehr allein. Zum Glück ging auch diese Phase vorbei.

Was für andere Menschen, wie eine sinnlose Aktion aussah, war für unsere Wandra der einzig gangbare Weg, ihre Entwicklung nachzuholen. Unser Mädchen hat genau gespürt, was ihre Sinne brauchten. Unbeirrt hat sie sich ihre Welt so eingerichtet, wie es für sie stimmte. Ohne nach rechts oder nach links zu schauen, ging sie ihren Weg weiter. Das machte sie so einzigartig!

L o s l ö s u n g

"Wandra, bist Du fertig?" Es war so weit. Unser Inseldasein war abrupt beendet
Teddy, Mama hat mir erklärt: "Wir können nicht immer auf unserer Insel bleiben. Du musst lernen, mit anderen Kindern zu spielen." Schade, Teddy! Ich will lieber nur mit Dir und Mama spielen. Aber das versteht Mama nicht!
Wir machten unseren ersten großen Schritt in einen Regelkindergarten. Ein Versuch, der nach kurzer Zeit scheiterte, scheitern musste. Denn das Umfeld konnte mit Wandras bizarren Verhalten, ihrem ständigen "Ausnahmezustand", nicht umgehen.
"So Kinder, wir stellen uns jetzt in einer Reihe auf!" Allein diese Aufforderung versetzte Wandra in Panik. So ein plötzlicher "Überfall" überforderte unser Kind völlig. Sie konnte sich nicht aufstellen, weil sie Angst hatte die Kinder kommen ihr zu nahe und berühren sie. Es gab für unser kleines Mädchen nichts Schlimmeres, als ohne Vorwarnung berührt zu werden. Ich hätte ihr eigenartiges Verhalten erklären können. Wandra erging es wie allen Menschen, die ihre Körpergrenzen nicht wahrnehmen können. Es macht ihnen Angst, wenn sie

plötzlich berührt werden. Aber niemand in ihrem Umfeld interessierte sich dafür.
Teddy, wenn ich eine Wand im Rücken spüre, geht es mir gut!

Für unser sonderbares Mädchen war diese fremde Kinderwelt mit ihren Geboten und Verboten nicht zu verstehen. Tag für Tag wurde Wandra mehr zum Außenseiter. Zum Schauobjekt. Ich bemerkte ein kleines Mädchen, das Wandra schon eine geraume Zeit aus sicherer Entfernung nicht aus den Augen gelassen hatte. Es starrte unser Kind an, als wäre es ein fremdes Tier aus dem Zoo. Ich konnte seinem Gesicht ansehen, wie es hinter der kleinen Stirn arbeitete. Es flüsterte seiner Mutter etwas ins Ohr. Ein hilfloses Achselzucken war die einzige Antwort.

Dann kam der Tag, an dem mir schlagartig klar wurde: Das ist nicht der richtige Platz für unseren kleinen Spatz! Wandra wollte einen kleinen blauen Eimer mitnehmen. Diese Fixierung auf blaue Dinge, später war es eine andere Farbe, beherrschte Wandra und beherrschte unseren Alltag. Sie hatte die Welt der Farben entdeckt. Für Wandra eine wunderbare Entdeckung. Ihre Sinne spielten "ver-rückt" und ihr zwanghaftes Verhalten war das Ventil.

Die Kindergärtnerin wollte ihr den Eimer aus der Hand reißen. Sie hatte nicht mit der Energie unserer Tochter gerechnet. Wandra gab den Eimer nicht her. Wie so oft wenn ich mit ihr draußen war, handelte ich gegen mein

Gefühl. Ich nahm ihr den Eimer gewaltsam ab und zog ein schreiendes Kind hinter mir her. In meinem Rücken hörte ich die entrüsteten Stimmen einiger Mütter. Sie sprachen erregt durcheinander: "Es ist ja kein Wunder, dass sich das kleine Mädchen so verhält. Die Mutter lässt ihr ja alles durchgehen. Sie müsste ihr endlich Grenzen setzten. Ein Klaps auf den Po hat auch noch niemandem geschadet ... ." Mehr hörte ich nicht mehr. Es war genug. Diese Meinung teilten viele Außenstehende, die unsere Auftritte erlebten. Wandra war als schlecht erzogenes, trotziges Kind abgestempelt und ich als eine Mutter, die nicht fähig war, ihr Kind richtig zu erziehen. Es machte mich ärgerlich. Mein Ärger richtete sich gegen diese Mütter, die gedankenlos drauflosredeten. Sie hatten nicht die leiseste Ahnung, was für ein besonderes Kind sich hinter Wandras bizarrem Verhalten versteckte. Aber sie taten so, als wüssten sie genau, wie man ein Kind wie Wandra erzieht. Wieder ging ein Tag zu Ende, an dem ich froh war in unserem geschützten Zuhause zu sein.

Teddy, später habe ich gehört, wie Mama sagte: "Von außen betrachtet, wirkt manches abartig und fremd, was von innen völlig normal ist, wenn man den Hintergrund kennt."

Auf den ersten Blick sah man unserer Tochter die Behinderung nicht an. Das machte es noch schwieriger. Sie sah aus wie jedes hübsche gesunde Mädchen mit blonden Locken und blauen Augen. Nur ein guter Be-

obachter hätte bemerkt: Dieses Mädchen ist anders als die anderen! Es bewegt sich anders, es verhält sich anders, es spricht anders!
Teddy, Mama sagt: "Autisten belohnen nur die Menschen, die geduldig genug sind!"

Viele Monate waren vergangen, wir saßen nebeneinander und sahen Fotos an. Plötzlich drückte sich Wandras kleiner Körper an mich, einfach so. Wie ein sanfter Windhauch, der einen kurz streift. Seit Jahren bestimmte unser Kind wie nah ihr jemand kommen darf und wie lange.
Teddy, ich mag Mamas Nähe - aber nicht zu nah und nicht zu lange! Aber das kann ich ihr nicht sagen.
Und dann mit einem Mal drehte sich der Wind. Wandra ließ auch Nähe zu, wenn sie von mir ausging. Aber nicht jeden Tag und nicht jeden Tag gleich viel. Immer wieder musste ich diesen Abstand zwischen Nähe und Distanz neu finden. Unsere Beziehung veränderte sich Schritt für Schritt.

Neuerdings kuschelte sie sich an mich, wenn sie sich weh getan hatte und wollte getröstet werden. Ich konnte ihr über den Kopf streichen und sie beruhigen. Ein herrliches Gefühl. Unser Kind ließ sich durch meine Nähe trösten. Wandras Vertrauen zog immer weitere Kreise. Aber sobald ein "kalter Wind" aufkam, zog sie sich wieder hinter ihre Glaswand zurück. Und war für niemanden mehr erreichbar.

Bildersprache

"Mama, ich spreche mit Dir: Nicht eincremen - nicht zudecken - das Licht anlassen - der Schlafanzug kratzt - wo ist Teddy - ich will nach draußen - ich habe Durst... ." Was soll ein kleines Wesen tun, das noch nicht sprechen kann? Es kann nur schreien und sich bizarr verhalten.
Teddy, Mama sagt: "Manchmal ist das Leben wirklich zum Schreien!"
Wie oft habe ich mich gefragt, was will mir unser Kleines mit ihrem auffälligen Verhalten sagen. Wenn sie vor mir stand und wild gestikulierte oder mich an der Hand mitzog. Wie viele lautlose kleine Geschichten hat sie mir erzählt. Aber ich verstand unser Kind nicht. An manchen Tagen wenn ich nicht richtig reagierte, wurde sie wütend und bekam einen Schreianfall. Fürchterliche Augenblicke für Wandra und mich!

Ein Gedanke erschreckte mich: Vielleicht bleibt dieser Zustand für immer? Die Prognosen waren alles andere als Mut machend. Aber mein Zögern hielt nur kurz an. Wandra hat schon so viel geschafft! Eines Tages wird unsere Tochter mit mir sprechen. Daran wollte ich glauben!
Von Woche zu Woche wurde dieser Wunsch stärker. Ich will mit meinem Kind reden, sonst bleibt es mir für immer fremd! Vielleicht denken Sie: Ein verrücktes Vorhaben!? Für mich war es das nicht. Ich hatte

mich im Laufe der langen Strecke daran gewöhnt, dass nichts auf unserer Abenteuerreise "normal" verlief.
Teddy, willst Du wissen, wie Mama das geschafft hat? Dann hör gut zu. Mama erzählt es uns.
Wandra war zweieinhalb Jahre alt. Sie versuchte die ersten Laut- und Wortmalereien. Das klang wie eine Spieluhr, die man immer wieder aufzieht. Zum Glück war die motorische Grundlage zum Sprechen vorhanden!
Vor ein paar Tagen erlebte ich eine Überraschung. Wandra spielte mit ihren bunten Bauklötzen. Ich summte eine kleine Melodie vor mich hin. Und am nächsten Tag, ich dachte ich höre nicht richtig, wiederholte unser Mädchen die Melodie. Dabei schien sie in ihrem Spiel ganz versunken! Ein gutes Omen?
Anfangs dachten wir unser Kind ist taub. Wir konnten sie rufen, einen Gegenstand in ihre Richtung rollen, ihre Spieluhr aufziehen - keine Reaktion. Es bedeutete mir so viel, diese kleine Melodie aus ihrem Mund zu hören!

Wandra war schon eine Weile im Wohnzimmer verschwunden. Ich hörte das knisternde Geräusch von Seidenpapier. Vorsichtig öffnete ich die Tür, um sie nicht zu stören. Ganz vertieft war Wandra über ein Fotoalbum gebeugt. Sie blätterte eine Seite um und strich seitlich mit der Hand über das Papier. Dann hielt sie kurz inne, betrachtete die Fotos und die nächste Seite war dran.

Unsere Tochter hatte die Welt der Bilder für sich entdeckt. Die Fotos aus ihrem Familienalltag fesselten ihr Interesse. Sie zeigte auf ein Foto: *Teddy, schau!*
Wie ein Blitz schoss es mir durch den Kopf: Die Fotos, das war der Weg! So müsste es gehen! Ich war so glücklich, wieder eine Spur gefunden zu haben. Buchstaben waren für unser Kind ohne Bedeutung, das hatte ich schon herausgefunden.

Vor einiger Zeit las ich in einem Buch über Esel (Sie müssen wissen, ich liebe diese Grautiere - aber dazu später): Wenn ich einen Esel verstehen will, muss ich lernen, wie ein Esel zu denken!
Und unsere Wandra scheint die Welt über Bilder aufzunehmen. Schweigend verließ ich das Zimmer. In meinem Kopf purzelten die Ideen durcheinander.

Schon am nächsten Tag machten wir uns an die Arbeit. Viele Fotos aus Wandras Alltag lagen verteilt auf dem Tisch. "Wandra, welches Bild gefällt Dir?"
Erwartungsvoll schaute ich sie an. Wird sie mitmachen? Eifrig tippte sie mit dem Finger auf ein Foto. Wir klebten die Bilder auf bunte Karten und in großen Druckbuchstaben stand das Wort darunter. Ein Foto von ihrem Teddy mit dem Wort "Teddy" - von ihrem Bett mit "schlafen" und "Bett" - beim Frühstück mit dem Wort "essen" usw. Alle Dinge, die für Wandra Bedeutung hatten, wurden fotografiert und beschriftet. Unsere Bild-Wort-Kiste füllte sich von Tag zu Tag.

"Schau Wandra, das ist ein Schuh - ein Ball - ein Stein - dein Teddy ... ." Das geschriebene Wort las ich ihr langsam vor und führte dabei ihren Finger unter dem Wort entlang. Wochenlang haben wir geübt, wenn sie bereit dazu war. Immer wieder musste ich meine Ungeduld im Zaum halten.

Langsam kamen wir vorwärts: Vom Bild zum Bild - vom Wort zum Bild und vom Bild zum Wort. Zuordnen - vorlesen - vorsprechen - nachsprechen.

An manchen Tagen sprach sie alles nach, was ich ihr vorgab. Wortgetreu und im selben Tonfall wie ich. Jeder noch so kleine Schritt wurde belohnt. Dann wieder blieb sie stumm. Zwei Schritte vor, einen zurück, ein Schritt vor, zwei zurück und Pause ... . In diesem Tempo gingen wir weiter.

Monate vergingen. "Wandra, wo ist das Auto?" Und sie sagte: "Wandra, wo ist das Auto?" Die Worte hatten für unser Kind noch keine Bedeutung. Dass man sich mit Worten verständigen kann, blieb vorerst noch ein Geheimnis. Eigene Worte bilden, Fragen beantworten, das war noch ein weiter Weg.

Wir klopften, klatschten und trommelten die Wortsilben. Wir schritten durch die Wohnung: "Ba-na-ne" - jede Silbe war ein Schritt. Es schien ihr viele Spaß zu machen, denn sie zog mich an der Hand. Ich sollte weitermachen. Bewegen und sprechen! (An dieser Stelle möchte ich Sie um Verständnis bitten. Ich kann nicht jeden Schritt zu ihrer eigenen Sprache beschreiben, es würde den Rahmen des Buches sprengen.)

Es gab Tage auf unserer Reise, da war ich so müde, dass ich nicht bemerkte, wie die Schritte des kleinen Mädchens an meiner Seite immer langsamer wurden. Dann gab es Tage, an denen ich gut geschlafen hatte und alles erschien in einem wärmeren Licht.
So ein guter Tag sollte es heute werden. Nichts ahnend saß ich beim Frühstück. Als Wandra mit einer Bildkarte etwas zögerlich auf mich zu kam. Eine Badetasche war abgebildet. Voller Freude drückte ich sie an mich und antwortete: "Wandra, wir gehen gleich schwimmen! Erst frühstücken, dann schwimmen, ja?" Ab jetzt konnte sie mir ihre Wünsche über die Bildkarten mitteilen. Es war wunderbar!
Unsere Bild-Wort-Methode zog immer größere Kreise. Auf dem Hinweisschild stand: "Worte Dingen und Personen zuordnen." Alles was für Wandra wichtig war, beklebten wir mit Worten: Papa, Mama, die kleine Schwester, ihr Stuhl, ihr Teller, den Herd, den Kühlschrank, die Waschmaschine ... . Wir liefen mit Schildern auf der Brust herum. *Teddy, das war lustig!*
Immer häufiger stellte ich mich "taub", wenn Wandra einen Wunsch hatte. Schmunzelnd dachte ich: Das "Sich-Taubstellen" habe ich von ihr gelernt! Ich hielt ein Stück ihrer heiß geliebten Schokolade in der Hand. "Wandra, sag Scho-ko-la-de!" Sie hat geweint, mit den Füssen gestampft, an mir gezogen... . Ich versuchte standhaft zu bleiben: "Scho-ko-la-de." Die Situation spitzte sich zu. Aber ich spürte, unsere Tochter ist so weit. Sie schafft es!

Zaghaft, kaum zu hören, die Tränen kullerten, sagte sie: "La-de". Vor Freude rief ich:"Bravo Wandra!" Und ein Stück Schokolade verschwand in ihrem Mund und noch eins und noch eins. Durch diese "liebevolle Erpressung" sprach sie ihre ersten Worte. Jedes Wort, jede Silbe, die aus ihrem Mund kam, wurde von mir imitiert. Erst sah sie mich verdutzt an und dann strahlte sie. *Teddy, Mama spricht wie ich!*
Mehr und mehr setzte sie die Sprache ein, um sich ihre Wünsche zu erfüllen. Aber sie sprach nur, wenn sie sich in ihrem Umfeld wohl fühlte. Wenn Fremde anwesend waren, sagte sie kein Wort. Wir mussten noch einen weiten Weg zurücklegen, bis sie ungeniert losredete.

Mittlerweile war es Herbst. Eine wohlige Wärme zog durch die Räume. Das Feuer knisterte im Kamin. Ich kochte das Mittagessen und Wandra saß über ihrem geliebten Foto-Bilderbuch: "Malkolm erlebt den Winter". (Ein Buch von Gunilla Lundgren, Lars Jacobson und Malkolm Jacobson, Carlsen Verlag.) Wie oft hatte ich ihr daraus vorgelesen. Als ich eine leise Stimme hörte: "Maa-l-kool-m wo-hnt in eii-nee-r Stadt in Schwee-den." Zuerst las Wandra stockend, dann flüssiger und immer deutlicher... . "Aan ei-ne-m Sa-m-stag darf er mi-t sei-ner Mu-t-ter auf-s Lan-d." Wandra blickte kurz hoch und strahlte über das ganze Gesicht. So schnell habe ich noch nie den Kochlöffel fallen lassen. Unsere Wandra kann lesen!

Eine große Tür nach draußen stand offen. Die Bilder haben uns gerettet! Sie haben ihre Gefühle berührt und sie angeregt, sprechen und lesen zu wollen.
Ihr Sprachschatz nahm von Jahr zu Jahr zu und ihre Wutanfälle nahmen ab. Die "sprachlose Zeit" lag hinter uns. Mit acht Jahren benutzte sie die Ich-Form. Statt "Wandra hat Hunger", sagte sie "ich habe Hunger". Sie beantwortete einfache Fragen und ihr Selbstbewusstsein wuchs. Ein neues großes Stück passte in das Puzzle.
Für einen kurzen Augenblick erinnerte ich mich an die Worte der Ärzte: "Sie wird nie sprechen, finden Sie sich damit ab!" Und jetzt sagt Wandra mir, wenn sie Durst hat und was sie essen möchte. Ich war so stolz auf unsere Tochter!

Monate vergingen. Unser Alltag hatte sich etwas eingespielt. Die typische Ausdrucksweise "erst machen wir das und dann das" war in unserer Familie zur Gewohnheit geworden. Mittlerweile hatten wir uns auch an Wandras Ausraster gewöhnt, wenn wir gegen dieses Ritual verstoßen hatten. Es war nicht einfach, immer von einer Welt in die andere zu springen - ohne Fallschirm! Oft machten wir eine Bauchlandung.
Schritt für Schritt lernte Wandra, dass ihre Bedürfnisse nicht immer sofort erfüllt werden können. "Wandra, Mama muss erst die Kartoffeln aufstellen, dann... "
Und eines Tages antwortete sie, als wäre es das Selbstverständlichste der Welt: "Dann wart ich halt... "

Immer wieder überraschte sie uns mit diesen passenden Äußerungen. Schmunzelnd ging ich in die Küche.

Der Frühling kam und die Blütenblätter des Löwenzahns reckten sich der Sonne entgegen. Welch ein Anblick! Die Wiese hatte sich in einen strahlend gelben Teppich verwandelt. Zum ersten Mal seit langem konnte ich mich wieder daran erfreuen. "Schau, Wandra, wie das Gelb leuchtet!" Sie rannte über die Wiese und pflückte einen gelben Punkt nach dem anderen und drückte ihn mir unbeholfen in die Hand. In diesem Augenblick war ich einfach nur glücklich!

G e r u c h s s i n n

Wandras Lieblingsplätze waren die Küche und das Badezimmer. Häufig steckte sie ihren Kopf in den Korb mit der Schmutzwäsche oder in den Mülleimer. "Wandra, was machst Du denn da - bah, das stinkt!" Ich verzog mein Gesicht und versuchte sie wegzuziehen. Aber ohne Erfolg. Ihr Blick streifte mich: "Mama reg Dich nicht auf - ich hole nur etwas nach!"
Ich weiß nicht mehr dauerte es Wochen oder Monate bis ich auf Wandras sonderbares Verhalten eine Antwort gefunden habe. Der Geruchssinn war bei unserem Kind nicht ausreichend entwickelt. Kein Wunder, dass sie von starken Gerüchen angezogen wurde! Vielleicht hielt sich Wandra auch deshalb so gern im Kuhstall

auf? Schon wenn ich die Milchkanne in die Hand nahm, kam unser Kind angelaufen. Sie wusste, jetzt holen wir beim Bauern die Milch. Ein lieb gewonnenes Ritual, das zu unserem Alltag gehörte. Die ersten Dächer vom Bauernhof tauchten auf und Wandra war nicht mehr zu halten. Sie rannte los und betrat den Kuhstall als wäre es ihr Zuhause. Ohne Zögern streckte Wandra den Kühen ihre geöffnete Hand entgegen und ließ sie mit ihrer rauen Zunge lecken. Gerührt beobachtete ich dieses Bild. Unser Mädchen stand völlig in sich versunken vor einer großen Kuh und war glücklich!
Normalerweise hatte sie zu Tieren keinerlei Beziehung. Aber hier im Stall verhielt sie sich völlig anders. Man sagt ja von Kühen, sie ruhen in sich. Vielleicht empfand sie diese Gelassenheit, die die Kühe ausstrahlten als wohltuend? Oder waren es die Geräusche, wenn die Kühe fraßen? Oder die starken Gerüche, die sie anzogen? Oder war es das Surren der Melkmaschine? Was es auch war, die Atmosphäre im Kuhstall schien Balsam für ihre Sinne zu sein? Bis heute!
Teddy hatte noch tagelang den strengen Stallgeruch in seinem Fell. Immer wieder roch sie daran. Als wäre es ein gutes Parfum!
Genauso verhielt sich Wandra, wenn wir an Feldern vorbei zogen, wo die Bauern die frische Gülle verteilt hatten. Ich wollte sie schnell weiter ziehen. Dieser beißende Geruch war für mich sehr unangenehm. Ich hielt mir die Nase zu. Nur Wandras Nase schien es nichts

auszumachen. Dieses Phänomen erlebten wir mit unserem Kind sehr häufig im Alltag. Dinge, die für uns unangenehm und abstoßend waren, waren für Wandra völlig natürlich. Sie rümpfte nicht die Nase. Sie wandte sich nicht ab. Sie suchte diese starke Sinnesreizung. Aber das allein war es nicht. Unsere Wandra sah ihre kleine Welt, die sich von Woche zu Woche vergrößerte, mit anderen Augen.

B e w e r t u n g e n

Nichts war für Wandra schmutzig, nichts abstoßend. In ihrer Welt wird nichts verglichen - nichts bewertet und nichts abgewertet. Keine Menschen, keine Tiere, keine Dinge, keine Situationen. **Alles ist gut, so wie es ist, sagt der Autist!**
Eine Freundin äußerte sich dazu: So wie Wandra ist, hat sich Gott den Menschen bestimmt vorgestellt. Wie recht sie hat!
Die Grenzen, die ihr die Natur gesetzt hatte, empfand Wandra nicht. Auch Jahre später als sich ihre Sprache entwickelt hatte und sie vieles verstand, was die anderen sagten, änderte sich nichts daran. Ich war so froh darüber. Erleichtert marschierten wir weiter. Nur einmal fragte sie: "Mama, bin ich behindert?" Sie muss dieses Wort aufgeschnappt haben. Aber meine Antwort schien ihr zu genügen: "Wandra, Du bist nicht behindert - Du bist anders!

Und für Mama und Papa bist Du etwas ganz Besonderes!" Sie stellte nie wieder diese Frage.

Unser Kind litt nicht unter seiner Behinderung. Gott sei Dank! Ich muss gestehen, das sah bei mir, ihrer Mama, am Anfang unserer Reise leider ganz anders aus. Mir machte ihre Behinderung, ihr auffälliges Wesen, das mir tausend Rätsel aufgab und immer wieder meine eigene innere Sicherheit in Frage stellte, sehr zu schaffen. Bis mir bewusst wurde, da hatten wir schon eine steile Strecke hinter uns, diese ungewöhnlichen Verhaltensweisen gehören zu Wandras Wesen. Immer wieder hielt sie mir den Spiegel vor: Mama so bin ich - eine andere Wandra gibt es nicht! Beschämt wachte ich auf.

Ich lernte mit ihrer Andersartigkeit zu leben und lernte sie zu lieben. Wenn sie längere Zeit nicht in meiner Nähe war, vermisste ich sie. Der Faszination, die von ihr ausging, kann ich mich bis heute nicht entziehen.

Teddy, Mama meint, wenn man eine Situation plötzlich mit anderen Augen sieht, verändert sich so viel. Das macht das Leben leichter! Teddy, hast Du das verstanden?

Kilometer für Kilometer wurde mir gleichgültiger, was die anderen von uns dachten oder ob sie über uns sprachen. Mein Blickwinkel hatte sich verändert. Immer häufiger schaute ich unserem Mädchen voller Bewunderung zu. Sich einfach nur zu geben, wie man ist. Niemandem etwas beweisen müssen. Mit einem tiefen Seufzer dachte ich, das muss wunderbar sein!

Das war in meiner Welt völlig anders. Hautnah hatte ich erfahren, Bewertungen sind wie ein dichter Nebel, der einem die Sicht versperrt. Sie sitzen tief. Der Blick ist getrübt, man stolpert oft und holt sich Beulen. Man wird anderen nicht gerecht, man wird sich selbst nicht gerecht.

Die Welt meiner Kindheit war eine endlos lange Kette voller Vorurteile und Ermahnungen. "Tu dies, tu das, das ist falsch, das ist richtig." Immer dieser Anspruch, perfekt sein zu müssen. Eine Latte, die so hoch hing, dass ich niemals hätte darüber springen können. Ich hörte mir ihre Kritik schweigend an. Nur wenn ich allein war, machte ich was ich wollte.

Später habe ich mich oft gefragt: Woher wussten die Großen so genau, was richtig und was falsch ist? Und wenn es für sie richtig oder falsch war, dann stimmte es doch noch lange nicht für mich!?

Jedes kleine Wesen spürt in sich, was am besten für es ist. Dieses gesunde kindliche Empfinden ist uns angeboren und meldet sich, wenn etwas nicht unserem Wesen entspricht.

Teddy, Mama hat mir gezeigt, wie das ist, wenn ein Puzzlestück nicht passt. Sie wollte es in eine Lücke drücken. Sie hat ganz fest gedrückt, aber es passte nicht. Teddy, ich hab das nicht verstanden. Ich muss nicht probieren. Ich sehe ganz schnell: Ist die Lücke zu klein oder zu groß? Das Puzzlestück, das ich aussuche, passt immer!

So sehr ich auch gegen diese Erwartungen rebellierte, ganz konnte ich ihnen nicht entkommen. Als Kind vertraut man den Großen, man merkt nicht, wie man dressiert wird. Die Dressur schleicht sich langsam in die kleine Kinderseele: "Sag nur nichts Falsches - du darfst keine Fehler machen - nimm dich zusammen - was sollen denn die anderen von uns denken - das hättest du noch besser machen können ..."

Der Zweifel am eigenen Wert hat sich eingenistet, wie Unkraut. Haben Sie einmal versucht, Unkraut aus Ihrem Garten zu entfernen? Dann wissen Sie, wie mühevoll es ist. Und kaum denken Sie, Sie haben es geschafft, drängen sich die ersten Spitzen schon wieder durch die Erde. Man wird erwachsen und das Zutrauen in die eigenen Fähigkeiten ist angeknackst. Immer wieder dieser Drang: Ich muss mich beweisen! Die Angst, sich zu blamieren und abgelehnt zu werden, ist latent vorhanden.

Bitte verstehen Sie mich nicht falsch! Ich gehöre nicht zu den Menschen, die die Ursache ihrer Probleme nur in der Kindheit suchen. Ich kenne meine eigene Verantwortung und um so älter ich wurde, desto mehr Raum nahm sie ein. Aber die alten negativen Prägungen richten so lange Schaden an, bis man ihnen auf die Schliche gekommen ist.

Welches Glück hat ein Kind, wenn es auf diesem Weg einen Menschen trifft, der ihm Mut macht und an es glaubt: "Probier es doch einmal. Du schaffst das!"

Dieser besondere Mensch war meine Großtante. Es waren seltene Begegnungen, umso kostbarer waren sie für mich. Sie gab mir das Gefühl, es ist schön, dass du da bist. Es ist schön, Zeit mit dir zu verbringen!

Meistens saß sie auf einem kleinen Holzschemel mit ihrer geblümten Schürze, die sie erst abends auszog, wenn sie mit der Arbeit fertig war. Ihr Rücken lehnte an der warmen Küchenwand. Hinter ihr prasselte das Feuer im Ofen. Es war gemütlich in dieser einfachen Wohnstube. Besonders in der Herbstzeit, wenn die Apfelringe an langen Schnüren zum Trocknen über dem Küchentisch hingen. Mein Blick ging oft nach oben: Ob sie endlich getrocknet sind? Ich konnte es kaum erwarten, sie zu naschen. Der unverwechselbare Apfelduft zog durch die Küche und füllte sie aus.
Jedes Mal wenn ich heute eine Tüte mit getrockneten Apfelringen kaufe und sie öffne, suche ich diesen Geruch. Er ist für immer verschwunden!

Ich saß Großtante gegenüber und redete und redete. Manchmal hatte ich das Gefühl, ich kann gar nicht mehr aufhören. Als hätte man eine Quelle, die jahrelang versiegt war, angezapft. Sie hörte mir zu, ohne mich zu unterbrechen. Kein prüfender Blick und keine Äußerung: "Das erklär ich Dir später, wenn Du groß bist." In Tantes Augen war ich nie zu klein. Was ich wissen wollte, beantwortete sie, ohne zu zögern. Diese warmherzige kleine Frau, mit dem großen Herzen, ließ mich sein, wie ich bin. Dafür liebte ich sie. In ihrer Nähe fühlte ich mich zu Hause. "Wandra, so ein Mensch wollte Deine Mama für Dich sein!"

Teddy, Mama sagt: "Manchmal braucht man nur einen einzigen Menschen, der an einen glaubt. Das genügt für ein ganzes Leben, um zuversichtlich vorwärts zu gehen."

Ich bin ein bisschen anders...!

Teddy, ich sehe aus, wie die anderen Kinder. Aber ich bin nicht wie die anderen! Ich hab viele Ticks.
Teddy, hör zu, Mama erzählt von mir!
Als Wandra klein war, hatte sie den "Knistertick". Wenn unser Kind ein Geschenk bekam, interessierte sie für eine lange Zeit nur das Papier. Pausenlos wurde es zwischen den Fingern hin und her geschoben. Ihr Blick sah dabei ganz verklärt in die Ferne. Als wäre es ein besonderer Genuss! Später lernte ich, genau das war es für unser Mädchen: Ein besonderer Genuss! Jedes Papier vermittelte ihr neue Reize. Berühren - wahrnehmen - begreifen!
Ein zeitlang riss sie mir die Tüten aus der Hand, wenn ich vom Einkauf nach Hause kam. Ich bin nie dahinter gekommen, nach welchen Kriterien sie ihre Wahl traf. Besonders auf die Plastiktüten hatte sie es abgesehen. Jede Tüte schien einen besonderen Reiz auszuüben.

Teddy, jede Tüte fühlt sich anders an!
Heute ist unsere Tochter sehr neugierig, was sich in dem Papier versteckt hat.
Teddy, ich lass mich überraschen!

Später wurde das Papier durch den Stoff abgelöst. Behutsam strich sie über das Material. Besonders die seidigen, samtigen Stoffe hatten es ihr angetan. Kein Stückchen Stoff war vor ihr sicher! Egal ob es die Kleidung von Besuchern oder von Fremden war, wo immer wir uns aufhielten, die kleine Hand packte fest zu. Zwei kleine Worte: "Lass das", zischten an meinem Ohr vorbei.
Ich zuckte zusammen, als hätte mir jemand eine Ohrfeige gegeben. Wandras Verhalten brachte mich oft in peinliche Situationen. Aber erklären Sie einmal dieses ungewöhnliche Bedürfnis einem Fremden. Wie sollte ich beschreiben, wie wichtig dieses Ausprobieren, dieses Berühren, der verschiedenen Materialien für ihre Sinne war? Wieder musste ich unser kleines Mädchen bremsen. Wieder erntete ich Geschrei.
Teddy, Mama hat doch gesagt: "Wenn man etwas begreifen will, muss man es berühren!"

Dann kam der "Rührtick". Wochenlang rührte Wandra in Schüsseln mit Erbsen, Perlen, Ketten, kleinen Steinen, Knöpfen ... und später in ihrer Kaffeetasse.
Teddy, ich rühre immer noch gerne in meiner Tasse. Es beruhigt mich. Aber Mama sagt, das nervt!

Ich erinnerte mich an eine Situation, über die ich heute schmunzeln kann. Der Schulbus kam. Ich stand mit meiner Freundin im Garten. Wir wollten Wandra überraschen und freuten uns schon auf ihr erstauntes Gesicht, den seltenen Besuch zu sehen. Wandra stieg aus, ging an uns vorbei, als wären wir gar nicht vorhanden und lief schnurstracks in die Küche. Sie öffnete den Schrank, nahm ihre Schüssel heraus, füllte Wasser und ihre kleinen Steine aus dem Garten hinein und begann zu rühren. Dieses Ritual spielte sich schon seit Wochen vor meinen Augen ab. Wandra kam nach Hause, rannte an mir vorbei in die Küche: "Schüssel, Wasser, Steine und rühren" - manchmal stundenlang. Das war ihr Plan! Ich dachte, heute wird sie ihre Angewohnheit unterbrechen, weil wir Besuch haben. Aber erst nach geraumer Zeit, legte sie den Löffel weg und begrüßte meine Freundin. Das war unsere Wandra live!
Teddy, wenn ich bestimme was passiert, dann bin ich glücklich! Ob das den anderen auch so geht?
Mama hat gesagt, damit habe ich eine wunderbare Entdeckung gemacht.
Ganz tief in uns verborgen, haben wir alle das Bedürfnis, unser Leben auf unsere Weise zu leben. Ohne von außen bestimmt zu werden. Aber bei manchen Menschen ist dieses Bedürfnis so tief vergraben, dass sie es selbst nicht mehr bemerken.
Teddy, Mama meint: "Meine Ticks sind für mich gar keine Ticks. Das bin ich!" Sie helfen unserer Wandra ihr gestörtes Sinnessystem zu ordnen.

Teddy, Mama sagt immer: "Niemand ist ganz ohne Tick!"

Man muss die Menschen nur genau beobachten und schon wird er sichtbar! Der eine kaut am Bleistift, als wäre es ein schmackhafter "Knochen" - der andere wippt mit den Füßen, als würde er eine kleine Melodie taktvoll begleiten - ein anderer streicht über seinen Bart, als wäre er ein guter Freund, mit dem man liebevoll umgeht - wieder ein anderer hat jetzt schon zum dritten Mal die Spüle abgewischt... aber niemand stört sich daran. Eine eigenartige Welt!

Noch eine Besonderheit machte unser Kind einmalig: In ihrer Welt gibt es eine "eigene Ordnung"! Dieses Phänomen zog sich durch unseren Alltag, wie die vielen bunten Fäden, die ich als Kind mit meinen kleinen Füssen hinter mir hergezogen habe. Die Spuren von Mutters Schneiderei. Jedes winzige Detail, jede kleinste Veränderung in unserer Wohnung, wurde von Wandra bemerkt. Niemandem wäre es aufgefallen. Wenn Wandra durch die Tür kam und die Teppichfransen lagen schief, wurden sie gerade gezogen. Faden für Faden mit einer Präzision als hätte sie ein Lineal vor Augen. Ein verrutschtes Kissen oder ein Stuhl, der schief stand, konnte sie aus der Fassung bringen. Räumte ich ihr Buch ins Regal, zog sie es heraus und schob es an die "richtige" Stelle. Ihre Hausschuhe mussten immer in derselben Richtung vor dem Bett stehen. Alles hatte seinen festen Platz. War ihre

Ordnung verrückt, wurde sie zurechtgerückt. Immer wieder hatte Wandra Stress mit Mama!

Hinter ihrem sonderbaren Verhalten steckte das Bedürfnis: Alles muss sein wie immer! Das wäre unserer Tochter am liebsten. Heute konzentriert sich dieses Bedürfnis nach "ihrer Ordnung" nur noch auf ihren persönlichen Bereich.

Teddy, niemand kann spüren, wie es für mich stimmt - nur ich allein!

Dabei war mir dieses Gefühl so vertraut. Ich hörte die vorwurfsvolle Stimme meiner Mutter: "Kannst Du nicht einmal das machen, was ich Dir sage? Muss immer alles nach Deinem Kopf gehen?" Sie hatte recht, ich konnte es nicht. Ich wollte es auf meine Weise machen. So wie unsere Wandra. Schmunzelnd dachte ich: Wie sich die Bilder gleichen!

Eine zeitlang bemühte ich mich, "brav" zu sein, so wie die Großen mich haben wollten. Aber es gelang mir nicht. In mir sträubte sich alles. Später dachte ich: Das kann nicht stimmen, was sie sagen. Es muss sich um eine Täuschung handeln, denn niemand denkt und fühlt so wie ich!

Teddy, am Abend sagte Mama zu Papa: "Ist Dir auch schon aufgefallen, das Wandra immer genau weiß, was sie will und was nicht?" Und Papa hat geantwortet: "Da wunderst Du Dich. Es ist ja Deine Tochter!" Dabei hat er gelächelt.

Wandra ich beobachte Dich schon eine ganze Weile. Manche Gegenstände verlieren sofort Dein Interesse, mit anderen beschäftigst Du Dich tagelang.
Vielleicht probierst Du so lange, bist Du weißt: Ach, so geht das, so hört sich das an, das kann man damit machen? Wochenlang hörte Wandra dasselbe Musikstück. Mit einer Faszination, als wäre es für sie zum ersten Mal. Warum hört sie immer wieder dieselbe Musik?
Am nächsten Tag bekam ich die Antwort. Ich war allein im Haus und stellte meine Lieblingsmusik an. Ich drückte die Taste und mit einem Mal schoss mir durch den Kopf: Moment mal, was tue ich denn da? Wie oft hatte ich diese Musik in den letzten Wochen gehört und jetzt höre ich sie schon wieder. Und das mit großer Begeisterung. Ich mag diese Musik. Sie beruhigt mich. Als das Lied zu Ende war, stellte ich die CD nochmals an. Das war es, was Wandra mir sagen wollte: "Wenn ich etwas immer wiederhole, gehört es zu mir!"

Wandra begriff Schritt für Schritt wie sich unsere Welt anfühlt. Ein Ding nach dem anderen machte sie sich vertraut. Es verlor seine Fremdheit und Wandras Sicherheit wuchs. Ihre kleine Welt zog immer größere Kreise. Ihr stereotypes Verhalten machte Sinn!
So absurd es auch klingen mag, es verschaffte ihr die nötige "Bodenhaftung" um sich immer weiter nach draußen zu öffnen.

Unsichtbar - sichtbar

Teddy, hör gut zu! Mama erzählt von ihrer Kindheit.
Als ich ein Kind war, verstand ich die Großen nicht. Sie wollten mich nach ihren Vorstellungen zurechtbiegen. Kleine Kinder sind noch sehr biegsam!
Meine kleine Welt war von einem großen Berg Sand mit dem Schild "anpassen" zugeschüttet.
Als Flüchtlinge lebten wir in einer winzigen Wohnung, die uns zugeteilt wurde. Für die Vermieter waren wir Menschen zweiter Klasse. Nur geduldet! Sie beobachteten uns auf Schritt und Tritt und ließen uns deutlich spüren: Ihr seid hier nicht willkommen - am besten seid Ihr unsichtbar! Sie drückten es aus mit einem ungehaltenen Trommeln ihrer Fingerspitzen gegen die Glasscheibe unserer Flurtür. Das Zeichen für uns Kinder zu verstummen. "Brav sein und den Mund halten!" Wir sollten nicht toben, nicht lachen, nicht singen - eben unsichtbar sein. Das kleine Mädchen lernte damals: Behalte Deinen kindlichen Übermut, Deine Gedanken für Dich. Niemand ist daran interessiert. Es ist gefährlich, sich zu öffnen!
Dabei wollte es nur ein Kind sein, wie alle anderen Kinder! Das kleine Mädchen war oft krank. Es bekam nicht genug Luft!
Wie durch ein Wunder blieb das Vertrauen in die eigene Kraft, trotz allem Ziehen und Zerren von außen. Eines Tages werde ich mich aus dieser Enge befreien! Diese Hoffnung hielt mich aufrecht.

Der Schatten der Vermieter huschte an unserer Tür vorbei, wie eine ständige Warnung. Mutter stand oft wie versteinert da. Man konnte ihr ansehen, wie unwohl sie sich in ihrer Haut fühlte. Aber was sollte sie tun? Dieses "Dach über dem Kopf" durften wir nicht verlieren. Es war so kostbar. Wie lange hatten wir kein richtiges Zuhause. Mit einem hilflosen Gesicht drückte Mutter ihren Finger vor den Mund, um unseren kindlichen Übermut zu bremsen. Dieses "Psst" höre ich heute noch! Ich konnte spüren, wie sehr Mutter diese Situation zu schaffen machte. Sie kämpfte mit den Tränen. Sie nahm sich zusammen - wie immer!
Eigenartig war nur, wie viele Zwiebeln sie in dieser Zeit geschält und klein gehackt hatte. Es gab Gulasch mit Brötchen, mit Nudeln, mit Reis und Kartoffeln - dann wurde daraus eine Gulaschsuppe. Die Zwiebeln wurden in allen Variationen verarbeitet. Wenn es darum ging, aus der Not eine Tugend zu machen, war Mutter unschlagbar. Viele Jahre später war ich dankbar, diese Fähigkeit übernommen zu haben.
Oft wenn ich aus der Schule kam, stand Mutter am Herd, den Rücken mir zugewandt. Ich sollte nicht sehen, wie ihr die Tränen übers Gesicht liefen.
Sie sollten "unsichtbar" bleiben. Mutter hatte Angst Gefühle zu zeigen. Angst sich nicht mehr unter Kontrolle zu haben. Angst "ihr Gesicht" zu verlieren. Was sollen die anderen von uns denken? Diese Äußerung kam häufig aus ihrem Mund. Es war so wichtig, den äußeren Schein zu wahren!

Mutter gehörte zu einer Generation, die über Gefühle nicht sprach. Ihr Motto war: "Wie es drinnen aussieht, geht niemanden etwas an!" Wenn es ihr zu eng ums Herz wurde, stürzte sie sich mit Übereifer in die Arbeit. Jetzt war Mutter in ihrem Element. Pflichterfüllung um jeden Preis!
Als Flüchtling hatte sie entbehrungsreiche Jahre hinter sich. Für immer entwurzelt durch den Verlust der Heimat. Der soziale Abstieg, den sie nie verwunden hat und der Weg in eine große Ungewissheit. Auf der Flucht, hochschwanger mit mir, meine kleine Schwester an der einen Hand und in der anderen Hand einen Koffer, in dem die spärlichen Reste ihres Lebens steckten. Nur was sie tragen konnte, durfte sie mitnehmen. Unvorstellbar!
Für einen Augenblick versuchte ich mich in die Lage meiner Mutter zu versetzen. Es war nicht möglich. Mich überkam das nackte Entsetzen. Wenn ich mir vorstellte, da ordnet jemand an: "Sie dürfen nur einen Koffer mitnehmen." Ich schaue mich in unserem Zuhause um und sehe so viele Dinge, die ihre Geschichte haben und mir lieb und teuer sind. Die soll ich alle zurück lassen? Ich weiß nicht, was ich getan hätte. Hätte ich aufgegeben oder hätte ich wie Mutter mit eisernem Willen wegen meiner Kinder weiter gekämpft und mich hinter einem Panzer versteckt, um nicht mehr angreifbar zu sein?
Manchmal verspürte ich den Wunsch die äußere "Eisschicht" zum Schmelzen zu bringen. Ich wurde er-

wachsen und verstand, diese Eisschicht war Mutters Schutz. Sie brauchte sie um weiter leben zu können.

Die Realität ihres Lebens hatte mich eingeholt: Es war keine Zeit für Gefühle! Damals nicht und später auch nicht. Gefühle gehörten zu der Kategorie "Luxus".
Wie Mutter mit ihrem Schmerz umgegangen ist? Ich habe es nie erfahren. Mutter hatte einen hohen Schutzwall um sich gebaut und ließ niemanden mehr an sich heran. Außer Wandra. Welche Verkettung von Ereignissen!
Gerade unsere Tochter, die sich auch für eine lange Zeit hinter ihrer Glaswand versteckt hatte, war eine Ausnahme! Oder gerade deswegen?

Jahre vergingen. Ich war eine junge Frau und unser erstes Kind kam auf die Welt. Unsere kleine Wandra! Vom ersten Augenblick nicht zu überhören. Mit einem lauten kräftigen Schreien kündigte sie sich an. Wenn ihr zum Schreien zumute war, hat sie geschrien. Wenn sie ihrem stereotypen Spiel nachgehen wollte, hat sie es getan. Wenn sie sich bewegen wollte, hat sie sich bewegt. Wenn sie abtauchen wollte, ist sie abgetaucht. Sie lebte nach den Gesetzen ihrer Welt und folgte unbewusst einem inneren Plan - ihrem natürlichen Instinkt.
Für unsere Wandra gab es kein störendes Verhalten! Was in ihr verborgen war, musste nach draußen. Es gab kein, das macht man nicht. Alles war erlaubt.

Teddy, Mama sagt: "Manchmal ist das Leben einfacher, wenn man sich nicht so viele Gedanken machen kann!"

Wenn ich mit Wandra unterwegs war, holte mich das alte Gefühl aus meiner Kindheit, unerwünscht zu sein und zu stören, wieder ein. Wieder waren "wir" ausgegrenzt. Zwei Fremdlinge, die nicht dazu gehören.
Zum Glück war es nur mein Empfinden. Wandra, berührte es nicht. Sie war heilfroh, wenn die anderen sie ignorierten. Dann hatte sie ihre geliebte Ruhe. Manchmal beneidete ich unser Kind. Wie einfach vieles war, wenn man in Wandras Welt lebte!

Eine typische Situation in einem Wartezimmer fällt mir ein. Es war nur eine von vielen. Warten war immer eine Qual für Wandra und Mama! Bis auf einen Stuhl waren alle Plätze besetzt. Ich wollte unsere Tochter auf meinen Schoss ziehen. Obwohl ich genau wusste, ihr Bedürfnis nach Bewegung lässt es nicht zu.
Sie lief in die Mitte des Raums und drehte sich unbekümmert um die eigene Achse. Wie ein Kreisel, der sich unermüdlich dreht und dreht. Dazu gab sie kuriose Wortformulierungen zum Besten. Dann von einem Augenblick zum anderen wurde das Wartezimmer in eine Rennstrecke verwandelt. Sie rannte von einer Wandseite zur anderen hin und her. Ohne Pause. Wie ein Tier im Käfig.
Die Unruhe im Raum wurde immer stärker. Ich versuchte

die Gesichter auf den Stühlen auszublenden. Ich war hilflos. Mein Verstand sagte mir, lass sie laufen, dieses stereotype Rennen beruhigt unser Kind, sie braucht das. Es tut ihr gut. Trotzdem versuchte ich Wandra festzuhalten. Geschickt wand sie sich aus meinen Händen, drehte weiter ungeniert ihre Runden und probierte ihre Sprachversuche aus. Mit einem "Psst" wollte ich sie stoppen. Sie schien mich gar nicht zu hören und machte einfach weiter. Als wäre es das Normalste der Welt. Für ein bewegungsfreudiges Mädchen namens Wandra war es das auch!
Warum sollte sie schweigen, wo doch jedes neue Wort und jeder neue Satz für sie eine kleine Sensation war? Warum sollte sie sich nicht weiter drehen, wenn ihre Sinne "hurra" schrieen?

Erst später fiel mir auf, wie ambivalent ich mich verhielt. Einerseits wollte ich Wandras Lebendigkeit fördern und auf der anderen Seite habe ich sie gebremst. Der Versuch es allen recht zu machen, nur damit die äußere Fassade stimmt, scheiterte kläglich. Wieder war ich einem alten Verhaltensmuster auf den Leim gegangen. Ich verhielt mich wie meine Mutter. Ich hatte es nicht bemerkt. Immer wieder öffnete mir Wandra die Augen. Als wollte sie sagen: "Mama, was machst Du denn da? Schau genau hin!"
Wie gut, dass ich keine Chance hatte, unser Kind zu stoppen! Nur weil uns viele ungehaltene Augen anstarrten. "Können Sie nicht dafür sorgen, dass diese

Nerverei endlich aufhört? Dieses Gerenne macht einen ja verrückt!"
Ja, in Wandras Leben war vieles "ver-rückt". Es wird noch eine lange Strecke dauern bis sie es zurecht gerückt hat! Aber das konnte ich niemandem erklären. Wie wohltuend war es nach solchen "Auftritten" wieder zu Hause zu sein.

G e d u l d

An einem warmen Frühlingstag wollte ich im Garten arbeiten. Diese Zeit musste ich mir regelrecht stehlen, aber das Unkraut wuchs mir langsam über den Kopf.
Wie so vieles mir in dieser Zeit langsam über den Kopf wuchs. Ich merkte es nicht. Ich liebte diese Arbeit im Garten. Mit meiner alten Latzhose und einem Spaten ausgerüstet, kniete ich mich in die weiche umgegrabene Erde. Der frische Erdgeruch stieg mir in die Nase. Unsere Katze hatte sich in ihre geliebte Kuhle nicht weit von mir in die Sonne gelegt und döste vor sich hin. Ich atmete tief durch. Wie gut das tat!
Heute wollte ich wilde Veilchen pflanzen. Diese kleinen blauen Punkte, die sich Jahr für Jahr, ohne mein Zutun, vermehrten, hatten es mir angetan.
Meine Hoffnungsträger! Mit einem Lächeln im Gesicht dachte ich: "Eines Tages wird unsere Tochter ohne mich ihren Weg weiter gehen. Dieses Energiebündel wird es mir zeigen!" Das wollte ich glauben!

In Gedanken ging ich meine Arbeitsschritte durch: Kleines Loch ausheben - nicht zu tief - Pflanze vorsichtig in die Erde setzen und einen Erdhügel um den Setzling festklopfen, damit das Regenwasser die Blume erfrischt.
Da hörte ich aus der Ferne die warme Stimme meiner Großtante. Mit ihrem verschmitzten Lächeln schaute sie mich an. Wehmütig zogen die Erinnerungen an unvergessliche Ferientage an mir vorbei. Ich sah wieder die rotweiß karierte Bettwäsche mit dem "Betthupferl" am Kissen. Abends versank ich in der dicken Daunendecke und fühlte mich geborgen. Ich roch den Duft der Holunderblüten und die leckeren Pfannekuchen mit Zimt und Zucker, die Tante aus der weißen Blütenpracht zauberte, um mir eine Freude zu machen. Liebevolle Gesten, die sich bei mir eingegraben hatten.
Es war die schönste Zeit des Jahres!

Wie wertvoll und prägend diese Tage für mein weiteres Leben sein sollte, das verstand ich erst, als Wandra da war. Großtante war meine Lehrmeisterin. Sie liebte ihr einfaches Leben. Ihre kleine überschaubare Welt. Sie sagte immer: "Ich habe alles was ich brauche - den Plunder brauche ich nicht!"
Sie beherrschte die Kunst das Überflüssige aus ihrem Leben wegzulassen. Oft erinnerte mich Wandra mit ihrem Sinn für die Einfachheit der Dinge an meine Tante. Auch sie liebte ihre kleine Welt überschaubar! Jedes Zuviel verwirrte sie.

Tantes Begeisterung für die Natur war ansteckend. "Vergiss nicht, man erntet nur, wenn man richtig sät! Hast Du den richtigen Standort gewählt?" Folgsam wie das kleine Mädchen von früher, antwortete ich: "Ja, Tante." "Hast Du daran gedacht den Boden zu lockern?" "Ja, Tante, das hab ich." "Nun musst Du geduldig abwarten, bis "die Zeit reif ist" und sich die grünen Spitzen ans Licht drängen. Unten in der Erde erwacht das Leben und jetzt liegt es an Dir. Schau Dir die Pflanzen genau an, dann siehst Du, ob ihnen etwas fehlt! Jede Blüte braucht ihre Zeit, bis sie sich "öffnet". Vergiss es nicht!" Mit einem warmen Gefühl im Bauch, sagte ich zum letzten Mal. "Ja Tante!" Hätte ich damals geahnt, wie hilfreich ihre einfache Lebensklugheit eines Tages für mein Leben mit Wandra sein wird, ich hätte noch besser hingehört.

Mein Rücken meldete sich. Ich musste mich kurz strecken und lächelte. Genau wie früher! Unsere kurze Pause auf der Bank fiel mir wieder ein. Tantes vom Wetter gegerbten Hände lagen ruhig in ihrem Schoß: "Siehst Du diesen blauen farbenprächtigen Schmetterling vor Deiner Nase?" Ich nickte. "Pass auf, gleich wird er abheben und woanders hinfliegen." Und schon breitete er seine Flügel aus und flog los. "So ist es auch bei uns Menschen. Manchmal müssen wir ein paar Runden drehen, um zu wissen, was wir wollen." Ob sie Gedanken lesen kann? Ich hatte schon so viele Runden gedreht und noch immer war ich auf der Suche.

Die vertraute Stimme unterbrach mich: "Halte ihn nicht fest - sonst verletzt Du seine Flügel. Dann kann "er" nicht mehr fliegen! Und wenn Du Glück hast, kommt er eines Tages zu Dir zurück!" Ihre Augen sahen mich dabei liebevoll über den dunkelbraunen Brillenrand an. Es berührte mich. Warum sagt sie das jetzt? Kann sie in die Zukunft sehen?
Diese kleine Geschichte von dem "freiheitsliebenden Schmetterling" hat mich noch viele Jahre beschäftigt. Ich wurde sie nicht mehr los.

Wie wohltuend war diese körperliche Arbeit und wie befriedigend, schon nach einer Stunde einen sichtbaren Erfolg zu sehen. Das sah in meinem Alltag mit Wandra ganz anders aus. Ich musste Geduld aufbringen, ohne zu wissen, hat unser Kind etwas verstanden? Oder doch nicht? Hat sich mein Einsatz gelohnt? Hier in meinem kleinen Garten war schon nach kürzester Zeit der "Lohn" meiner Arbeit zu sehen. Eine Reihe Setzlinge schauten mich an. Ich strahlte vor Stolz. Das hatte ich geschafft!
Beim Schreiben fällt mir auf, wie lieblos ich über eine lange Strecke mit mir umgegangen bin. Wieso kam es mir nicht in den Sinn, Wandras Fortschritte, die einen besonderen Wert in meinen Augen hatten, mir zuzuschreiben und mir einmal auf die Schulter zu klopfen? Ich wusste doch, dass sie diese Schritte nur mit meiner Unterstützung gehen konnte? Hing ich immer noch in den "alten Fängen"? So muss es wohl gewesen sein.

Denn in meiner alten Welt zählte nur Leistung. Und Leistung war nur, was für alle sichtbar und zählbar war. Da hatte ein Kind wie unsere Wandra keine Chance! Sie war kein "Vorzeigekind"! Von außen war keine Anerkennung zu erwarten! Damit musste ich mich abfinden.

Ein paar Tage später, wurde ich wieder an meine Großtante erinnert. Es war ein hektischer Tag. Ich hatte so viel zu erledigen. Meine Ungeduld wurde immer stärker. Wandra saß auf der Treppe, hielt einen Schuh in der Hand, der andere stand neben ihr. Ich hatte nicht auf ihre Bemühungen geachtet. Ungehalten bat ich sie: "Wandra, nun zieh doch endlich Deine Schuhe an!" (Es waren Schuhe mit Klettverschluss.) Und vorwurfsvoll ergänzte ich: "Allmählich müsstest Du es doch können! Wie oft habe ich jetzt schon Deine Hände geführt und es Dir gezeigt!" Wandra blieb stocksteif sitzen - keine Regung. Ihr blasses Gesicht war starr auf den Boden gerichtet. Ganz verkrampft hielt sie einen Schuh fest. Nur mühsam konnte ich ihn ihr abnehmen. Die Innenfläche ihrer Hand war schweißnass. Sie sprach Bände: "Mama, hab noch etwas Geduld mit mir!"
Teddy, meine Füße wollen ohne Schuhe laufen. Aber Mama hat gesagt, das geht nur im Sommer.

Wie konnte ich nur so lieblos sein! Wandra wollte sich "für mich" anstrengen. Ich war beschämt! Wann werde ich endlich aufhören, unserer kleinen Tochter meine ehrgeizigen Pläne überzustülpen? Wann werde ich endlich aufhören, enttäuscht zu sein, wenn meine Mühe scheinbar erfolglos ist? Ich musste noch viele Kilometer mit Wandra marschieren, bis ich begriff, nichts von alledem, was ich in unsere Beziehung einbrachte, war umsonst. "Mein kleines Mädchen, nie wieder werde ich Dich zu etwas zwingen." Ich hatte es endlich verstanden. Wenn die Zeit reif ist, wird sie ihre Schuhe allein anziehen!

Zwei Wochen später zog Wandra ihre Schuhe an, als wäre es das Normalste der Welt. Meine Ungeduld wurde wieder zurecht gerückt.

Teddy, Mama hat gesagt: "Nichts, was im Leben wirklich wichtig ist, kann man erzwingen!"

Am Abend regnete es in Strömen. Wandra war eingeschlafen und Papa hielt Wache. Ich wollte frische Luft schnappen. Stülpte meinen geliebten dunkelbraunen Filzhut auf den Kopf, schlüpfte in die Regenjacke und stellte den Kragen hoch. Jetzt noch die Gummistiefel an und dann ab nach draußen. Ein heftiger Wind blies mir ins Gesicht. Was für ein Tag!

Beim Laufen tauchte noch einmal das Erlebnis mit den Schuhen auf. Was habe ich für ein besonderes Mädchen! Ich habe einen großen Fehler gemacht. Statt meine Ungeduld zu zügeln, machte ich ihr Druck und schimpfte mit ihr. Wandra saß da, wie ein begossener Pudel, ließ den Kopf hängen und wagte es nicht, hoch zu schauen. Und dann passierte etwas ganz Erstaunliches, sie lächelte mich kurz an. Ich war so erleichtert.

Sie hat mir meinen Ausraster nicht übel genommen! Wieder hielt mir unsere Tochter den Spiegel liebevoll vor die Nase, denn ich konnte sehr nachtragend sein!

Der Regen hatte mittlerweile nachgelassen. Der Himmel beruhigte sich wieder. Statt des tristen Grau wechselte ein ruhiges Blau die Farbe.
Ich machte mich auf den Heimweg. Ich dachte noch lange darüber nach, wie zerbrechlich Beziehungen sind! Wie schnell kann eine unbedachte Reaktion etwas zerstören, was gerade angefangen hat, vorsichtig Fuß zu fassen. Und das bei einem so empfindsamen Mädchen wie Wandra.
Kindheitserlebnisse tauchten kurz auf und verschwanden wieder. Warum macht man eigentlich immer dieselben Fehler, obwohl sie einem selbst nicht gut getan haben? Ich nahm mir vor, noch mehr auf der Hut zu sein. Erleichtert atmete ich durch: Es ist noch einmal gut gegangen!
Eigenartig, wie so ein merkwürdiges Geschöpf, wie unsere Wandra, immer wieder Saiten bei mir anstieß und zum Klingen brachte, die ich längst vergessen hatte. Besser gesagt, von denen ich dachte, ich hätte sie vergessen. Aber so war es leider nicht! Wie oft wurde ich von ihr aufgefordert: "Mama wach auf! Schau genau hin!"

Als Kind machte ich die schmerzhafte Erfahrung: Liebe muss man sich verdienen! Es war keine echte

Liebe, aber das wusste das kleine Mädchen damals noch nicht. Aber die Erwachsenen auch nicht. Liebe war Manipulation: "Wenn du das tust, dann ... , wenn du das nicht tust, dann nicht ..."
Wie sehr hatte das kleine Mädchen unter diesem ständigen Druck gelitten. Als Mama wollte ich es besser machen. Aber unbemerkt machte ich denselben Fehler: "Wandra, wenn Du nur endlich laufen könntest, wenn Du nur endlich sprechen könntest, ja dann wäre alles viel einfacher. Der Weg wäre nicht so beschwerlich!"
Dann eines Tages konnte Wandra endlich laufen, aber das Leben wurde nicht leichter, es wurde nur anders. Mit jedem Schritt hielt mir Wandra den Spiegel vor Augen. Ich blickte hinein und las die schreckliche Wahrheit: Wie gern hätte ich ein "normales Kind"! Bestürzt und beschämt hielt ich an. Wie konnte ich nur so denken?
Ohne es zu beabsichtigen, machte ich unser Kind dafür verantwortlich, dass unser Leben nicht glücklich verläuft. Ich war erschrocken über mich selbst. Ich wollte aus Wandra ein Kind machen, was sie nicht ist und niemals sein wird!

Der Blick nach draußen hat mich wach gerüttelt. Er war sehr heilsam. Ich hörte ihre Stimmen: "Wenn ich das tue, was üblich ist - wenn ich in der grauen Masse untertauche - wenn ich vor mit selbst weglaufe und meine persönlichen Grenzen nicht akzeptiere - wenn ich mich ständig überfordere - wenn ich immer die Er-

wartungen anderer erfüllen muss - wenn ich meine Einstellung verleugne - wenn ich hetze und jage, weil meine Gier nach mehr mich weiter treibt - wenn ich meine Gefühle verdränge und mein Verhalten vertusche - wenn ich manipuliere - wenn ich Macht ausübe - wenn ich nicht ehrlich zugebe, wie es mir geht - wenn ich mich hinter Titeln verstecke - wenn ich mich abhängig mache - wenn ich nicht gut für mich sorge ... dann bin ich normal!"
Irgendwann habe ich aufgehört zuzuhören. Es war genug! Welche Welt ist eigentlich ver-rückt?
Unsere Wandra ist in ihren Möglichkeiten stark beeinträchtigt, aber das hindert sie nicht daran, ein glückliches Leben zu führen!

Nachdenklich blickte ich nach oben. Dieser Blick zum Himmel war zu einer lieben Gewohnheit geworden. Ein starker Wind war aufgekommen und hatte die Wolkenbilder verändert. "Der Wind, welch ein großartiges Phänomen! Man kann ihn nicht sehen, aber man spürt ihn auf der Haut." Dieser Windhauch erinnerte mich an etwas, das noch wie ein "zarter Keimling" in mir schlummerte.
Nur weil etwas für meine Augen unsichtbar ist, bedeutet es doch nicht, dass es nicht existiert!? Voller Zuversicht ging ich weiter. Ich bin ja gar nicht allein!

Meine kleine große Schwester

Teddy, eines Tages ist unsere Familie größer geworden. Ich habe eine kleine Schwester bekommen. Sie schrie genauso laut wie ich. Mama sagte: "Sie war unser zweites Wunschkind!"
Teddy, Mama meint: Kein Kind sollte allein aufwachsen! Und ein kleines Mädchen wie unsere Wandra braucht ein Schwesterchen, das ihr zeigt, wie man "wächst".
Sobald sie krabbeln konnte, übernahm sie die Führungsrolle. Sie gab die Richtung an und Wandra folgte ihr. Gott sei Dank, kam unser zweiter Schatz völlig gesund auf die Welt! Sie war wie ein großes Überraschungsgeschenk!
Man wusste nie, was ihr im nächsten Augenblick einfällt. Mama schaute mich schmunzelnd an: In diesem Punkt ward Ihr Euch sehr ähnlich!
Unser kleines temperamentvolles Mädchen brachte frischen Wind in unsere Familie. Kinderlachen schallte durch die Räume. Ich liebte ihr Lachen. Hell und klar wie ihre Augen. Es war herzerfrischend und ansteckend! Für eine Weile waren die düsteren Wolken verschwunden. Aber es dauerte nicht lange und eine graue Wolke schob sich darüber. Jetzt waren zwei kleine Wesen da, die ihre Bedürfnisse durchsetzen wollten. Sie haben meine Geduld bis zum Zerreißen auf die Probe gestellt. Irgendwann habe ich selbst los geschrieen. Kurz darauf habe ich es schon wieder bereut:

Was tue ich da? Eigentlich wollte ich das gar nicht. Das bin ich doch gar nicht!

Viele Kilometer hatten wir schon zurückgelegt. Diese beiden Energiebündel raubten mir den Schlaf, den ich so dringend gebraucht hätte. Und trotzdem war ich glücklich, dass es unsere kleinen besonderen Mädchen gab. Wie widersprüchlich müssen diese Worte klingen. Aber sie treffen zu.

Am Ende eines Tages, wenn ich noch einmal ins Kinderzimmer ging und die zwei kleinen Köpfe sah, die sich in die Kissen gewühlt hatten und friedlich schliefen, durchzog mich ein warmes Gefühl.

Teddy, Mama hat gesagt: "Man kann zwei Kinder genauso stark lieb haben und doch jedes auf eine andere Weise. Weil jedes anders ist!"

Eine Liebe, die man nur schwer beschreiben kann.

Aber ist das so wichtig? Wichtig ist doch nur, dass sie die Liebe spüren!

Es war an einem verregneten Sonntag. Schon eine Weile habe ich unsere Beiden nicht gesehen. Langsam wurde es mir unheimlich. Wo stecken die zwei? Da hörte ich lautes Glucksen und Kichern. Zwei kleine Mädchen mit erhitzten strahlenden Gesichtern beugten sich über das Treppengeländer. Unzählige Papierschnipsel regneten wie Konfetti auf mich herunter. Die Spielsachen kullerten Stufe für Stufe mit Gepolter über die Treppe. Wenn es darum ging, Unsinn zu machen, schaffte es unsere Jüngste fast immer ihre Schwester anzustiften. Kostbare seltene Augenblicke! Aber es gab sie. In diesem Augenblick trafen sich ihre Welten.

Anders sah es aus, wenn ich mit Wandra übte. Dann gab die zwei Jahre jüngere Schwester in ihrem Hochstühlchen spontan die Antwort. Es dauerte nicht lange und ihr Wortschatz explodierte. Der kleine Mund stand den ganzen Tag nicht still. Sie erzählte Wandra ausgedachte Geschichten. Dabei war ihre Mimik so ausdrucksstark, dass Wandra ganz still da saß und aufmerksam dieser Stimme lauschte. Obwohl sie kein Wort verstand. Dieser Anblick, wie die zwei ungleichen Schwestern zusammen saßen und sich ohne Dialog miteinander gut fühlten, war herzerfrischend.

Aber die Realität des Alltags holte uns bald wieder ein. Ich saß bei einer Tasse Kaffee, die Tür wird aufgerissen und unsere Jüngste stürmt herein. Ganz entrüstet baut sie sich vor mir auf: "Mama, ich möchte auch eine "richtige Schwester" haben, wie die anderen Kinder. Mit Wandra kann ich gar nichts anfangen. Wenn ich mit ihr sprechen will, gibt sie mir keine Antwort." Ich streichelte ihr über den Kopf: "Mein Kleines, Wandra kann noch nicht gut sprechen und vieles was wir sagen, versteht sie nicht. Aber sie hat Dich trotzdem lieb. Wie sehr freut sie sich, wenn Du durch die Tür kommst."
Unser kleiner Schatz hatte mir immer so viel zu erzählen und immer das Gefühl, sie kommt zu kurz. Dieses

Gefühl unserer Jüngsten war berechtigt. Oft quälte mich mein Gewissen - aber ich wusste keine Lösung! Unsere Kleine musste noch etwas loswerden: "Und warum macht Wandra so komische Sachen und so komische Geräusche? Die anderen lachen sie immer aus". Und ich erklärte: "Das gehört zu Deiner Schwester, wie die Neugiernase zu Dir."
Teddy, das hat mir gefallen und meiner Schwester auch.
Unsere Jüngste nickte kurz und dann hatte sie schon wieder etwas anderes im Kopf: "Mama, darf ich zu meiner Freundin?" So oft es möglich war, traf sie sich mit ihr. Sie sollte nicht auf Wandra Rücksicht nehmen müssen. Es gab schon genug Einschränkungen in ihrem Leben.

Einmal kam unsere jüngere Tochter ganz traurig nach Hause. Sie schluchzte herzzerreißend: "Mama, die Kinder sind gemein. Sie haben gesagt, Du mit Deiner blöden Schwester, mit Dir spielen wir nicht mehr." Und die Tränen kullerten. Ich hab unsere Kleine auf den Schoss gezogen, ihr über den Kopf gestreichelt und sie getröstet: "Sei nicht traurig. Alles wird wieder gut!"
Teddy, dann waren viele Kinder bei uns zu Hause. Mama erzählte eine Geschichte von einer Hündin, die drei kleine Welpen in ihrem Bauch trug.
Am Tag der Geburt sind zwei Welpen ohne Probleme heraus gerutscht. Nur der dritte kam nicht und kam nicht.

Teddy, weißt Du noch, ich wollte auch nicht nach draußen!
Weil der kleine Welpe es nicht allein schaffte, musste der Tierarzt ganz fest ziehen. Dann mit einem "Ruck" war er endlich da. Aber irgend etwas stimmte nicht mit ihm, denn er hörte nicht auf zu bellen. Seine Sinne waren durch das starke Ziehen bei der Geburt durcheinander geraten. Er machte merkwürdige Dinge. Aber der kleine Welpe gab nicht auf. Und eines Tages konnte er genauso herumtollen wie die anderen.
So ähnlich geht es unserer Wandra. Wir müssen nur etwas Geduld haben. Die Kinder standen schweigend auf.
Teddy, die Kinder spielten wieder mit meiner Schwester. Meine Schwester war froh. Dann war ich auch froh.

Wandra, dann kam ein ganz besonderer Tag, den Deine Mama nie vergessen wird. Deine Schwester kam von der Schule. Ihre Tasche flog energiegeladen mit einem Schwung in die Ecke. Sie drückte mir ihr Heft ohne zu zögern in die Hand und ich schlug es auf. Unter dem Aufsatz stand die Note "drei".
Teddy, Mama atmete einmal tief durch und dann sagte sie: "Schade, Du bist so begabt. Kann es sein, dass Du Dir nicht genug Mühe gegeben hast?"
Wandra, und was machte Deine Schwester? Sie baute sich vor mir auf, stützte ihre Hände in die Seite und sagte, voller Überzeugung in der Stimme: **"Mama,**

das Wichtigste im Leben ist, Spaß zu haben! Das ist nur eine dumme Note. Mama, bleib locker!"
Teddy, ich habe mich nicht gerührt und gewartet, was Mama jetzt macht. Erst wurde Mamas Gesicht ganz ernst und dann hat sie gelacht. Dann hat meine Schwester gelacht. Dann hab ich gelacht. Teddy, hast Du gehört? Meine Schwester hat gesagt, ohne Spaß läuft nichts!

Wandra lebte mit ihrer jüngeren Schwester im selben Haus aber in völlig unterschiedlichen Welten. Wandra war am liebsten Zuhause - in der Welt der Dinge und ihre Schwester fühlte sich am wohlsten - in der Welt der Menschen. Sie war immer in ihrem Element, wenn der Tag voller Aktionen war. Draußen da pulsierte das Leben und sie war mittendrin. Oft sagte sie: "Mama, zuschauen ist langweilig!"
Später nahm sie Wandra an die Hand und zog sie hinter sich her, um mit ihr die Welt zu entdecken. Von weitem hörte ich: "Schau Wandra, so macht man das!" Und Wandra machte es nach, so gut sie konnte. Es schien ihr Spaß zu machen. Ich sah den beiden nachdenklich und schmunzelnd hinterher. Wie schafft unsere Jüngste es nur, Wandra so leicht zu motivieren? Kein Protest? Kein Geschrei? Sie hatte immer großen Einfluss auf ihre ältere Schwester. Bis heute. Wenn sie sich eine Mütze anzog, wollte Wandra sich auch eine anziehen, obwohl sie keine Mützen mochte. Wenn sie auf dem Bett hopste, wollte Wandra auch hopsen. Wenn sie

Schularbeiten machte, setzte sich Wandra daneben und machte auch Schularbeiten. Sie malte so lange ihre geliebten Striche und Kreise, bis die Schwester aufstand. Was die jüngere Schwester machte oder sagte, Wandra versuchte es nachzuahmen.

Eine Situation lässt mich heute noch schmunzeln. Tagelang übte unsere Jüngste mit ihren Freundinnen Seilspringen. Im gleichmäßigen Takt schlug das Seil auf den Boden. Wandra stand wie gebannt daneben. Nach einer Weile gingen die Kinder nach Hause. Das Seil blieb unbeachtet liegen.
Wandra nahm es auf und legte es wie eine gerade Linie auf den Boden. Sie versuchte darüber zu springen. Unermüdlich - aber ohne Erfolg.
Teddy, kannst Du beide Füße auf einmal hochheben? Wandra kann das nicht!
Dann stellte sie sich neben das Seil, machte einen kleinen Schritt über die Schnur, erst mit einem, dann mit dem anderen Fuß. Sie war auf der anderen Seite des Seils angekommen und strahlte. Welch ein kluger Schritt!
Es dauerte nicht lange und unsere Jüngste überholte die große Schwester im Eiltempo. Wie ein kleiner sprudelnder Bach, der über die Ufer läuft und sich unaufhaltsam ausbreitet. Der Abstand wurde von Jahr zu Jahr größer. Er war nicht mehr aufzuhalten. Ihre Wege gingen immer weiter auseinander. Bis unsere kleine "Große" das Haus verließ.

Ein gemeinsames Interesse verband unsere beiden Töchter: Die Faszination für Teddys. Unsere Jüngste, mittlerweile eine junge Dame, hatte eine ganze Sammlung von Teddys. Einer schöner als der andere, wertvolle Unikate, sehr kostbar. Sie sitzen in einer Glasvitrine mit dem unsichtbaren Schild: "Bitte nicht berühren!" Ich stand vor der Glasscheibe und erinnerte mich an eine Zeit, wo unsere Wandra hinter einer ähnlichen "Glaswand" lebte. Wie wunderbar hatte sie sich entwickelt! Das alte Schild war schon lange entrümpelt.

Aber ihr Teddy, ihr treuer Begleiter, ist immer noch da. Er ist mit ihr älter geworden. Sein flauschiges Fell ist an manchen Stellen abgeschabt und hat seinen seidigen Glanz verloren. Die kleinen Knopfaugen sind verschrammt und die Schnauze ist abgewetzt. Das kümmerte unsere Wandra nicht. Wenn sie nach Hause kam, drückte sie ihn an sich und nahm ihn aus dem Bett, steckte ihre Nase in sein Fell, um seinen Geruch aufzunehmen. Teddy war immer dabei. Ohne Teddy gab es keine Ferien. Keinen Aufenthalt im Krankenhaus. Keinen Umzug in die Wohngruppe. Keine Nacht bei der Freundin. Keine Geburtstagsfeier. Er begleitet Wandra bis heute. Wie sagte Wandra immer: "Ohne Teddy läuft nichts!"

Teddy, Mama ist sich ganz sicher: "Manchmal gibt es auf der Welt nichts Wichtigeres, als ein weiches Fell, in das Du Dich hinein kuscheln kannst".

Teddy, meine kleine Schwester bleibt immer meine große Schwester! Wenn ich sie lange nicht gesehen habe, vermisse ich sie. Sie gehört zu mir, wie Du, Papa, Mama und Jazz, unser Hund.
Teddy, soll ich Dir ein Geheimnis anvertrauen? Ich habe ganz viel von meiner Schwester gelernt, ob sie das weiß? Vielleicht kann ich es ihr eines Tages sagen?

Ohne Mama

Obwohl die Sonne durchs Fenster schien, stand ich mit einem mulmigen Gefühl morgens auf. Es war so weit. Wir hatten für Wandra einen Platz in einem Sonderkindergarten gefunden. Erleichtert dachte ich: Niemand wird unser kleines Mädchen mehr hänseln und keinen wird ihr sonderbares Verhalten stören. Gott sei Dank! Aber wird sie ohne mich zurechtkommen? Wird man sie verstehen? Bisher hatte ich sie vor allem abgeschirmt, was ihr Angst machte. Vielleicht habe ich es damit manchmal übertrieben? Bestimmt war das so. Es ist so schwer ein gesundes Maß zu finden. Nicht zu viel abnehmen und nicht zu wenig! Mein Verhalten war aus der Not geboren, als Wandra in ihrer großen Hilflosigkeit völlig von mir abhängig war. Und das über eine lange Strecke. Erst Jahre später merkte ich, dass wir in einer Symbiose lebten. Wo Wandra war, war Mama. Und wo Mama war, war Wandra! Und jetzt wird unser Kind sich ohne mich auf den Weg machen.

Wieder redete ich mir gut zu: "Ich kann sie nicht immer beschützen!"
Bald wird der Bus kommen. "Wandra wir müssen uns beeilen!" Ich wusste, wenn ich ihr Druck mache, geht der Schuss nach hinten. Entweder verweigerte sie sich völlig oder ein ohrenbetäubender Lärm brach los. Die Schublade im Kinderzimmer wurde noch zweimal aufgezogen, der Deckel von der Kiste noch einmal geöffnet, die Tür noch dreimal aufgemacht und wieder zu und erst dann war Wandra bereit, zu kommen. Monate später erfuhr ich, wie wichtig dieses Kontrollverhalten, diese Rituale für Wandras inneres Gleichgewicht waren. Etwas Vertrautes, auf dass sie sich verlassen konnte und ihr Sicherheit gab.

Schweren Herzens habe ich der Busbegleitung oft ein schreiendes Bündel in die Hände gedrückt. Der Busfahrer konnte nicht mehr länger warten. Das letzte was ich sah, war Wandras blonder Haarschopf und das zottelige Fell vom Teddy.
Teddy, es war so eng im Bus! Ich saß neben einem Jungen. Er machte ein böses Gesicht. Ich hatte Angst. Ich rief ganz laut: "Wana allein sitzen"! Bis die Frau aufstand. Ich durfte allein sitzen. Teddy, ich konnte wieder mit den Füßen baumeln, hin- und her schaukeln und meine Hände bewegen.

Es war still im Haus - eine ungewohnte, unheimliche Stille. Die ersten Tage lief ich wie verloren durch die

Räume. Statt die Zeit ohne unsere kleine Nervensäge zu genießen, konnte ich nicht abschalten. Wenn das Telefon klingelte, zuckte ich zusammen. Aber es war nicht der Kindergarten und später auch nicht die Schule. Immer wieder redete ich mir gut zu: "Sie ist nicht allein. Verlass dich auf die Betreuer. Sie werden ihr helfen!" Es dauerte noch eine lange Strecke bis ich endlich ruhiger wurde.

Wie so oft auf unserer Abenteuerreise war mein Vertrauen gefragt. Mein Vertrauen in fremde Menschen und mein Vertrauen in unser Mädchen: Sie schafft es auch ohne mich!

Die ungehaltene kleine Kinderstimme unserer jüngeren Tochter riss mich aus meinen Gedanken: "Mamaaa". "Ja, Schatz, ich komme schon."

Es war ein gutes Gefühl, endlich Zeit für unsere Jüngste zu haben und ihr die Aufmerksamkeit zu schenken, die ihr zustand und die sie so oft vermisste. Endlich Zeit, mit ihr zu kuscheln, zu spielen und zuzuhören. Ohne immer von Wandras stereotypen Worten und Sätzen unterbrochen zu werden. Zeit für dieses kleine besondere Wesen mit einem Körper voller Temperament, Neugierde und Lebensfreude. Strahlend schlang sie ihre Arme fest um meinen Hals, als wollte sie mich nie wieder loslassen. Welch ein Trost, diese kleinen Arme zu spüren und ihren wamen Körper, der sich an mich drückte.

"Ja, kleiner Schatz, jetzt ist Mama nur für Dich da." Wir hatten so viel nachzuholen. "Mama, singen!"

Und der Text von "Que Sera, Sera" füllte den Raum. Für eine Weile lebte ich wieder in der "normalen" Kinderwelt, die mir so klar und erfrischend erschien, wie ein großer Gebirgssee, wo man bis auf den Grund sehen kann. Erholsam!

Nachmittags kam unsere Wandra zurück. Von der Begleitung wurde uns jahrelang ein kleines Mädchen mit einer vollen Hose und einem betäubenden Duft in die Hände gedrückt. Damals dachten wir noch, es muss ihr doch unangenehm sein, diese dicken Windelpakete! Wir waren wie so oft auf dem Holzweg. Wandras Empfindungen war meilenweit von unseren entfernt. Die volle Hose hat unser Kind nicht gestört.
Teddy, ich mag den Kuhstallgeruch!
Was haben wir alles angestellt, damit unser Kind endlich sauber wird. Die Ideen gingen uns nicht aus. Eine Woche lang wurde die Toilette in ein Kinderzimmer verwandelt. Für Wandra war es ein neues Spiel. Sie beobachtete genau, wie ihr geliebter Farbkasten, kleine Töpfe, Pinsel, ein Block und ein kleiner Tisch in den Raum geschoben wurden. Ihr Kassettenrecorder wurde angeschlossen und ihre Lieblingsmusik erklang. Ganz aufgeregt wartete sie ab, was jetzt passiert.
Teddy, die Musik hört sich anders an!
Aber der Erfolg blieb aus und die Windel blieb voll. Ich kam zur Besinnung. Was mach ich hier eigentlich für einen Unsinn? Wieder hatte ich mich von meiner Ungeduld treiben lassen. Wieder wollte ich der Natur

ins Handwerk pfuschen und etwas beeinflussen, was nicht zu beeinflussen war. Mit sieben Jahren verschwanden die dicken Windelpakete für immer. Die Zeit war "reif"!
Später war ich klüger. Ein Kind kann erst "sauber" werden, wenn es ein gutes Körpergefühl entwickelt hat. Wieder hatte mir Wandra den Spiegel vorgehalten: "Mama wach auf, Du musst nicht alles kontrollieren!" Eine neue Hürde war geschafft! Aber es war keine Zeit sich auszuruhen, denn die nächste Etappe wartete schon. Ein ewiges Auf und Ab. Immer wieder bemühte ich mich, etwas Positives in meiner Lage zu entdecken. "Wir brauchen keine Windeln mehr. Ist das nicht phantastisch!" In diesen Dimensionen bewegte sich mein Leben über eine lange Strecke.

Wenn Wandra aus der Schule nach Hause kam, hätte ich sie gerne gefragt, was sie tagsüber erlebt hat? Ob es ihr gut ging? Was sie störte? Was ihr Spaß machte? Doch ich wusste, ich werde keine Antwort bekommen. Das änderte sich auch nicht als Wandra Jahre später in der Werkstatt arbeitete. Sie konnte sich nicht mitteilen! Ich spürte nur an ihrem Verhalten, wenn etwas nicht im Lot war.
Teddy, der Betreuer ist nicht da. Was soll ich denn machen?
Wie viele Situationen hatte sie mit sich selbst ausgemacht, ausmachen müssen. Welche innere Stärke steckt in unserem Kind! Wie oft war sie außer sich und

wir wussten nicht, was passiert war. Die Rückmeldungen der Betreuer kamen sehr spärlich und sehr selten. Für unsere Bedürfnisse zu selten.

Dann endlich eine Notiz: "Wandra hat sich gut eingewöhnt. Meistens steht sie mit ihrem Teddy im Arm in sicherer Entfernung und schaut zu. Nach wie vor beschäftigt sie sich lieber allein als mit den anderen. Wenn etwas ihr Interesse weckt, kommt sie langsam näher. Sie liebt vor allem Musik und rhythmische Angebote. Besonders gerne hält sie sich in der Turnhalle auf." Ja, das war unsere Wandra - unser bewegungsfreudiges Mädchen! Ich sah sie vor mir, wie sie auf der großen Fläche nach Herzenslust von einer Seite zur anderen lief und sich entfernte, wenn ihr jemand zu nahe kam.

Teddy, wenn ich unruhig bin, muss ich laufen!

Ich war so erleichtert über diese Nachricht, dass man ihr Bedürfnis nach Distanz akzeptierte.

Bis heute ist der Druck von außen für unsere Tochter wie eine große schwarze Wolke, die nur Unheil anrichtet. Schon beim geringsten Stress steht Wandra neben sich. Eine "Tür" wird zugeschlagen und der Zugang zu sich selbst ist verbaut. Sie ist nicht mehr in der Lage, die einfachsten Aufgaben zu erledigen, die ihr sonst leicht von der Hand gehen.

Stellen Sie sich vor, Sie müssten etwas tun, was Sie nicht können. Sie haben es schon ein paar Mal versucht. Sie wissen genau, egal wie sehr Sie sich auch anstrengen, Sie können es nicht. Sie würden sich be-

stimmt auch in die Enge getrieben fühlen. So wie unsere Wandra. Am liebsten würde sie weglaufen. In ihrer großen Not beißt sie sich in die Faust! Erst wenn der Druck abnimmt, ändert sich ihr Verhalten. Eine ständige Herausforderung für beide Seiten.
Teddy, ich muss mich beißen wenn die anderen Druck machen. Und wenn ich nicht sagen kann, was ich brauche.
Wir waren immer auf das Verständnis der Lehrer und der Betreuer angewiesen. Eine Situation, die sich nie ändern wird. Dieses Gefühl der Abhängigkeit ist für uns Eltern nicht immer einfach. Es verlangt von uns einen großen Vertrauensvorschuss und viel diplomatisches Geschick. Nicht zu viel sagen, nicht zu wenig sagen, aber genug sagen, damit es dem Kind gut geht. Zum Glück gibt es auch viele Betreuer denen man völlig entspannt begegnen kann. Welche Erleichterung!

Mein Blick wanderte zum Kühlschrank. Die ersten Kritzelbilder von unserem Schulkind schauten mich an. Jahre später wurde ich an Wandras Anfänge als "Malerin" wieder erinnert.
An einem warmen Sommertag saß ich mit unserem Teenager im Garten. Verschiedene Farbtöpfe standen vor ihr. Sie mischte unermüdlich Farben, bis die Mischung für sie stimmte. Ich hatte immer das Gefühl, sie weiß genau, was sie macht. Konzentriert zog sie mit dem Pinsel kleine und große Kreise. Betrachtete prüfend ihr Werk und drückte mir voller Stolz ein klei-

nes Kunstwerk in die Hand. Ihr Mund stand nicht still: "Ich bin richtig fleißig, glaubst Du das? Welche Farbe soll ich nehmen? Ich mag gelb, ich mag auch blau. Entscheiden ist gar nicht so einfach! Das ist ganz schön schwer!"
Ein starker Wind kam auf und wehte die gemalten Bilder vom Tisch. Sie flogen wie kleine Drachen über eine Steinmauer und landeten verstreut auf der Wiese. Wandra schaute amüsiert hinterher. "Jetzt haben wir den Salat. Jetzt müssen wir uns was einfallen lassen. Ne Mama?" Das hätte Opa bestimmt gefallen!

Spiegel

Vom ersten Augenblick an hat mir unser kleines eigenartiges Mädchen den blank geputzten Spiegel vorgehalten. Er verfolgte mich wie mein Schatten. Selbst wenn ich es gewollt hätte, ich konnte ihm nicht ausweichen. Das junge Mädchen von früher kam mir in den Sinn. Wie es vor dem alten Flurschrank stand. In der mittleren Tür hing ein länglicher Spiegel mit vielen "Blindflecken". "Kannst du mir sagen, wer dieses spindeldürre Mädchen mit den großen Augen und der Ponyfrisur ist?" Keine Antwort! "Ich werde es herausfinden, das ist so sicher wie das Amen in der Kirche." Wie Mutter immer sagte.
Und dann kam Wandra in mein Leben. Der Blick in den Spiegel blieb nicht mehr am Äußeren hängen.

Er ging viel tiefer - bis an den "Kern".
Wandra hinterfragte mit ihrem sonderbaren Verhalten meine Ungeduld, mein Vertrauen, meine Ängste, meinen Glauben, meine ganze Person. Und eine Frau, die gelernt hatte, "behalte Deine Gefühle für Dich" und die stolz darauf war, ihre Gefühle zu hüten wie einen kostbaren Schatz - wurde gezwungen, sich zu öffnen. Wie sonst hätte unser verstörtes Kind lernen können, ihr Schneckenhaus zu verlassen?

Eines Tages war es so weit. Wandras Eigenarten kamen Etappe für Etappe deutlicher zum Vorschein. Mit ihrer natürlichen Wesensart stieß sie mich immer wieder an: "Mama, verlass Dich auf Deinen Instinkt!" Dieser Blick in den Spiegel war nicht immer sehr schmeichelhaft, aber er war ehrlich. Die alten "Blindflecken" waren verschwunden. Niemand hat mich so deutlich an meine Grenzen geführt und mir so einfühlsam meine Stärken gezeigt, wie unsere Tochter. Jede Begegnung mit ihr war eine Begegnung mit mir selbst. Ich lernte von Wandra und Wandra von mir. Eigentlich eine ideale Beziehung!
Viele Kilometer lagen hinter uns. Es hatte für mich schon lange keine Bedeutung mehr, dass unser Kind in seiner Entwicklung hinter den "normalen" Kindern weit zurück blieb und immer bleiben wird. Die alte Messlatte galt nicht mehr. Wandra hatte mir beigebracht: Nicht vergleichen - nicht bewerten!
Teddy, muss nicht sein!

Kein Bedauern mehr, kein innerer Druck, kein Streben nach Perfektion. Der falsche Ehrgeiz wurde Meter für Meter entrümpelt. Unsere Maßstäbe, was die gesunde Entwicklung von Kindern anbetrifft, hatten sich völlig verändert. Wichtig war für uns, dass sich Wandra ihrem Wesen entsprechend entfalten konnte. Immer wieder musste ich alte Einstellungen überprüfen, sind sie noch für mich gültig oder haben sie sich längst überholt? Wandra ging ihren Weg, in ihrem Tempo, unbeirrt weiter.

Mit jedem Kilometer machte ich eine neue ungewöhnliche Erfahrung. Je besser ich Wandra verstand, je mehr ich mich in ihr Wesen einfühlte, desto besser verstand ich mich selbst. Durch ihre einfache, ursprüngliche Art wurde mir so vieles klar, was ich wahrscheinlich ohne Wandra gar nicht an mich heran gelassen hätte. Liebevoll hielt sie mir den Spiegel vor. Ob ich hinein schauen wollte oder nicht, das war meine Entscheidung. Sie bedrängte mich nicht - sie war einfach nur Wandra!

Trommeln

Die kleine Blechtrommel hing an einer blauweiß gedrehten Kordel um Wandras Hals und wackelte bei jedem Schritt. Mit konzentrierter Miene drehte Wandra ihre Runde. Ein Zimmer nach dem anderen - immer dieselbe Reihenfolge. Kein Tag verging ohne zu trom-

meln. Diese ungeheuere Ausdauer, bis Wandra mit "ihrem Werk" zufrieden war. Das kam mir irgendwie bekannt vor!
Eines Tages war es so weit. Wandra hatte ihren Takt gefunden. Die Melodie höre ich heute noch: "Bum, bum, bum, taram, taramta ... bum, bum, bum ...
Ihre Begeisterung für das Trommeln ist geblieben.
Teddy, ohne Musik läuft nichts!

Ich erinnerte mich an unseren Spaziergang im Park. Schon von weitem hallte der Trommelwirbel der Blasmusik über die Wiese. Wandra wurde unruhig und zog an meiner Hand: "Mama komm!" Endlich hatten wir die Kapelle erreicht. Wandra war nicht mehr zu halten. Sie hopste im Takt, klatschte und strahlte über das ganze Gesicht. Augenblicke, die ich genossen hätte, wäre ich mit unserem Kind allein gewesen. Denn Wandra war glücklich!
Aber es war, wie immer, wenn ich mich mit unserer Tochter allein in der Menge aufhielt, das reinste Spießrutenlaufen. Es war nicht einfach zu ertragen. Ungehaltene Blicke aushalten - Vorwürfe anhören - gute Laune vorgeben und so schnell wie möglich den Platz verlassen, wenn Wandra dazu bereit war. Es kostete so viel Kraft!

Viele Jahre waren vergangen. Unsere erwachsene Tochter lebte inzwischen in einer Wohngruppe. Einmal wöchentlich stand "Trommeln" auf dem Plan.

Der Kursleiter, ein erfahrener Therapeut, erklärte geduldig die Intention des Kurses. Trotz Stimmengewirr sprach er unbeirrt weiter. Ich fing nur Wortfetzen auf: "Kognitive Fähigkeiten, Motorik und Koordination werden geschult, Musik und Rhythmus mit dem ganzen Körper fühlen, über die Trommel lernen die Teilnehmer sich frei auszudrücken, wo ihnen sonst die Worte fehlen. Alles darf sein!" Was er wohl damit meinte? Der Kursleiter gab ein paar Takte vor und dann waren engagierte "Improvisationskünstler" am Werk. Ich konnte keine Ähnlichkeit mit dem vorgegebenen Rhythmus erkennen. Jeder folgte seinem individuellen Bedürfnis. Jeder bewegte sich nach dem Takt der Trommeln auf seine Weise. Der eine stand auf, lief durch den Raum und versuchte den Takt einzufangen. Ein anderer klopfte sich unentwegt an die Stirn. Ein Teilnehmer trommelte so heftig, als müsste er seine angestauten Gefühle endlich loswerden. Ein anderer schaukelte mit dem Oberkörper und sein Blick schweifte ab in die Ferne. Es war eine Faszination der besonderen Art, die von den Teilnehmern auf mich übersprang. Der Raum war gefüllt mit "Musik, Rhythmus und Bewegung". Ich schaute in die Runde. Die Gesichter waren erhitzt und entspannt zugleich - zufrieden und glücklich.

Ich brauchte noch ein paar Takte länger um zu begreifen: Das ist es, worauf es ankommt - nur das allein zählt: Trommeln sollte vor allem Spaß machen.

Das Gesicht meiner jüngeren Tochter tauchte vor mir auf: "Mama hast Du es schon wieder vergessen?" Ja, leider habe ich den Spaß oft vergessen!

Unsere Gangart wechselte ständig: Mal langsam, mal schnell, wie bei einem Tänzer, der seine "Tanzschritte" trainiert. Er probiert vorsichtig, er wiederholt, er fühlt sich sicher, dann tritt er daneben, macht einen falschen Schritt zurück, dann wieder nach vorne, er ist aus dem Takt. Am liebsten würde er aufgeben. Er hält an. Nach einer langen Pause versucht er es noch einmal und findet seinen Takt wieder. Die Freude am "Tanzen" behält er ein Leben lang!

T a n z e n

Teddy, ohne Tanzen läuft gar nichts! Ich bewege mich, nach vorne und wieder zurück - nach vorne und wieder zurück. Mama tanzt auch so gerne.
Teddy, jetzt erzählt Mama eine Geschichte, die kann ich immer wieder hören.
Mit dem Wort "tanzen", werde ich an ein Erlebnis erinnert, das mein Leben radikal verändern sollte. Es war einer dieser zufälligen Augenblicke im Leben, in dem zwei Menschen zur selben Zeit am selben Fleck sind und wie unsichtbare Magnete voneinander angezogen werden. Durch die Hartnäckigkeit von Freunden kam es zu diesem glücklichen "Zusammenstoß".

Was wäre aus uns beiden geworden, wenn wir an diesem Abend nicht zufällig in dieses Tanzlokal gegangen wären? Wie anders wäre unser Leben verlaufen, besser, schlechter? Es ist müßig, sich darüber den Kopf zu zerbrechen. Manchmal entscheidet das Schicksal und dieser magische Augenblick ist da.
Teddy, Mama hat oft gesagt: "Zufälle können in unserem Leben viel Raum einnehmen."

Ein langer erfolgreicher Arbeitstag lag hinter mir. Meine Füße brannten und ich freute mich auf mein kleines möbliertes Zimmer mit der gemütlichen Couch. Ich bat meine Freunde: "Geht ohne mich, ich bin zu müde." Aber sie ließen nicht locker: "Komm doch mit, zu dritt macht es mehr Spaß. Du tanzt doch so gerne!" Die letzten Worte überstimmten mich. Tanzen war meine große Leidenschaft. Wenn ich tanzte, war ich glücklich!

Wir betraten das Tanzlokal, gut gelaunte Paare wiegten sich im Takt. Die Tanzpartner kamen und gingen. Ich war sehr wählerisch. Keiner hinterließ einen bleibenden Eindruck. Es war schon spät und die Kapelle kündigte den letzten Tanz an. Der junge gut aussehende Mann, der mich schon den ganzen Abend nicht aus den Augen ließ, stand plötzlich, wie aus dem Nichts, vor mir und bat mich um den Tanz. Ich hatte seinen Blick schon lange bemerkt. Ein sympathischer Blick voller Interesse und Bewunderung. Wenn ich mich wegdrehte, spürte ich diesen Blick im Rücken, ein warmes angenehmes Gefühl! Seit Stunden saß er an seinem Platz, als hätte ihn jemand an seinem Stuhl fest gebunden. Immer wieder wanderte sein Blick in meine Richtung. Ich erinnerte mich noch gut daran. Denn über eine erstaunlich lange Zeit beschäftigte mich diese besondere Beachtung. Vielleicht kann er nicht tanzen? Oder er ist verheiratet? Dann eben nicht!

Und jetzt beugte sich dieser fremde junge Mann, mit einem einladenden Lächeln, zu mir herunter: "Darf ich bitten!" Unsere Blicke trafen sich kurz. Ganz verwirrt folgte ich ihm. Ein besonderes Knistern lag in der Luft. Meine müden Füße bewegten sich wie von selbst. Ich fühlte mich so leicht, so glücklich in seinen starken Armen. Die Musik spielte nur für uns! Unsere Körper berührten sich leicht und gingen wieder auseinander, fanden sich und trennten sich, berührten sich wieder und blieben zusammen. Es gab nur noch uns zwei, diesen blonden Fremden und mich.

Später hat er mir anvertraut: "Als Sie den Raum betraten, war ich von Ihrer Ausstrahlung wie verzaubert. Ich bat meinen Kollegen: Bitte wartet noch einen Augenblick, nur einmal muss ich mit dieser faszinierenden Frau tanzen."

Drei Monate später haben wir uns verlobt. Eigentlich war es viel zu früh. Ich wollte noch keine feste Beziehung. Ich liebte mein Leben, so wie es war. Es machte Spaß, zu flirten. Kam mir jemand zu nahe, war ich verschwunden. Ich wollte die Kontrolle über mein Leben behalten. Dieses Gefühl, ein anderer will über mein Leben bestimmen, war mir unerträglich. Ich wollte mich noch nicht fest binden und noch nicht sesshaft werden. Eines Tages ja, dann werde ich heiraten und Kinder bekommen, am liebsten zwei. Eines Tages - noch war es nicht so weit. Ich war noch nicht so weit! Aber dieser charmante junge Mann warb so intensiv um mich, wie ich es noch nie vorher erlebt hatte. Er überschüttete mich mit Aufmerksamkeiten.

Zehn Tage war ich auf einem Lehrgang und zehn Tage lang überreichte mir der Portier des kleinen Hotels jeden morgen eine rote Rose. Er sprach mich an: "Jetzt bin ich schon so viele Jahre im Dienst, aber so etwas habe ich noch nicht erlebt. Das muss ja ein ganz besonderer Verehrer sein!" Ja, das war er! Noch nie in meinem Leben hat mich ein männliches Wesen so sehr verwöhnt!

Die Erschütterung, die ich als kleines Kind erlebt hatte, war noch nicht ganz verwunden. Der erste Mann in meinem Leben, mein Vater, hatte mich kaum beachtet. Was ich dachte, was ich fühlte, interessierte ihn nicht. Er sprach nur selten mit mir. Die meiste Zeit ging er mir aus dem Weg. Als Kind merkt man, wenn etwas nicht stimmt. Ich bin eine große Enttäuschung für Vater! Diese Empfindung stand immer zwischen uns. Er hatte sich sehnlichst einen Stammhalter gewünscht und dann kam ich, nur ein Mädchen. Das Gefühl abgelehnt zu werden, rutschte tief unter die

Kinderhaut. Es begleitete mich bis zu seinem Abschied. Ohne Abschiedsbrief - so stahl er sich aus meinem Leben. Er ließ mich mit meinen Fragen und meinen ambivalenten Gefühlen allein zurück. Eine große Lücke bleibt!
Damals lernte ich, es gibt nichts Tragischeres als auf eine Liebe zu warten, die sich niemals erfüllt. Man wartet und wartet, hofft und hofft und Jahre vergehen - vergebens.
Wandra, das war bei Deiner Geburt zum Glück ganz anders. Dein Papa hat sich riesig gefreut, als das kleine Mädchen, unsere Wandra, endlich da war. Ganz behutsam hat er Dich zum ersten Mal in seine starken Arme genommen und Dich zärtlich hin und her gewiegt.

Ich wurde erwachsen. Männern gegenüber hatte ich eine innere Distanz aufgebaut: Bis hierhin und nicht weiter! Mehr Nähe wollte ich nicht zulassen. Vaters Ablehnung hatte tiefe Spuren hinterlassen. Spuren, die noch nicht verweht waren. Ich erlebte ein Wechselbad der Gefühle. Der Kontrast zu früher war zu stark. Immer noch war ich sehr misstrauisch dem männlichen Geschlecht gegenüber. Die Angst vor dem Verlassenwerden steckte noch tief in den Knochen. Was zog mich so stark zu ihm hin? War es nur eine Laune, weil er so attraktiv war oder hatte ich das Gefühl, ich kann mich auf ihn verlassen? Oder war es sogar Liebe? Ich wusste es nicht genau. Denn mit der Liebe kannte ich mich nicht gut aus. Was es auch war, seine liebe-

volle Art, sein Selbstbewusstsein beeindruckte mich und überrollte mich völlig.
Zugleich verspürte ich eine tiefe Sehnsucht nach echter Liebe - nach Verlässlichkeit - nach innerer Ruhe. Kann man sich etwas innig wünschen und gleichzeitig Angst davor haben? Damals konnte ich diesen inneren Zwiespalt noch nicht lösen. Ich war so ausgehungert und genoss es, bewundert zu werden. Dieser junge Verehrer interessierte sich für mein Leben und meine Gedanken. Er wurde nicht müde, mir zuzuhören. Nächtelang diskutierten wir miteinander. Nächtelang berührten wir uns zärtlich. Er zeigte deutlich: Ich will Dich - nur Dich allein! Willensstarke Menschen haben mir immer imponiert.
Er wollte diese junge, selbstsichere Frau, diesen Flüchtling. Geboren in einem kleinen unbekannten Ort in der Tschechoslowakei. Eine Fremde!
Seine Ausstrahlung, seine Zärtlichkeit und Ausdauer haben mich umgestimmt. Meine eigenen Pläne, meine Träume lösten sich in Nichts auf. Als hätte es sie nie gegeben.

Voller Optimismus, wie alle jungen Paare, heirateten wir und zogen in einen kleinen Ort, in dem ich mich von Anfang an wie eine Fremde fühlte. Umgeben von Menschen mit einer völlig anderen Mentalität. Neugierig und prüfend wurde ich beobachtet. Kein Schritt entging ihnen. Was war so interessant an mir? Ich war die Fremde, die nicht in diesen Ort gehörte, das ge-

nügte. Schnell hatten sie sich ihre Meinung über mich gebildet. Jeder wusste über den anderen Bescheid, auch wenn er eigentlich nichts wusste, aber er tat so. Und was er nicht wusste, ergänzte er einfach. Wie es wirklich in einem aussah, das wusste keiner! Das typische Dorfleben spulte ab, wie in jedem kleinen Ort. Das sollte jetzt mein neues Zuhause sein?
Mir fehlten die vertrauten Gesichter und die Anonymität der Großstadt. Mir fehlten meine Freunde. Wie oft in meinem Leben war ich schon umgezogen? Immer mit neuer Hoffnung im Gepäck: Jetzt wird alles anders! Und wieder musste ich neu beginnen! Alles in mir sträubte sich. Ich fühlte mich schrecklich unwohl! Niemand hatte es bemerkt.
Schon bald vermisste ich das lebhafte bunte Treiben in den Einkaufsstrassen. Die gut gelaunten Gesichter in den Biergärten. An lauen Sommerabenden wurde es unter den riesigen Kastanienbäumen lebendig. Das Lachen schallte zu uns herüber. Wir saßen auf einem Brunnenrand, dicht nebeneinander, ließen die nackten Füße in dem kühlen Wasser baumeln und genossen diese prickelnde Frische. Lebensfreude pur!
Ich vermisste meine Freunde, meine lieb gewonnenen Gesprächspartner. Die spontanen Treffen in einer kleinen gemütlichen Wohnung. Bei Kerzenschein saßen wir auf dem Boden mit einem Glas Rotwein. Es war ein einfacher Landwein, aber er schmeckte wie der teuerste Gourmetwein. Wir aßen Käse und brachen reihum von einem knusprigen duftenden Baguette ab.

Gewürzt mit lebhaften Diskussionen über Themen, die junge Menschen bewegen. Alles war so einfach, so unbeschwert!

Ich vermisste die zwanglosen Augenblicke und Stunden in den kleinen Lokalen, in denen man sich über die kleinen und großen "Alltagstragödien" austauschte. Bei einer heißen Tasse Gulaschsuppe, die so scharf war, dass einem die Tränen liefen. Und man wusste nicht war es nur die Suppe oder waren es Freudentränen? Irgendeiner war immer verliebt, irgendeiner hatte immer Liebeskummer und musste getröstet werden. Wir haben herum gealbert, gelacht, getanzt und uns einfach nur gut gefühlt! Das Leben war so kinderleicht!

Ich vermisste meinen Beruf, den Austausch mit den Kollegen, meinen Erfolg, die damit verbundene Anerkennung und Wertschätzung so sehr, dass es weh tat. Ich vermisste mein altes beschwingtes Leben, meine Sorglosigkeit und Lebensfreude. Ich war sehr einsam. Dann wurde Wandra geboren - unser Kind mit ihrem behinderten Wesen. Ich fühlte mich noch einsamer. Wir gehörten nicht mehr dazu. Wir wurden zu Außenseitern. Eine schmerzhafte Wiederholung in meinem Leben!

Schlimmer konnte es nicht mehr kommen. Unsere Beziehung geriet gefährlich ins Wanken. Nichts, aber auch gar nichts lief mehr rund! Meine "perfekte Welt" brach zusammen.

Die anderen

Teddy, als ich klein war, habe ich einen unsichtbaren Kreis um mich gezogen. Niemand sollte diese Linie übertreten. Aber sie taten es ständig. Sie sprachen mit mir. Keine einfachen Sätze, wie Mama. Ich verstand sie nicht. Sie machten mir Druck. Sie wollten eine Antwort. Ich hatte keine. Ich hatte Unruhe im Kopf.

Dann rannte ich hin und her, machte "Sch-Laute" und hörte die anderen Stimmen nicht mehr. Teddy, wenn ich laufe, geht die Unruhe weg! Die anderen habe ich damit genervt. Sie sagten: "Dieses sinnlose Verhalten blockiert ihre Entwicklung!" Aber Teddy, das stimmt nicht: Das ist meine Entwicklung!

Teddy, wenn sich jemand über mich lustig machte, erklärte Mama immer ganz laut: "Was Wandra tut, ist sehr klug. Sie trainiert ihre Sinne - wie andere ihre Muskeln."

Wo immer wir auftauchten, Wandra störte. Sie unterbrach ihre Gespräche und machte bizarre Bewegungen. In Minutenschnelle stellte sie alles auf den Kopf. Sie machte unbekümmert das, was für sie richtig war. Und das Ende war immer gleich: Nach kurzer Zeit blies uns "der kalte Wind" entgegen. Wie oft habe ich mich für unser Kind entschuldigt. Eigentlich wollte ich ihre Andersartigkeit gar nicht verstecken. Aber das Umfeld hat es uns sehr schwer gemacht. Bis ich mich eines Tages fragte: Was mache ich hier eigentlich? Ich benehme mich ja, als müsste ich um Erlaubnis fragen, dass Wandra anders sein darf. Wie absurd das klingt! Unser Kind hat wie alle anderen Kinder ein Recht so zu sein, wie es ist. Ich hörte auf mich zu rechtfertigen und blieb in "Habachtstellung". Immer auf dem Sprung! Noch heute ertappe ich mich dabei, dass ich Menschen vorsichtig begegne, wenn Wandra dabei ist. Dabei lebt sie schon so viele Jahre in einer Wohngruppe. Dieses Gefühl, ich muss sie beschützen, wenn man sie ungerecht behandelt, werde ich nie ganz verlieren. Das sitzt so tief in mir drin. Sei denn, Wandra würde es eines Tages lernen, sich zu wehren. Ob sich dieser Wunsch erfüllt?

Manche Menschen gingen uns aus dem Weg, als hätten wir eine ansteckende Krankheit. Andere behandelten uns wie ein "rohes Ei". Aus Mitleid? Aus Hilflosigkeit? Vielleicht machte ihnen Wandras bizarres Verhalten auch Angst? Gründe gab es genug uns zu meiden. Wandras Anderssein verunsicherte die anderen. Sie konfrontierte ihr Umfeld mit seinen Schwachstellen. Wir wurden nicht mehr eingeladen. Die "guten Freunde" ließen uns im Stich!

Mir fehlte die Kraft und auch oft die Lust, jedem zu erklären, warum Wandra anders ist. Ich wich den Menschen aus, so gut ich konnte und suchte die Abgeschiedenheit um durchatmen zu können. Aber es gelang uns nicht immer, den unsensiblen Fragen zu entkommen. Es hat mir oft die Sprache verschlagen, was ich zu hören bekam. Wie? Sie kann immer noch nicht richtig sprechen? Sie ist doch schon so alt! Was soll denn aus

ihr werden? Mein Gott, das ist ja furchtbar! Unbedacht, nach dem Motto, "ach die versteht uns ja doch nicht", redete man einfach drauflos. Man trampelte auf ihren Gefühlen herum wie ein Elefant im Porzellanladen und wunderte sich, wenn Wandra ausrastete. Und ich hatte Mühe, unser Kind wieder zu beruhigen. Wie oft wurde unsere Tochter unterschätzt. Diese mangelnde Toleranz und Sensibilität machte mich wütend und hilflos zugleich. Wandra zog fest an meiner Hand. "Ja, Wandra, wir gehen weiter!"
Teddy, hör mir zu: Ich werde das, was ich werden soll!

Die anderen konnten Wandras Verhalten nicht verstehen. Sie leben in einer Welt, in der der Verstand mehr zählt, als die Sinne. In einer Welt voller Wertvorstellungen, Vorurteilen, Wunschbildern und Erwartungen. Das war auch einmal meine Welt. Wandra hatte mich eines Besseren belehrt!
Die anderen wussten genau, wie man sich zu entwickeln hat. "Ab dann macht man Das und wenn man so alt ist, macht man Das. Wenn man Das nicht macht, ja dann ist man in seiner Entwicklung "verzögert" oder ein "hoffnungsloser Fall"! Schublade auf und Schublade zu. Nur weil der andere nicht so denkt, so fühlt und handelt wie ich, wird er abgestempelt.

Unsere Wandra passte in keine dieser Schubladen. Eigentlich passt niemand in diese vorgeformten Schubladen. Die Einmaligkeit jedes Wesens, das Recht auf sein Tempo und seine Entwicklungsschritte wird übergangen - bis es ganz verschwindet. Eine sehr traurige Geschichte!

Diese unliebsame Wahrheit erinnerte mich an ein Erlebnis mit Wandra am Meer. Sie hatte ihren kleinen Eimer mit Wasser gefüllt und goss langsam den Inhalt in den Sand. Als wollte sie jeden Tropfen auf seinem Weg nach unten begleiten. Das Wasser versickerte vor ihren Augen. Sie wurde nicht müde einen Eimer nach dem anderen auszugießen. Und wieder verschwand das Wasser. Wandra stand da mit erstaunten Augen, als wollte sie mich fragen: "Mama, wo ist das Wasser geblieben?"
Es vergingen viele Jahre bis ich ihr dieses Geheimnis erklären konnte. Ob sie es ganz verstanden hatte? Ich werde es nie erfahren! Mit Rückmeldungen ist unsere Wandra bis heute sehr sparsam. Sie hört zu. Man kann ihr ansehen, wie es in ihrem Kopf arbeitet. Aber sie bleibt schweigsam. Nach einer Weile steht sie auf und geht.

Viele Menschen glauben Autisten seien emotionsarm, weil sie ihr Erleben und ihre Gefühle nicht verbal ausdrücken können und in manchen Situation völlig unverständlich reagieren. Sie sind auf dem Holzweg!
Früher, wenn ich weinte oder mir weh getan hatte, hat Wandra gelacht. Die anderen waren entsetzt und dachten, unsere Tochter kennt kein Mitgefühl.

Aber Wandra hat aus Hilflosigkeit gelacht. Sie war mit der Situation überfordert. Später als sie sprechen konnte, fragte sie mich oft: "Mama, geht's Dir gut?" Und sie bekam immer dieselbe Antwort: "Ja, Wandra, es geht mir gut!"
Aber ihr Gespür, was wirklich in mir vorgeht, ging mir nicht auf den Leim. Sie fragte so lange, bis es mir eines Tages wirklich wieder gut ging. Dann war die Frage aus unserem Alltag verschwunden.

Bis heute ist die Gefühlswelt der anderen für Wandra ein Buch mit sieben Siegeln. Sie kann ihre Körpersprache nicht verstehen. Sie braucht immer jemanden, der diese "Sprache" für sie übersetzt. Es gibt so viele Mißverständnisse, die unser Kind frustrieren. Sie kann sie nicht klären.
Teddy, was soll ich denn machen?

Durch Wandra lernte ich die Menschen in kürzester Zeit kennen. Sie hatte einen gesunden Instinkt und trennte die Spreu vom Weizen. Entweder zog sie mich vehement weg oder sie ließ mich für eine Weile verweilen. Je nachdem wie jemand auf Wandra reagierte, schätzte ich ihn ein. Ich mochte jeden, der Wandra mochte!
Ich erwartete nicht, dass jeder auf unsere Tochter verständnisvoll reagiert. Ich konnte es mir nur wünschen! Ich machte die bittere Erfahrung, es fällt einem sehr schwer, sich in unserer Gesellschaft mit einem behin-

derten Kind wohl zu fühlen. Vor allem wenn das Kind Wandras Wesensart hat und durch ihr Aussehen nicht sofort auffällt.
Die Menschen, die uns echtes Verständnis entgegen brachten, waren sehr selten. Die Menschen, die uns mit Wandra einluden, waren noch seltener. Es war nur ein kleiner Kreis. Aber es gab sie!

Im Laufe unserer Reise haben wir immer wieder Menschen getroffen, die wirklich daran interessiert waren, unser Kind kennen zu lernen. Bei denen Wandra sein durfte, wie sie ist - eben Wandra. Menschen, die gelassen auf ihre Eigenheiten reagierten. Die mir als Mutter das Gefühl gaben, egal was jetzt passiert, egal ob unsere Wandra ausrastet - ich werde nicht allein sein! Das ist so ein wunderbares Gefühl, dass man es kaum beschreiben kann. Ich musste unser Kind nicht mehr ständig ermahnen. Ich musste nicht mehr die Luft anhalten aus Angst, dass Wandra sich "daneben benimmt".
Schon beim Schreiben fällt mir auf, wie sehr ich den anderen oft auf den Leim gegangen bin. Warum gab ich ihnen das Recht, unser Kind zu bewerten? Nur weil es nicht in ihr "Raster" passte?

Ich wurde älter und stellte fest, dass es völlig belanglos ist, was die anderen von einem denken. Denn nur wenige Menschen sind ehrlich. Unsere Wandra ist da eine Ausnahme. Sie sagt immer was sie denkt. Diplomatie

ist für sie ein Fremdwort! Unsere Wandra ist herzerfrischend "echt"! Wenn sie lacht, ist es echt, wenn sie sich freut, ist es echt, wenn sie ihre Ausraster hat ... alles ist echt. Der Kontakt mit ihr ist anstrengend und erfrischend zugleich.
Oft kamen wir dadurch in verzwickte Situationen. Dann hilft nur Offenheit und eine Prise Humor oder sich "taub" stellen - so wie Wandra.
Teddy, Mama sagt: "Ehrliche Menschen tun sooo gut! Es ist dumm etwas sein zu wollen, was man nicht ist - und so anstrengend!"

Ohne P l a n , ohne R e g e l n läuft nichts ...

Wenn ich mit Wandra unterwegs war, brauchte ich mir um unsere Marschroute keine Gedanken zu machen. "Mama, was liegt heute an? Wir müssen noch einen Plan machen!" So begann jeder Tag. Wandra weiß gerne im voraus was sie erwartet. Am liebsten schon Wochen vorher. So war es als sie klein war und so ist es heute noch. Jeder Tag läuft nach einer bestimmten Reihenfolge ab - wie bei einem Uhrwerk. Die Woche ist genau eingeteilt. Alles hat seine Zeit. Am Montag steht im Kalender das und am Dienstag das ... Erst das, dann das!
Diese klar strukturierten Tagesabläufe und Regeln helfen Wandra sich in unserer Welt zurechtzufinden. Lebenswichtig! Menschen, die mit ihr leben, müssen sich

daran gewöhnen. Sie gehören zu Wandra - ein wesentlicher Teil ihrer autistischen Persönlichkeit.
Teddy in meinem Kalender stehen alle Termine, die für mich wichtig sind. Wenn ich einen Termin habe, kann ich mich darauf freuen. Wenn ich viele Termine habe, kann ich mich viel freuen!
Termine sind für Wandra wie ein "festes Halteseil". Sie geht einfach an dem Seil entlang, das gibt ihr Sicherheit. Und ihre Uhr gibt ihr Sicherheit. *Teddy, ohne Uhr läuft nichts!*
Wenn der Tag nach Plan abläuft, dann geht es ihr gut! Aber wenn sich der Plan plötzlich ändert, dann wird sie unruhig. Zum Beispiel: Wandra kennt die Uhrzeit und weiß wann der Bus kommt, aber er kommt nicht. Oder auf dem Plan steht "schwimmen gehen" und das Bad ist geschlossen. Dann ist sie hilflos und denkt: Wie geht es jetzt weiter? Aber diese Frage kann sie nicht stellen. Ein furchtbares Gefühl für unsere Tochter, als würde ein mühsam aufgebautes Gebäude langsam aber unaufhaltsam zusammenstürzen. Wie gut, wenn sie in so einer Situation nicht alleine ist!

Die Jahre vergingen. Der Winter kam, der Frühling und wieder war es Sommer. Heute, mit dem Blick zurück, kommt es mir rasend schnell vor. Damals dachte ich, die Zeit kriecht in Zeitlupe dahin. Ich fühlte mich oft wie eine Schnecke, die die Richtung aus den Augen verloren hatte. Kilometer für Kilometer schritt Wandras Entwicklung voran. Immer häufiger wurde sie mit

der Realität des Alltags konfrontiert. Sie machte wie jeder Mensch die harte Erfahrung: Oft kommt es anders, als ich es geplant habe! Anfangs fiel es ihr sehr schwer, sich damit abzufinden. Bis ich eines Tages an ihrem Zimmer vorbei kam und hörte: *Teddy, da muss man durch!*
Ich musste schmunzeln. Wandra schaffte es, sich selbst gut zuzureden. Eine erstaunliche Leistung. Der nächste Schritt war, zu lernen, auch andere Menschen haben Wünsche! Wieder eine schwere Regel für unsere Tochter. Jahrelang hatten wir uns ganz auf sie eingestellt. Jetzt war sie so weit.
Teddy, es gibt Dinge, die muss man verkraften!

Wir erwarteten lieben Besuch. "Wandra, Mama hat eine Bitte, versuchst Du beim Kaffeetrinken nicht dazwischen zu reden!" Keine Antwort. Wir sitzen in gemütlicher Runde. Wandra sagt kein Wort. Erstaunt beobachte ich unsere Tochter. Sie genießt ihren Kuchen und ist still. Nach einer Weile ist der Teller leer. Sie steht auf und sagt: "Mama, war ich jetzt höflich genug?" Und lässt eine verblüffte Mama zurück.
Lange habe ich über dieses Ereignis nachgedacht. Unsere Wandra muss sich in einer Welt zurecht finden, die ihr wesensfremd ist und auch bis auf einen begrenzten Teil immer bleiben wird. Wie viele soziale Regeln hat Wandra im Laufe der Jahre "verkraftet". Unsere Tochter lernte Regeln ohne sie zu verstehen. Voller Stolz denke ich: Einfach grossartig!

Wandra wird immer auf das Wohlwollen des Umfeldes angewiesen sein.

An diesem besonderen Tag hätte ich es mir sehr gewünscht, dieses Wohlwollen! Die Sonne brannte vom Himmel. Es war unerträglich heiß. Freibadwetter. Wandra war in ihrem Element - im Wasser.

Ich hatte es mir mit einem Buch auf der Bank gemütlich gemacht. Einem Impuls folgend, wanderte mein Blick über die Liegewiese. Ein junges Mädchen mit einem schönen fraulichen Körper marschierte splitternackt in Richtung Toilette. Es war unsere Wandra. Eine äußerst peinliche Situation! Ablehnende Blicke und laute empörte Wortfetzen folgten unserer Tochter: "Das ist ja wohl die Höhe!"

Wandra hatte gar nicht bemerkt, dass sie gemeint war. Aber es hätte sie auch nicht gestört. Sie kennt kein Schamgefühl. Für Wandra ist Nacktsein das Natürlichste der Welt. Sie hat nur ihrer Natur entsprechend gehandelt. Es war sehr warm, sie wollte zur Toilette und der Badeanzug störte. Jetzt lag er auf einer Bank. Mit hochrotem Kopf und einem Badetuch in der Hand bin ich hinter Wandra her gerannt. Atemlos kam ich bei ihr an. Ich sehe noch ihren verständnislosen Blick: "Mama, ich wollte nur zur Toilette gehen!"

Ab jetzt gab es eine neue Regel: Im Freibad immer den Badeanzug anlassen!

Teddy, wenn ich mich nicht an die Regeln halte, bekomme ich die Quittung. Quittung ist ein schweres Wort.

Mama hat mir dazu eine Geschichte geschrieben. Dann habe ich es verstanden!
Wandra besitzt über hundert Geschichten. Nervensäge-Geschichten, Lügen-Geschichten, Schwimmbad-Geschichten, Tabu-Geschichten... . Geschichten über Ereignisse in ihrem Leben, die sie stark beschäftigen. Sie geben ihr eine Antwort auf ihre typische Frage: "Was soll ich denn machen?" Mit ihrer Hilfe lernt Wandra unser soziales Verhalten und den Ablauf von Handlungen besser zu verstehen. Sie kann die Geschichten allein lesen. Unsere Tochter kann alles lesen. Aber sie versteht nur die Texte, die ihren persönlichen Alltag widerspiegeln.
Teddy, Du hast gehört. Ich kann lesen. Dann weiß ich, was ich darf und was ich nicht darf!

Noch heute macht Wandra jede neue Situation zunächst unsicher. Der Kontakt mit einem Menschen, der ungehalten reagiert, treibt sie in die Enge. Sie spürt, etwas läuft schief. Sie möchte es gerne gerade rücken und weiß nicht wie. Sie kann uns nicht fragen. Wandra "hängt" und macht sich "geck", solange sie keinen Plan hat. Und die Unruhe steigt. Wie furchtbar muss dieser Zustand für sie sein!
Bis heute ist es für alle, die mit ihr leben, das größte Problem. Wenn unsere Tochter nur sagen könnte, was sie bedrückt. Es würde unser Zusammenleben enorm erleichtern. Aber sie kann es nicht! Ob sich das eines Tages ändert?

Jahre später kam es durch dieses Unvermögen, sich mitzuteilen, zu einer verhängnisvollen Katastrophe, die ich im Kapitel "die große Angst" beschrieben habe.

Der Szeno-Kasten

Der Schulpsychologe hatte sich angemeldet. Er stellte einen Holzkasten mit vielen offenen Fächern vor Wandra hin, den Szeno-Kasten. Ein Kasten, der im therapeutischen Bereich vielfach eingesetzt wird, um "sprachlose Kinder" auf spielerischer Ebene zum nonverbalen Sprechen zu motivieren. Wandra ließ die vielen bunten Figuren, Tiere und Gegenstände, die in den Fächern lagen, nicht mehr aus den Augen. Es waren Dinge, die sie aus dem Alltag kannte.

Der Psychologe forderte sie auf: "Wandra kannst Du mir Deine Familie heraussuchen?" Ohne zu zögern, griff sie in den Kasten und wählte gezielt einige Teile aus. Ich dachte, ich trau meinen Augen nicht! Unsere Wandra, die sich sonst nicht mitteilten konnte, hatte in kürzester Zeit ihr familiäres Umfeld gestellt. Es berührte mich sehr!

Diese Momentaufnahme habe ich immer noch vor Augen. In der Mitte lag eine weiche Decke, auf der saß ein kleines Mädchen mit blonden Haaren. Dicht daneben stand eine dicke, große Kuh, die den Kopf zu ihr drehte. Hinter dem Rücken des Mädchens, in einiger Entfernung, saß ein Mann in einem Liegestuhl mit einer Zeitung. Ein kleiner Foxterrier hatte sich weit von der Decke entfernt. Er lief in die entgegengesetzte Richtung. Wandra betrachtete ihr Werk eine Weile und dann nickte sie. Sie schien damit zufrieden zu sein. Der Psychologe bot Wandra an, noch andere Gegenstände heraus zu nehmen. Sie schüttelte den Kopf: "Ich bin fertig!"

Auch ohne psychologische Kenntnisse hätte ich dieses klare Bild deuten können. Das kleine Mädchen, das auf der Decke saß, war Wandra. Die Kuh sollte Mama darstellen. Kuh bedeutet: Wärme, Sättigung und Wohlbefinden.

Papa saß gemütlich im Liegestuhl, abseits von ihr und las die Zeitung. Und die jüngere Schwester war der kleine bewegungsfreudige Hund, der immer das Haus verließ, weil es draußen viel spannender war. Wandra stellte in kürzester Zeit eine Situation, die ihr aus ihrem Familienalltag vertraut war, naturgetreu auf. Es war unglaublich!

Durch diese symbolhafte Sprache wurden Wandras verborgene Gedanken und Gefühle angestoßen. Auf diesem indirekten Weg konnte sie mit uns ohne Hemmung "sprechen" und zeigen, wie sie unser Leben in der Familie erlebt. Es machte mich sehr nachdenklich. Wie oft hatten wir sie unterschätzt und tun es heute noch. Wir dachten, Wandra hört uns gar nicht zu und nimmt uns nicht wahr. Sie ist in ihre eigene Welt abgetaucht. Sie hat uns eines besseren belehrt. Wie viel Kreativität und Phantasie steckte in ihr!

Wie einzigartig ist unser Kind und wie oft haben wir ihr, ohne es zu ahnen, Stress gemacht.

Wandra lebte noch nicht in der Wohngruppe und kam mit dem Bus nach Hause. Kaum war die Haustür ins Schloss gefallen, kam meine neugierige Frage: "Wandra, wie war Dein Tag?" Keine Antwort. Wandra ging an mir vorbei in ihr Zimmer, als wäre ich eine Statue, die in der Ecke steht und darauf wartet abgestaubt zu werden. Ihre Körperhaltung sagte deutlich: "Mama nerv nicht!" Oder sie gab uns die knappe Antwort: "Ach, gut!" Wie sehr hatte ich sie mit dieser Frage bedrängt! "Ach, gut" antwortete Wandra auch, wenn der Tag nicht gut verlief.

Können Sie sich vorstellen, wie schwer es für Eltern auszuhalten ist, wenn ihr Kind sich nicht mitteilen kann? Es blieben so viele offene Fragen, auf die wir keine Antwort erhielten. Man hätte sie beschimpfen können oder bestrafen. Wir hätten es nicht erfahren. Was immer auch passierte, sie behielt es für sich. Diese Eigenart ist bis heute geblieben. Welche Stärke steckt in unserem Kind! Und wo bleiben ihre angestauten Gefühle?

Eines Tages machen sie sich Luft und der "Flippi" kommt! Sie läuft unruhig hin und her und beißt sich voller Verzweiflung in den Handrücken. Niemand weiß wann er kommt und warum er kommt. Das bleibt Wandras Geheimnis.

Jetzt braucht sie unseren Halt!

Sprachphänomene

Wenn wir Wandra direkt ansprachen, war sie irritiert. Ein leichtes Schütteln mit dem Kopf zeigte uns, wie unwohl sie sich fühlte. Was sollen wir nur machen? Wieder war es Teddy, der uns dabei half. Über die Teddy-Stimme haben wir mit ihr gesprochen. Wenn Teddy sagte: "Wenn Du so schreist, tun mir die Ohren weh", hörte Wandra auf zu schreien. Wenn er rief: "Wandra komm Abendessen", kam sie angelaufen. Erstaunlich!

Teddy, Mama hat einmal gesagt: "Erst hat Wandra dem Wasser vertraut, dann dem Teddy. Dann waren es die Dinge, dann Mama, Papa und ihrer Schwester und erst dann den anderen." Teddy, hast Du das verstanden?

Es gibt noch eine Besonderheit in Wandras Sprachgebrauch. Sie drückt ihre Bedürfnisse "um die Kurve herum" aus. *Teddy, Papa sagt immer: "Ganz wie die Mama!" Weißt du, was er damit meint?*

Wandra würde zum Beispiel niemals sagen: "Kann ich noch ein Stück Kuchen haben!" Stattdessen sagt sie: "Der Kuchen war lecker!" Oder Wandra hatte ihren Teller leer gegessen: "Mama, gut gekocht!" Das ist ihre Art mir mitzuteilen, dass sie noch etwas möchte. Oder wir kommen aus dem Urlaub zurück und Wandra sagt: "Am Meer war schön!" Wir haben verstanden. Sie möchte wieder mit uns ans Meer. Wir schmunzeln über diese gekonnten Formulierungen. Einfach genial!

Teddy, Mama sagt oft: "Unsere Wandra ist auf eine ungewöhnliche Art sehr intelligent. Besonders wenn es darum geht, ihre Interessen zu vertreten."

Diese Methode um die Kurve zu sprechen, habe ich imitiert. Wenn sie etwas sehr beschäftigt, versuche ich auf verschiedenen Wegen an sie heran zu kommen. Aber niemals auf dem direkten Weg. Ich spreche mit ihr über den Laptop, über Fotos, bei einem Espresso im Schwimmbad oder wenn wir zusammen fernsehen, was selten ist. Denn normalerweise interessiert sich unsere Tochter nicht für diese Filme. Der Inhalt hat nichts mit ihrem Alltag zu tun.
Teddy, was die machen, ist mir egal!

Wochen waren vergangen. Wir hatten ein neues "Mitglied" in unserer Familie: Einen Spielcomputer. Wandras Aufgabe war es, Bilder zuzuordnen. Immer wenn sie die richtige Taste gedrückt hatte, kam eine Stimme: "Gut gemacht, mach weiter so!" Wandra konnte nicht genug von dieser Rückmeldung bekommen. Wochenlang hörten wir: "Gut gemacht, mach weiter so", oder "versuch es noch einmal!" Der Rest der Familie war mit der Zeit völlig genervt. Nur für Wandra war "Lob" plötzlich ganz wichtig geworden.

Aus einem kleinen Mädchen, das nicht sprechen konnte, ist eine junge Dame geworden, bei der der Mund nicht still steht. "Mama, wenn die Gummibär-

chen alle sind, was mach ich dann?" "Wandra, dann wartest Du, bis wir Dich wieder besuchen."
Teddy, Mama meint, ich soll die Gummibärchen einteilen. Das ist so schwer! Teddy, wenn man zu viel nascht, kriegt man die Quittung!
"Mama und wenn mein Fahrrad kaputt geht, was mach ich dann?" "Wandra, Dein Fahrrad ist ganz neu, das geht nicht kaputt." "Und wenn doch?" "Dann kaufen wir ein neues."

Wandra kann eine schreckliche "Nervensäge" sein. Themen, die in ihrem Kopf kreisen, weil sie für sie wichtig sind, werden ständig wiederholt. Mit einer Ausdauer, die schon wieder bewundernswert ist. Wir geben immer dieselbe Antwort, einmal, zweimal, dreimal: "Wandra, hast Du Bohnen in den Ohren, musst Du so nerven?"
"Lieber nicht", ist ihre typische Äußerung.
Aber Wandra lässt nicht locker bis uns der Kragen platzt: "Jetzt hör endlich auf damit!" Es gibt Tage, da sind wir schrecklich genervt. Gleichzeitig meldet sich ein warmes tiefes Gefühl, das uns immer wieder zu ihr hinzieht und nicht mehr loslässt. Wir haben so viel gemeinsam erlebt! Wir haben so viel gemeinsam geschafft!
Teddy, die Antwort ist wichtig für mich. Wenn Mama dreimal antwortet, kann ich es drei mal glauben. Aber das kann ich nicht erklären.
Teddy, Mama hat keine guten Nerven!

Wenn unsere Tochter das Wochenende zu Hause verbringt, gilt eine besondere Vereinbarung: Zweimal am Tag, immer zur selben Zeit, kann Wandra "die alte Platte" auflegen. Wenn wir es vergessen, werden wir daran erinnert: "Ich muss noch die alte Platte auflegen!" Und alles, was sich in ihr angestaut hat sprudelt heraus, als hätte man ein Tonband auf Schnelllauf gestellt und sie kann wieder entspannt zur Tagesordnung übergehen. "Mama, die alte Platte wird nicht abgeschafft. Ne, Mama?" "Nein, Wandra, sie wird nicht abgeschafft!" *Teddy, wenn ich "ne Mama" sage, fühl ich mich sicher.*
Manchmal sind Wandras Äußerungen so erfrischend, dass sie für gute Laune sorgen. Es war ein herrlicher Frühlingstag. Wir gingen an einer Wiese mit vielen, kleinen Erdhügeln vorbei. "Wandra, weißt Du, was das ist?" Ganz selbstsicher kam die Antwort, als wollte sie sagen, das weiß doch jeder: "Mama, das ist von den Pferden!" Für den einen sind es Maulwurfshügel und für den anderen sind es Pferdeäpfel. So bunt ist unsere Welt!

I n s e l b e g a b u n g e n

Fasziniert schaute ich Wandra beim Puzzlespiel zu. Alle Teile lagen auf einem großen Berg durcheinander. Sie rührte in ihm mit dem Finger wie in einem Teig, den man gut durchmengen muss. Dann griff sie gezielt ein Stück heraus, drückte es in eine Lücke und es passte. Staunend stand ich daneben. Wie war das möglich? Ich musste die Teile mit viel Mühe farblich vorsortieren und die Randteile heraus suchen, sonst hatte ich überhaupt keine Chance, das passende Puzzleteil zu finden. Das Geheimnis war ihr photographisches Gedächtnis. Wandra speichert jedes Detail, jeden Ort und jedes Datum ab, um es später (manchmal erst nach Jahren) wieder abzurufen. Einfach genial!

Wandra, erinnerst Du Dich an unseren Diaabend? Auf einem Bild hält sie einen für uns undefinierbaren Gegenstand in der Hand. "Wandra kannst Du erkennen, was Du da in der Hand hältst?" Unsere Tochter schaut kurz hin und antwortet, als wäre es das einfachste auf der Welt: "Das ist der grüne Wackelpeter." Beim nächsten Dia erklärte sie: "Da hab ich mir den Finger gequetscht. Vor dem Hotel mit dem Pool - 18. Juli 1979 - es war heiß." Wir konnten es nicht fassen.
Diese besondere Merkfähigkeit fiel uns auch auf wenn wir verreisten. Ein anderes Kind hätte sich mit seinem Teddy in die Kissen gekuschelt. Aber Wandra stand während der ganzen Fahrt hinter Papas Sitz. Wie ein Wachtposten, der den Auftrag hatte: "Bis zum Ende der Reise dürfen Sie die Strecke nicht aus den Augen lassen." Stunde um Stunde hielt sie sich an der Rückenlehne fest. Ihr Blick war starr auf die Straße gerichtet. Wollten wir die Richtung ändern, kam von hinten eine aufgebrachte Stimme: "Papa falsch!"

Und Papa musste wieder auf die alte Straße zurück fahren. Wandra hätte nicht locker gelassen. Jede Straße, die wir mit ihr gefahren sind, war von ihr abgespeichert wie auf einem Navigationsgerät.

Noch eine besondere Fähigkeit zeichnet Wandra aus. Ihre Beobachtungsgabe ist grandios. Es erinnerte mich an früher. Schon als Wandra klein war, nahm sie Dinge in einer Intensität wahr, denen andere keine Beachtung schenkten. Meine Haare, Staubkörner, Steine, Grashalme oder ein Faden waren für unser Kind nicht nur einfache Dinge. Es waren Besonderheiten, die sie wie mit einer starken Lupe untersuchte.
Diese ausgeprägte Wahrnehmungsfähigkeit kann auch sehr tückisch sein. Sie lenkt Wandra oft vom eigentlichen Geschehen ab. Ich stelle mir vor, wie das sein muss, wenn ich mich jedes Mal beim Betreten eines Raumes auf alle Gegenstände konzentriere, um sie abzuspeichern - wie von einem inneren Zwang getrieben. Dann sehe ich einen Tisch mit einer grauen Decke, einer kleinen Glasvase mit einer Rose, ein blaues Sofa mit zwei Kissen, darüber hängen acht kleine Bilder, einen Sessel, einen blaugrauen Teppich, eine Fensterbank mit bemalten Steinen ... . Langsam wird mir schwindelig vor den Augen und ich höre auf, alles in Gedanken aufzunehmen.
Derselbe Film läuft bei Wandra ab, wenn sie in ein Kino geht. Und wir wundern uns, wenn sie uns auf die Frage, "Wandra welchen Film hast Du denn gesehen,"

keine Antwort gibt. Wir haben gelernt unsere Frage zu ändern: "Hat es Dir im Kino gefallen?" Dann kommt begeistert. "Aber sonst war gut!" Was auch immer es war, sie hatte Spaß.
Teddy, Mama sagt immer: "Jeder kann etwas besonders gut, auf das er stolz sein kann. Nur manche Menschen wissen nicht, was sie besonders gut können. Das ist traurig!"

C l o w n s

Es war still im Haus. Die Töchter waren in der Schule. Endlich Zeit mich um mein Gefühlschaos zu kümmern. Zeit, etwas zu ändern! Aber es ist gar nicht so einfach, alte Gewohnheiten zu entrümpeln.
Teddy, Mama will was ändern. Ich bleibe lieber beim Alten!
Der Klumpen Ton lag "geduldig" vor mir. Ich hatte das Gefühl, er spricht mit mir: "Lass es nicht zu, dass sich negative Gedanken bei Dir einnisten und Dich blockieren. Nun leg doch endlich los!" Und genau das hab ich gemacht. Hemmungslos habe ich "ihn" geklopft, geknetet und wieder von neuem. Ich arbeitete wie besessen. Der Schweiß lief mir von der Stirn und vermischte sich mit meinen Tränen. Ich war allein und ließ sie einfach laufen. Es war vorbei mit meiner Beherrschung. Eine Schleuse hatte sich geöffnet. Meine unterdrückten Gefühle waren nicht mehr aufzuhalten.

Wochen vergingen. Langsam, ganz langsam konnte ich den alten Groll loslassen. Die innere Anspannung löste sich. Mit jedem Schlag wurde der Ton geschmeidiger und weicher. Er wartete darauf, modelliert zu werden. Ich hatte keinerlei Erfahrung, wie man das macht? Kam mir das nicht bekannt vor? Wie oft habe ich in meinem Leben Dinge angepackt, ohne die geringste Ahnung zu haben, wie es geht. Wie hatte Mutter mir immer geraten: "Einfach drangeben!"
Mein Hände berührten - drückten - formten und veränderten. Tag für Tag und Woche für Woche. Es erinnerte mich an die ersten Jahre mit Wandra. Wie dieser kleine aufgedunsene Körper nackt vor mir auf der Matte lag und meine Hände ihn vorsichtig "berührten, drückten, formten und veränderten".

Meine Gedanken wanderten wieder in den Alltag zurück. Heute morgen wurde Wandra vom Bus abgeholt und mit einem "Tschüss Mama, mach's gut" war unsere große Tochter verschwunden. Für einen Augenblick hielt ich inne: "War das jetzt wirklich unsere Wandra, die das gesagt hat? Wie wunderbar hat sie sich entwickelt!"
Mit einem Lächeln im Gesicht wandte ich mich wieder dem Ton zu. Voll konzentriert auf meine Tätigkeit, kam ich langsam innerlich zur Ruhe. Mehr und mehr entwickelte ich ein Gefühl für das Material. Als würde der Ton mit mir eine Beziehung eingehen. Ich entdeckte: In einem einfachen Klumpen Ton liegt so viel

verborgen! Jetzt liegt es an mir, was ich daraus mache. Es war ein beglückendes Gefühl zu erleben, wie der Ton Form annahm. Das Gesicht war die größte Herausforderung. Vaters Bild tauchte kurz vor mir auf. Wie er über seine Malerei gebeugt saß. Ich hörte seine Stimme: "Schau genau hin, ein Punkt an der falschen Stelle und das Gesicht wird eine Fratze!"
Und ich schaute genau hin: Ein winziges Kügelchen Ton an die falsche Stelle gedrückt oder zu dick aufgetragen und die Lebendigkeit im Gesicht fehlte. Schicht für Schicht zauberte ich ein Lächeln auf die Lippen oder modellierte bewusst ein trauriges oder nachdenkliches Gesicht. Eine Figur nach der anderen entstand und wurde lebendig. Voller Stolz betrachtete ich mein Werk.

Teddy, Mama hat erzählt, der Herbst kam und sie hatte ihre erste Ausstellung.
Eine alte Büchertreppe war mit Clownfiguren gefüllt. Lustige, traurige, stehende und sitzende Clowns... , jeder ein Unikat! Ein Besucher kam an meinen Stand und fragte: "Warum modellieren Sie so viele Clowns?" Ich konnte diese Frage nicht beantworten, aber sie berührte mich stärker als ich mir eingestehen wollte.
Mir wurde eng um den Hals. Ein beklemmendes Gefühl begleitete mich durch den Tag. Eigentlich hatte ich schon als Kind eine große Vorliebe für Clowns. Es hatte mich tief beeindruckt, wie sie mit ihren Späßen andere Menschen zum Lachen bringen konnten.

Die schillernde "Zirkuswelt" zog mich magisch an. Wenn ein kleiner Zirkus in unserer Nähe seine Zelte aufschlug, strich ich tagelang heimlich zwischen den Wohnwagen umher und atmete das bunte Treiben ein. Ich war von dieser farbenfrohen, aufregenden Welt mit ihren verführerischen Gerüchen wie verzaubert.

Das kleine Mädchen kam aus dem Staunen nicht heraus. Hätte mich damals jemand gefragt: "Na, Kleine, willst Du mit uns ziehen?" Ich glaube, ich hätte nicht lange gezögert. Aber es musste noch mehr dahinter stecken! Meine Augen füllten sich mit Tränen. Eine leise Stimme meldete sich: "Weil Du ein Clown bist - ohne Perücke und ohne Schminke!"

Ja, das war ich! Seit Jahren spielte ich meine "Rolle" perfekt weiter. Wenn ich mit Wandra unterwegs war, wirkte ich wie ein Mensch, der mit allem fertig wird, den nichts und niemand erschüttern kann. Das erinnerte mich an jemand! An meine Mutter! Ich hatte unbewusst ihre Rolle übernommen. Ihre Geschichte hatte mich stark geprägt. Immer wieder habe ich im Laufe unserer Reise den Blick auf sie geworfen. Was hätte sie jetzt in diesem Augenblick gemacht? Wie hätte sie es angepackt? Wandra brauchte meine "Stärke". Sie gab ihr Halt. Also tat ich alles, um sie nicht noch mehr zu verunsichern.

An manchen Tagen erschrak ich vor meinem Spiegelbild. Du musst lächeln ...! Und ich zog so lange Grimassen bis es echt wirkte. Aber in mir sah es ganz anders aus. Es brodelte.

Die Erlebnisse der Kindheit und die beschwerliche Reise mit Wandra hatte Spuren hinterlassen. Meine eigene Identität war gefährlich ins Wanken geraten. Wenn ich in den Spiegel schaute und mich nicht verstellte, sah mich ein trauriges Gesicht an und ich fragte mich: Wer bist Du? Glauben Sie mir, nichts ist trauriger als ein trauriger Clown!

Mutters Gesicht tauchte vor mir auf: "Mutter, wie anstrengend ist ein Leben hinter der Maske. Wie anstrengend ist es, etwas vorzugeben, was man nicht ist.
Wie anstrengend ist es, immer stark zu sein und sich immer zusammen zu reißen. Es kostet unendlich viel Kraft und macht sehr einsam!
Mutter, überzogene Ansprüche haben eine enorme Wirkung. Sie machen unglücklich! Sie haben mich jahrelang angetrieben, bis mir die Puste ausging. Es ist okay zuzugeben, wenn man nicht mehr kann." Solange ich nach außen "stark" wirkte, bot mir niemand seine Hilfe an.
"Mutter, ich muss nicht alles selbst in die Hand nehmen und alles kontrollieren. Ich muss auch nicht ständig kämpfen. Es gibt Menschen, die diese Rolle für eine gewisse Zeit für mich übernehmen können. Vielleicht anders als ich - aber was macht das schon? Und ich kann mich entspannt zurücklehnen und einfach nur genießen - wie unsere Wandra. Mutter heute weiß ich, es geschieht so viel Wunderbares ohne mein Zutun."
Welche Erleichterung!

Als Kind hörte ich immer: "Du darfst keine Fehler machen!" Es hat mich sehr verunsichert. Schon damals konnte ich das nicht verstehen und heute noch weniger. Wie viele Fehler habe ich in meinem Leben schon gemacht. Und ich bin noch nicht am Ende der Strecke. Es werden noch einige dazu kommen.
"Mutter, nichts ist perfekt. Nicht ich, nicht mein Leben, nicht der andere und nicht sein Leben." Auch das habe ich auf meiner Reise mit Wandra verstanden. "Schade Mutter, dass ich Dir das nie sagen konnte! Und noch etwas hätte ich Dir gerne gesagt: Mutter, unsere Probleme lösen sich nicht, indem man sie schluckt oder sich in die Arbeit stürzt. Auf Dauer kann niemand seinen negativen Gefühlen aus dem Weg gehen und sie verdrängen. Ich muss sie zulassen. Es ist okay zu weinen, wenn mir danach zumute ist. Sonst melden sich die verdrängten Gefühle irgendwann mit voller Wucht!"

Dazu eine kleine Szene mit Wandra. Es war Sommer. Wir hielten uns im Garten auf und vor Wandra stand eine Schüssel mit Wasser. Sie versuchte ein Stück Holz unter die Wasseroberfläche zu drücken. Aber es blieb nicht unten. Immer wieder sprang es zwischen ihren Händen hoch. Unermüdlich drückte sie das Holzstück unter Wasser und immer wieder tauchte es auf!
Dann hatte Wandra entdeckt, umso fester ich das Holzstück nach unten drücke, desto heftiger springt es wieder in die Höhe. Belustigt beobachtete ich, wie sehr sie sich anstrengte. Das Wasser spritzte nach allen Sei-

ten und Wandra jauchzte vor Freude. Schade, dass Mutter das nicht mehr miterlebt hat!
Der Ton wurde noch viele Wochen von mir bearbeitet. Die Verarbeitung der Vergangenheit mit ihren alten Verletzungen brauchte Zeit, viel Zeit. Schicht für Schicht musste ich die traumatischen Ereignisse aus der Kindheit aufarbeiten. Immer wieder hat mir Wandra versteckt zugeflüstert: "Mama, werd endlich erwachsen! Du weißt doch, erwachsen ist man, wenn man sein "Zuhause" verlässt." Das Zuhause meiner Kindheit hatte ich endlich verlassen.

Mit einem versöhnenden Blick dachte ich an meine Eltern. Sie haben nur versucht, ihr Bestes zu geben - zumindest, was sie für das Beste hielten. Auch meine Eltern wurden von ihrem Zuhause und der Zeit geprägt, in der sie groß wurden. Heute bin ich selber Mutter und weiß, wie schwer es ist, aus der "alten Haut" heraus zu schlüpfen.
Ich schaute aus dem Fenster. Die Sonne lugte durch die Wolkendecke. Es wird noch eine Weile dauern bis sie ganz durchbricht.
Die Reise mit Wandra hatte mich wach gerüttelt. Kilometer für Kilometer wuchs die Entfernung und die "alten Geschichten" verblassten am Horizont. Manchmal tauchten sie noch kurz auf, wie ein "alter Freund ", von dem ich mich schon lange verabschiedet hatte, weil er mir nicht gut tat. Ich musste mich nochmals verabschieden.

Eselweisheit

Sie werden sich vielleicht wundern, wie ich jetzt auf Esel zu sprechen komme. Lassen Sie sich einfach überraschen. Diese Grautiere haben mich bis heute auf meinem Weg begleitet. Wie oft dachte ich, wenn mir der Schweiß auf der Stirn stand oder die Ungeduld nicht zu zähmen war: "Ein Esel müsste ich sein! Dann ging es mir besser." Mittlerweile glaube ich, ich bin auf einem guten Weg!

Viele Jahre später hatte ich ein besonderes Erlebnis. Es sollte mich stark an meine Beziehung zu Wandra in den ersten Jahren erinnern! Als begeisterte Eselliebhaberin habe ich einen "Eselführerschein" gemacht. Ziel war, das Erlernen natürlicher Führungskompetenz, ohne Gewalt und ohne Druck. Nur mit Respekt - Geduld - Konsequenz und Vertrauen.

Aber wie erwirbt man sich diese Kompetenz bei einem "störrischen" Esel?

Das Seminar begann: "Verteilen Sie sich bitte auf der großen Weide oberhalb des Stalls und warten Sie ab, was passiert!"

Jeder Teilnehmer suchte sich einen Platz und wartete. Es passierte nichts! Die Esel standen weit entfernt von uns im Stall, fraßen genüsslich ihr Heu und beachteten uns gar nicht. Wir traten von einem Bein auf das andere. Kein Esel machte den Anschein, uns seine Aufmerksamkeit zu schenken. Die Zeit verging nur sehr langsam. Da bewegte sich etwas im Stall. Zwei Esel drehten den Kopf und setzten sich ganz bedächtig in Bewegung. Zu wem werden sie gehen? Eine Spannung lag in der Luft. Pedro, seinen Namen erfuhr ich später, einer der beiden Esel, kam mit langsamen Schritt und hoch aufgerichteten Ohren auf mich zu. Vor lauter Freude vergaß ich zu atmen. Er betrachtete mich neugierig mit seinen sanften, ausdrucksvollen Augen, blähte die Nüstern auf und schnaubte ein paar Mal. Ich blieb ruhig stehen und strich über sein weiches, warmes Fell und kraulte ihn hinter seinen Ohren. Es gefiel ihm, denn er rührte sich nicht von der Stelle.

Ein besonderer Zauber ging von ihm aus, den die laute Stimme der Trainerin schroff unterbrach: "Versuchen Sie jetzt den Esel zu dem Baum am Ende der Weide zu führen." Mittlerweile hatte jeder Teilnehmer einen Esel an seiner Seite. Mit einem Mal war Bewegung auf der Weide. Die Esel rannten los und zogen uns hinter sich her, wie eine überflüssige Last. Ein Esel blieb stur stehen. So sehr die Teilnehmerin auch an ihm zerrte, er rührte sich nicht vom Fleck. Wandras Bild tauchte vor mir auf. Auch sie stellte sich einfach "taub" - eben "stur", wenn jemand Druck auf sie ausüben wollte. Später verstand ich: Hinter dieser Sturheit verbirgt sich eine besondere Stärke. "Ich mach nicht was Du willst - es ist nicht gut für mich!"

Die Esel hatten nur eines im Sinn: So schnell wie möglich, wieder frei zu sein. Wir stolperten und die Leinen rutschten aus der Hand. Bis die Trainerin uns endlich erlöste. Wir lernten, damit ein Esel mir folgt, muss ich zuerst sein Vertrauen gewinnen. Auch dieser Einwand der Trainerin erinnerte mich sehr stark an den mühevollen Aufbau unserer Mutter-Tochter-Beziehung.

Wie klug diese Grautiere sind! Denn echte Führung basiert auf Wertschätzung! Das sollten wir bei der "Spiegel-Übung" lernen.
Was sich jetzt ereignete, versetzte mich in die Anfangszeit mit Wandra. Ich erinnerte mich an die vielen vorsichtigen Schritte. Wie unsicher ich war. Ein Schritt vor und wieder einen zurück. Eine Weile stehen bleiben und erneut versuchen. Es war ein langsames Vortasten. Wie soll ich diesem fremden kleinen Wesen begegnen, das mich so sehr auf Abstand hält?

Und jetzt erlebe ich diesen besonderen Augenblick noch einmal, diesmal mit dem Esel "Pedro". Aus der Ferne hörte ich wieder die Stimme der Trainerin: "Es geht bei dieser Übung darum, dem Esel respektvoll zu begegnen. Versuchen Sie alles, was der Esel macht nachzuahmen." Ich dachte, ich habe mich verhört. Genau das war mein Erfolgsgeheimnis mit Wandra. Das war meine "Erleuchtung" damals.
Die Trainerin fuhr fort: "Mit Alles, ist wirklich Alles gemeint! Wenn er sich bückt, bücken Sie sich. Wenn er sich kratzt, kratzen Sie sich an derselben Stelle. Achten Sie darauf, Ihre Füße dürfen seine Hufe nicht überholen. Nur so können Sie Vertrauen aufbauen."

Und die Übung begann. Bückte sich Pedro, bückte ich mich, genauso tief. Ging Pedro schneller, ging ich schneller, immer in seinem Tempo. Drehte er den Kopf, drehte ich den Kopf usw. ...
Mit allen Sinnen, so wie damals bei Wandra, konzentrierte ich mich nur auf Pedro. Es gab nur noch Pedro und mich. Seine wohltuende Nähe und sein samtweiches Fell. Ich genoss diese kurze Vertrautheit. Nach mehreren Übungen passierte es. Pedro drehte sich mit seinem ganzen Körper mir zu. Ich spürte wie seine Langohren mich berührten. Wange an Wange standen wir da und rührten uns nicht von der Stelle.
Für einen kurzen Moment waren wir uns so nah, das mich sein Atem streifte: "Zwei Esel!" Der kostbare Augenblick mit Wandra war wieder da. Ja, so stelle ich mir Glück vor!
Noch am selben Tag ließ er sich von mir führen. Pedro folgte mir nur aus einem einzigen Grund: Er spürte meine Wertschätzung und vertraute mir.
Es hätte der Beginn einer großen Freundschaft werden können, aber leider war der Kurs beendet. Ich werde Pedro nie vergessen!

Teddy, Mama hat erzählt, sie hat viel von Pedro gelernt:
- *Wenn ich nicht weiß, wohin ich will, entscheidet der Esel.*
- *Zum Folgen brauche ich genauso viel Stärke wie zum Führen.*

- *Sich "taub" zu stellen ist eine gute Methode, um Druck auszuweichen.*
- *Echte Begegnung gibt es nur auf Augenhöhe!*

Mir kam das alles sehr bekannt vor! Schade, dass ich Pedro nicht schon früher kennengelernt habe, als Wandra klein war!
Wie sich ein Puzzlestück an das andere reiht, wenn wir auf die "Führung" vertrauen. Dieses starke Gefühl: Ich werde auf Schritt und Tritt begleitet, das muss wunderbar sein!

Die große Angst

Teddy, einmal hatte ich große Angst vor einem Betreuer. Niemand hat es gewusst, auch Mama nicht. Ich konnte es ihr nicht sagen.
Teddy, ich war in großer Not. Ich hab mich auf den Boden geworfen, um mich getreten und geschrieen. Niemand durfte mich anfassen. Die anderen haben gesagt, ich bin "gefährlich". Stell Dir vor Teddy, ich soll gefährlich sein!

Teddy, Mama ist sehr wütend geworden: "Unsere Wandra wird nie einen Menschen verletzen, eher verletzt sie sich selbst." Mama holte mich nach Hause.
Später, Wandra ging inzwischen wieder arbeiten, habe ich sie einmal in der Arbeitsgruppe besucht. Mit ge-

duckter Körperhaltung, den Kopf nach unten gesenkt, schlich sie an dem Betreuer vorbei. Durch Zufall hatte ich die Antwort gefunden: Unser Kind hatte Angst - nackte Angst! Ich war zutiefst erschrocken!
Das war die Wurzel des Übels!
Es dauerte noch eine Zeit bis die Situation für Wandra verändert wurde. Viele Gespäche fanden statt. Endlich kam Wandra durch einen beherzten Mitarbeiter in eine andere Gruppe. Und ihr auffälliges Verhalten war verschwunden.

Lange habe ich über diese Situation nachgedacht.
Welch große Kreise hat diese unglückliche Begebenheit um sich gezogen. Betreuer, Ärzte, Psychologen, Neurologen und wir Eltern wurden eingeschaltet. Und warum? Weil niemand die Ursache für ihr auffälliges Verhalten kannte.
Eine zeitlang bekam unsere Tochter Medikamente, die viel zu hoch dosiert waren. Wandra lebte in einem Dämmerzustand. Ihr Speichel lief und ihr Gesichtsausdruck war völlig apathisch. Sie saß vor mir, ihr Kopf lag auf der Tischplatte und ihr Körper hing schlaff im Stuhl. Ich dachte es zerreißt mir das Herz. Dieser schreckliche Anblick erinnerte mich an früher. An die Zeit vor ihrer Hormontherapie. "Bitte nicht noch einmal!" Von der Werkstatt wurde ich angerufen: "Holen Sie Ihr Kind nach Hause. Sie ist nicht mehr arbeitsfähig." Wieder haben wir sie nach Hause geholt.

Auf dieser steinigen Strecke haben wir viele Erfahrungen gesammelt. Es ist so wichtig, keine voreiligen Schritte zu gehen und zuerst die Situation zu hinterfragen. Wieso reagiert unser Kind so auffällig?

Mit der Erfahrung von heute, würde ich vehementer darauf bestehen, der Ursache auf den Grund zu gehen. Unsere Tochter konnte sich nicht äußern. Ihr auffälliges Verhalten war ein Hilfeschrei an das Umfeld.
Wir hätten uns den Weg zum Neurologen sparen können und es wäre auch keine medikamentöse Unterstützung nötig gewesen. Das weiß ich heute!
Ich hätte mir auch die massive Auseinandersetzung mit dem Neurologen erspart, als ich darauf bestand, die Medikamente zu reduzieren. Seine Worte werde ich nie vergessen. Mit einer lauten ungehaltenen Stimme sagte er: "Finden Sie sich endlich damit ab, dass Ihre Tochter sich nicht weiter entwickeln kann."
Wandra stand neben mir. Sie war damals dreißig Jahre alt. Ich weiß bis heute nicht, was sie verstanden hat? Sie zog ungeduldig an meiner Hand. Es war offensichtlich, sie wollte hier weg. Ich war wie blockiert und dachte, ich muss mich verhört haben. Und das aus dem Munde eines Neurologen. Es war unfassbar!
Nachden ich mich von meinem Schock etwas erholt hatte, entgegnete ich genauso lautstark: "Und Sie finden sich damit ab, dass sich unsere Tochter so lange sie lebt, weiter entwickelt - und ich auch!" Und so ist es gekommen.

Wir lernten, wie sensibel man mit Medikamenten umgehen muss, wenn der Druck vom Umfeld zu groß wird. Ein ständiges Abwägen! Wie schwer es ist, das richtige Medikament zu finden, das das Kind innerlich festigt, ohne abzustumpfen. Damit seine Persönlichkeit und seine Selbständigkeit erhalten bleibt und die Nebenwirkungen möglichst gering gehalten werden. Diese Suche ähnelt manchmal der Anstrengung, eine Nadel im Heuhaufen zu finden.
Welche Erleichterung ist es für die Eltern, wenn sie Ärzte und Betreuer an ihrer Seite haben, die vorrangig im Interesse des Kindes handeln.

Teddy, Mama sagt Dinge, die ich nicht verstehe. Einmal hörte ich: "Hätte ich Wandra in ihrer Welt gelassen, sie hätte keine "Flippis" gebraucht. Sie hätte weiter auf ihrer "kleinen Insel" isoliert gelebt - ohne Druck von außen."
Die Angst begann mit den anderen. Aber niemand hätte sie aus ihrer Isolation befreit und ihre Entwicklung wäre stehen geblieben. Sie wäre für immer hinter der Glaswand verschwunden und für uns unerreichbar geblieben.
Teddy, Mama meint bestimmt: "Ohne Bewegung läuft nichts."

Haltgeben

Es gab nur eine Möglichkeit, Wandra zu beruhigen, als sie klein war: Ihr "Halt" zu geben! Ihr Körper war so heiß, als würde ein Vulkan in ihr toben. Wodurch er ausgelöst wurde? Das wusste nur Wandra allein. Manchmal war es ein Gedanke, der sich festgesetzt hatte und ihr zu schaffen machte. Oder sie hatte sich unglücklich verliebt. Oder sie hatte Stress mit den Betreuern oder den Mitbewohnern. Es gibt so viele Gründe, die Behinderte aus dem Gleichgewicht bringen können. Sie haben meistens keinen Partner. Ihr Körper bleibt unbefriedigt und ihr psychische Stabilität gerät durcheinander. Es ist bewundernswert wie sie mit ihren Begrenzungen leben!

Wie oft werden sie missverstanden, weil sie ihre Gefühle nicht ausdrücken können. Wie oft müssen sie den sozialen Druck aushalten und sich anpassen, obwohl es nicht ihrem Wesen entspricht. Und das jeden Tag aufs Neue. Und wir wundern uns, wenn die innere Balance aus dem Gleichgewicht gerät und sie auffälliges Verhalten zeigen. Wie sonst sollen sie zum Ausdruck bringen, dass ihnen etwas Wichtiges fehlt?

Das Haltgeben mit Wandra war jedes Mal ein bewegender Moment. Durch den festen Körperkontakt spürte sie: "Auch wenn ich unruhig und außer mir bin, Mama ist da - ich muss nicht allein zurechtkommen - sie hält mich so lange fest, bis es mir wieder besser geht!!" Ich konnte spüren, wie unser Kind sich ent-

spannte. Später forderte sie den festen Druck selbst ein. "Mama, die Unruhe kommt wieder!"
Teddy, ich muss sagen, wenn ich Hilfe brauche!
Wandra litt unter ihrer Unruhe und suchte bei mir Hilfe. Ein Riesenschritt, wenn ich zurückblickte. Unsere Wandra, die jede Nähe und jede Berührung vehement abgeblockt hatte, hatte eine wunderbare Entdeckung gemacht: "Körperliche Nähe tut gut! Ich fühle mich geborgen und finde Halt!"

Als sie klein war und menschliche Nähe an Angst gekoppelt war, hätte ich ihr mit dem körperlichen "Haltgeben" nicht helfen können. Damals las ich, dass autistische Kinder durch festen Druck zur Ruhe kommen. Ich dachte an die Zeit zurück, wo wir unser Mädchen in dicke Matten eingerollt haben, weil sie sich nicht spüren konnte. Wieder passte das Puzzle!
Ein Stuhl ersetzte meinen Körper und gab ihr Halt. Wenn die Unruhe kam, setzte ich sie auf "ihren" Stuhl. Ihr Rücken war mit Baumwolltüchern an der Stuhllehne fest gebunden. Für einen Unwissenden ein groteskes Bild: Unsere kleine Wandra festgebunden. Ich musste mich sehr überwinden. Aber ihre innere Not ließ mich handeln. Manchmal dauerte es nur wenige Minuten, manchmal eine halbe Stunde und sie beruhigte sich wieder. Der feste Druck der Lehne an ihrem Körper gab ihr Sicherheit. An manchen Tagen setzte sie sich von selbst auf den Stuhl und schaute mich auffordernd an: "Mama, hilf mir!"

Diese Bilder gehören der Vergangenheit an. Die Zeit, wo sie nur den Dingen vertraute, ist lange vorbei! Gott sei Dank!

Es gibt Menschen, die lehnen diese Methode des Haltgebens (die so genannte Festhaltetherapie) ab. Leider! Sie haben bestimmt noch nicht selbst erlebt, wie gut es tut, in den Arm genommen und festgehalten zu werden, wenn man innerlich verzweifelt ist. Man macht die wunderbare Erfahrung, da ist jemand, der mich trotz meiner negativen Gefühle fest an sich drückt und wartet, bis es mir besser geht. Das ist Liebe pur!
Heute braucht Wandra diesen Halt nur noch selten. Sie kommt mit schwierigen Situationen immer häufiger allein zurecht.
Teddy, ich bin richtig mutig geworden!

Unser F i s c h

Teddy, Mama sagt immer: "Unsere Wandra wäre besser ein Fisch geworden."
Im Wasser ist unser Mädchen in ihrem Element, den anderen überlegen. Aber sie merkt es nicht und selbst wenn sie es wüsste, würde es für sie keine Rolle spielen. Sich zu vergleichen oder mit anderen konkurrieren zu wollen, das ist ihr fremd.
Teddy, wenn ich schwimme, schwimme ich - was die anderen machen, ist mir egal!

Ich sehe Wandra gerne beim Schwimmen zu. Es tut so gut, zu beobachten, wie leicht und unbeschwert sie sich im Wasser fühlt. Der Stress, den das Umfeld ihr oft macht und den sie sich dann selbst macht, wird vom Wasser verschluckt. Sie taucht ein und wieder auf und ihre Welt ist in Ordnung. Und das ohne jemals Wasser zu schlucken, als hätte sie Kiemen. Eben wie ein Fisch.

Anmutig bewegt sie sich durchs Wasser, als hätte sie "Flossen" statt Füße. Von Fischen weiß ich, die Flossen helfen ihnen, ihre Richtung zu halten. Wandra scheint das instinktiv übernommen zu haben. Mit kräftigen Zügen zieht sie ihre Bahnen.

Dann wechselt sie ihren Stil und schwimmt wie sie es in der Schule gelernt hat, den typischen Schwimmstil, den jeder kennt. Plötzlich schießt eine Wasserfontäne hoch. Wandra schnellt übermütig mit geballter Kraft, wie ein großer Fisch, in die Höhe. Als wollte sie mir zurufen: "Mama, das Leben ist so schön!"

Unsere Tochter besitzt die seltene Fähigkeit, sich allein mit sich zu freuen.

Nach einer Weile macht sie eine Pause. Sie steht im Wasser und schiebt unermüdlich mit den Händen die Wasseroberfläche zur Seite, mal nach rechts - mal nach links. Ihr Handgelenk scheint nie müde zu werden. Sie zieht große und kleine Kreise um ihren Körper. Ihre Augen folgen fasziniert der Bewegung des Wassers. Wie hat unser Enkelkind gesagt: "Wandra liebt Wellen!"

Und mit einem Sprung taucht sie wieder ab. Dann spritzt es nach allen Seiten. Kein mürrischer Blick begegnet ihr. Jeder im Schwimmbad kennt Wandra. "Ach ja, das ist die, die immer mit den Händen hin und her wedelt!" Es ist ihr Markenzeichen geworden!
Ich kenne keinen Menschen, der so viel Lebensfreude beim Schwimmen verspritzt, wie unsere Wandra. Wie sagt sie immer: *Teddy, ohne schwimmen kann ich nicht mit leben!*
Bildwechsel: Ich stehe mit unserer erwachsenen Badenixe am Meer. Das Wasser überspült unsere sonnengebräunten Füße. Wandra blickt zurück: "Papa komm endlich!" Ohne zu zögern springen sie in die Flut. Eine hohe Welle rollt über sie hinweg. Ihr Kopf taucht wieder auf und schon schwimmt sie der nächsten Welle entgegen. "Ohne jede Befürchtung", wie Wandra immer sagt. Mit dieser einzigartigen Schwimmbegabung wurde sie geboren. Ein großartiges Geschenk der Natur! Mit jedem Schwimmzug hat sich Wandras Körpergefühl entwickelt und ihr Selbstvertrauen ist gewachsen - bis heute. Es war das Wasser und wird es auch immer bleiben, was ihr am meisten dabei geholfen hat, sich "frei" zu schwimmen!

Ein Erlebnis sehe ich immer noch vor mir, als wäre es gestern gewesen. Wandra war noch keine drei Jahre alt. Ich schwamm im Pool und unsere kleine Tochter spielte am Rand mit ihrer kleinen Gießkanne. Nach einer Weile hob sie ihren Blick und fixierte die Was-

serfläche. Und dann plötzlich mit einem Satz sprang sie ohne zu zögern vom Rand in den Pool. Ich war starr vor Schreck. Der kleine Kopf tauchte kurz unter und wieder auf. Sie schüttelte sich wie ein begossener Pudel, prustete kurz und bewegte sich mit wellenartigen Bewegungen durchs Wasser, als hätte sie nie etwas anderes getan. Ich fischte sie aus dem Wasser und drückte sie voller Erleichterung an mich. "Puh, das ist noch einmal gut gegangen!"
Aber Wandra teilte diese Sorge nicht mit mir. Für unseren "kleinen Fisch" war sie völlig unbegründet. Instinktiv hatte sie gespürt: Das Wasser trägt mich! Ich war fasziniert von diesem einmaligen Erlebnis. So ein kleines Wesen und so ein großes Vertrauen!
Teddy, ohne Vertrauen läuft nichts!

Ich saß noch lange am Beckenrand und hing meinen Gedanken nach. Wie war das möglich? Niemand hatte ihr beigebracht, wie man schwimmt. Niemand hatte zu ihr gesagt: Du brauchst keine Angst zu haben! Dieses feste Vertrauen in das nasse Element war immer in ihr.

Wandra machte mich sehr nachdenklich. Die Fragen, die ich schon als Kind hatte, beschäftigen mich immer noch. Eine befriedigende Antwort auf die Existenz Gottes habe ich trotz der langen Strecke, die wir schon hinter uns gebracht hatten, bis heute nicht erhalten. Die große Herausforderung wird mich weiter begleiten: Zu vertrauen trotz vieler unbeantworteter Fragen.

Wenn ich zurückblicke, wie oft bin ich auf unserer Reise erschöpft stehen geblieben und dachte: "Ich kann nicht mehr!" Und dann ging es trotzdem weiter. Woher hätte ich neue Kraft bekommen, wenn nicht von oben? Wie hätte ich trotz aller Hindernisse immer wieder neue Hoffnung geschöpft - dass es Wandra eines Tages besser geht? Ich habe nur eine Antwort gefunden: Gott ließ uns nicht los. "Er" fing uns immer wieder ein!

Z u f ä l l e

Wenn ich nicht weiter wusste, ereignete sich oft etwas, dass mir zeigte, hier geht der Weg weiter. Bestimmt habe ich auch einige Antworten überhört und einige Zeichen übersehen! Manchmal war ich zu sehr beschäftigt und hörte "die Stimme" nicht und manchmal war ich einfach nur müde.

Ich habe Gott in den Wolken gesucht - in einem Regenbogen - in einer kleinen weißen Muschel, die mir eine Welle direkt vor die Füße spülte - in einem Vogel, der ungewöhnlich lange vor mir sitzen blieb. Als wollte er sagen: "Nun sperr doch endlich Deine Augen auf. Wie viel Zeichen brauchst Du denn noch!"

Bis zu jenem denkwürdigen Tag. Morgens wachte ich schon niedergeschlagen auf. In wenigen Tagen sollte Wandra operiert werden. Eine schwere Entscheidung stand an. Wenn ich nur wüsste, was ich tun soll? Ich war innerlich hin und her gerissen und wurde das ungute Gefühl nicht los: Egal wie ich mich entscheide, es ist der falsche Weg! In Gedanken versunken, nahm ich die Bibel aus dem Schrank. Es war mehr ein Reflex. Schon lange hatte ich nicht mehr darin gelesen. Ich schlug sie auf und hielt folgenden Text in den Händen: **"Ich segne jeden, der mir ganz und gar vertraut. Er ist wie ein Baum, der nah am Bach steht und seine Wurzeln zum Wasser streckt. Die Hitze fürchtet er nicht, denn seine Blätter bleiben grün. Auch wenn ein trockenes Jahr kommt, sorgt er sich nicht, sondern trägt Jahr für Jahr Frucht."** (Jeremia 17,7-8)

Die Antwort lag in meiner Hand und berührte mich stark. Eine einzige Bibelstelle hatte mich wieder aufgerichtet: Vertraue, auch wenn der Weg noch nicht erkennbar ist! Seitdem begleitet mich diese Botschaft.

Mein Blick fiel auf Wandra. Ich spürte eine große Sicherheit in mir. Jetzt wusste ich, welcher Spur ich folgen sollte!

Die Zufälle wurden zu guten Freunden, die mich liebevoll an die Hand nahmen und mich führten. Aber es gab auch Zufälle, die mir sehr zu schaffen machten. Und ich war mittendrin in dem Strudel, ehe ich begriff was geschah. Hier geht's lang!

Könnte es sein, dass der Zufall und die göttliche Macht Hand in Hand gehen? Könnte es sein, dass unser Leben nach einem festen Plan verläuft und sich ein Puzzlestück in das andere fügt, wenn wir mitspielen?

Am Meer

Als Liebhaberin des Meeres hätte ich es besser wissen müssen. Ich liebte diese langen einsamen Spaziergänge am Strand. Wenn der Wind an mir zog und zerrte, dann fühlte ich mich lebendig. Wenn die Muscheln unter meinen Füßen knirschten und jeder Schritt einen deutlichen Abdruck hinterließ. Wenn im nächsten Augenblick meine Spuren wieder verweht waren, als hätten meine Füße nie den Sandboden berührt. Eben waren sie noch für jeden sichtbar und schon sind sie verschwunden. Als könnte man ohne Spuren gehen! Oder gibt es sichtbare und unsichtbare Spuren? Ja, es gibt sie. Alles, was wir tun, hinterlässt Spuren. Jedes Wort, jede Geste, jede Handlung, jede Umarmung. Nichts geht verloren. Daran glaube ich heute!
Auch wenn diese Spuren manchmal erst nach Jahren sichtbar werden. Wie oft dachte ich, wozu bemühe ich mich? Wandra interessiert es doch gar nicht, was ich ihr zeige? Und Monate oder Jahre später, ich hatte meine Bemühungen schon vergessen, kam ein neuer Schritt in ihrer Entwicklung.
Ich beobachtete gerne die Möwen, die über meinem Kopf ihre Bahnen ziehen. Sie haben es gestern getan, sie tun es heute und sie werden es morgen wieder tun. Sie können fliegen und sind glücklich. Es ist ihre Bestimmung, der sie ohne wenn und aber folgen. Ich atmete tief durch: Wie unsere Wandra!

Ich blickte ihnen noch eine Weile nach. Das Geräusch der näher kommenden Wellen veränderte meine Blickrichtung. Fasziniert stand ich am Rand und ließ die vielen Gesichter des Meeres an mir vorbei ziehen. Mal war es bedrohlich, dann aufbrausend, dann überschäumend und dann lag es wieder ganz friedlich zu meinen Füßen. Widersprüche, die ich auch in mir erlebte. An manchen Tagen fühlte ich mich leicht, als hätte ich Flügel. Nichts schien mir zu schwer und nichts unmöglich. Aber im nächsten Augenblick zog es mich wieder zu Boden.
Ich wurde nicht müde, dem Spiel der Wellen zuzusehen. Langsam zogen sie sich zurück. Und wie aus Zauberhand tauchte in der Ferne eine Sandbank auf. Ein Strandläufer nach dem anderen kam angeflogen. Leichtfüßig tippelten sie über den Sand, als würden sie seitlich tanzen. Ein drolliges Bild!
Wie auf einer Perlenkette reihten sie sich auf und nahmen ihren Platz ein. Dann plötzlich, wie auf Kommando, hoben sie ab und der ganze Vogelschwarm verschwand hinter einer Wolkenbank.

Nach sechs Stunden stiegen die Wellen wieder langsam an, Zentimeter für Zentimeter. Das Wasser überspülte die Sandbänke und alles begann von vorne. Die Strömung nahm zu und das Meer erreichte den Strand. Welch ein großartiges Naturschauspiel! Das Meer, diese blaue Unendlichkeit, ein ewiges Kommen und Gehen. Ebbe und Flut. Auf dieses Gleichmass ist

Verlass. Auch die dunklen Tage in meinem Leben kommen und gehen, auch darauf ist Verlass! Meine Aufgabe bestand darin, den "Gezeiten des Lebens" zu vertrauen.

Wandra unterbrach meine Gedanken. Sie kam über den Strand auf mich zu gelaufen. Wir setzten uns nebeneinander an den Uferrand und malten Kreise in den Sand. Ein warmes Gefühl stieg in mir hoch: Wie schön ist es, diesen Augenblick mit ihr zu erleben! Eine kleine vorwitzige Welle schwappte hoch und umspülte unsere Füße. Ihre Hand zupfte an meiner Jacke: "Mama, manchmal ist das Meer weg und dann ist es wieder da." Ja, so einfach war es!

Viele Jahre waren vergangen. Wieder waren wir mit Wandra am Meer. Wir saßen in einem gemütlichen Ferienhaus und der Regen klopfte auf das Dach.
Wandra sah aus dem Fenster: "Mama, das Meer hat keine Beine - das läuft mir nicht weg!" Ihre Art, sich selbst zu trösten, gelang ihr immer besser. Mit einem Schmunzeln dachte ich, diese Wesensart kommt mir sehr bekannt vor!

Bestimmung

Das endlos weite Meer, die fliegenden Möwen und die tanzenden Strandläufer hatten mir eine Botschaft hinterlassen: Jede Naturerscheinung, jedes Wesen hat seine eigene Bestimmung an unterschiedlichen Orten. Aber es ist immer der gleiche "Kompass", der uns den Weg weist.

Nach den vielen Kilometern, die wir schon hinter uns gebracht hatten, spürte ich bis in die Knochen, dieser abenteuerliche Weg mit Wandra, das war mein Weg! Freiwillig hätte ich ihn niemals eingeschlagen. Ein anderer hatte den Plan für mein Leben gemacht. Und dann hat er mich losgelassen. Jetzt kannst Du zeigen, was in Dir steckt!

Ein Phänomen nahm seinen Lauf: Meine Wünsche haben sich alle erfüllt. Nur auf eine völlig andere Art und Weise, wie ich es mir vorgestellt hatte. Eine Ironie des Schicksals.

Wie sagte Oskar Wilde so treffend und ich glaube, er hat mich damit gemeint: "Wenn Du Gott zum Lachen bringen willst, erzähl ihm von Deinen Plänen!" Ich habe Gott sehr oft zum Lachen gebracht. Es war nicht beabsichtigt. Aber es ist ständig passiert. Wenn ich mal wieder meinen eigenen Kopf durchsetzen wollte, ohne mir vorher Gedanken darüber zu machen, welche Beulen ich mir bei diesem voreiligen Schritt holen könnte.

Eine leise Stimme meldete sich: "Wenn es Dir bestimmt wäre, eine andere zu sein, dann wärst Du eine andere! Werde endlich erwachsen!" Ob erwachsen werden immer so schmerzhaft ist?

An manchen Tagen, wenn der Himmel so stark bewölkt war, dass ich nicht ein kleines Fleckchen blau sehen konnte, fragte ich mich: Vielleicht gibt es ja für jeden Menschen zwei Leben? Ein Leben, das man lebt und ein anderes das man sich erträumt? Und welcher Mensch ist am Ende zufriedener? Der, der seinen Traum gelebt hat oder der, der seiner Bestimmung gefolgt ist? Kennen Sie die Antwort?

Aus der Sicht eines Esels hört sich das so an. Pedro stand ganz nah neben mir. Er flüsterte mir ins Ohr: "Erwarte nichts von den Menschen und nichts vom Leben. Lerne mit den Bedingungen zu leben, die nicht zu ändern sind. Mach das "Beste" aus dem, was Dir auf dem Weg begegnet und vergiss nicht, ganz ohne Beulen geht es nicht. Und wenn das Leben "ver-rückt" spielt, stemm Dich nicht dagegen - nimm es an und Du findest Ruhe!"
Ich dachte: So klug kann nur ein "Esel" daherreden! Aber sagt man den Grautieren nicht nach, dass sie sehr genügsam sind?
Was mich betrifft, habe ich diese Eselsruhe noch nicht ganz gefunden. Aber ich bin auf einem guten Weg! Nur manchmal wenn ich in meinem Liegestuhl liege und den Wolken nachschaue, verspüre ich eine stille Sehnsucht in mir. So ein leichtes Ziehen im Bauch. Der Verstand sagt mir: Manche Träume sind unerfüllbar. Finde dich damit ab! Aber das Herz bleibt voller Hoffnung.

Diese Fragen habe ich mir damals, nach Wandras Geburt, nicht gestellt. Die Ereignisse überschlugen sich und das starke Bedürfnis, Wandra aus ihrer Isolation zu befreien, trieb mich Kilometer für Kilometer weiter. Sie brauchte mich. Ich war ihr Halt, ihre Stütze, ihre Orientierung. Wie eine Brücke zwischen zwei Welten, die trägt. Wandra wollte immer genau wissen, wo sie mit mir dran war. Sie forderte mich geradezu heraus, mich diszipliniert zu verhalten. Die Regel von Montag galt auch für Dienstag usw. "Nicht einmal so und einmal so". Wenn ich wackelte, wackelte sie auch. Wenn mein Schritt sicher war, dann ging sie unbekümmert neben mir her. Wandra lebte aus dem festen Vertrauen: "Mama ist da! Ich kann mich auf sie verlassen!"

Wie wichtig diese Sicherheit für sie war, bekam ich eines Tages deutlich zu spüren. Wir gingen zusammen spazieren und sie hakte sich bei mir unter. Das machte sie neuerdings häufiger. Sie suchte von sich aus meine Nähe. Und mein Herz schlug Purzelbäume!
Wir marschierten schon eine Weile im Gleichschritt, als sie plötzlich stehen blieb, mich ansah und sagte: "Mama, Du lebst doch noch lange!?" Ein Schauer lief mir über den Rücken. Wie immer wurde mir eng ums Herz wenn mich der Gedanke überfiel, dass ich sie eines Tages zurücklassen muss. Ich hatte mich wieder gefasst und entgegnete ihr: "Wandra, wer bestimmt das?" Mit fester Stimme antwortete sie, ohne zu zögern: "Der liebe Gott!"

Ich war dankbar, dass sie sich an unsere Gespräche erinnerte. Was für sie wichtig war, hatte sie behalten. Gott sei Dank! Womit hätte ich ihr sonst Mut machen können? In diesem Augenblick spürte ich so deutlich, wie noch niemals zuvor in meinem Leben, welch ein großartiges Geschenk es ist, glauben und vertrauen zu können! An diesem Abend fiel mir auf, wie klar der Himmel war. Ich konnte so viele Sterne sehen...

Unsere kleine große Familie

Das Schicksal hatte unsere kleine Familie mit Wandras Geburt wie eine Lawine überrollt. Die Entscheidung, unser kleines hilfloses Mädchen nicht im Stich zu lassen, betraf nicht nur eine Woche oder ein Jahr, sondern mein ganzes Leben - unser ganzes Leben. Es betraf unsere Ehe und unsere kleine Familie.
Damals konnte ich das Ausmaß nicht im geringsten ahnen. Ich wusste nur, mit meiner Entscheidung stelle ich die Weichen für Wandras Leben. Dass ich auch die Weichen für uns drei stellte, war mir nicht bewusst. Aber selbst wenn ich es bemerkt hätte, was hätte es geändert? Die Sorgen um Wandra schlichen sich wie ein Virus in unsere Familie. Die anderen Familienmitglieder wurden an die Seite gedrängt. Die schönen Augenblicke, die wir als Paar und Familie geteilt haben, waren für eine lange Zeit von der Bildfläche verschwunden.

Teddy, Mama hat gesagt, ich brauche "Liebe für zwei". Wenn ich aber Liebe für zwei brauche, dann fehlt Papa und meiner Schwester doch ein Stück Liebe? Teddy, was soll ich denn machen?

Erst nach endlos vielen Jahren schlug das Pendel langsam um. Bis dahin bestimmte Wandra den Tagesablauf. Sie lebte sich voll aus. Ihre Flippis, ihre bizarren Verhaltensweisen, ihre stereotypen Fragen und ihre Freude. Jeder in unserer Familie nahm Rücksicht auf sie. Auch die kleinere Schwester, die anfangs selbst noch hilfsbedürftig war. Zum Glück lernte sie sehr schnell, ihre Bedürfnisse lautstark zu äußern. Als hätte sie es von Wandra übernommen.

Wie soll ein kleines Kind auch verstehen, dass die größere Schwester durch ihre übergroße Hilflosigkeit den Vorrang hat? Oft beschwerte sich unsere jüngere Tochter: "Mama, es geht immer nur um Wandra. Du hörst mir gar nicht mehr zu. Du bist nur noch müde!" Sie hatte so recht! Ich war nur noch müde. Aber ich wusste keinen Weg aus diesem Dilemma. Meine Versuche zwischen den beiden Schwestern eine Brücke zu bauen, zwischen zwei völlig verschiedenen Welten, war nicht sehr erfolgreich! Wie jede Mutter versuchte ich mein Bestes. Wie jede Mutter machte ich Fehler!

Einmal hatte ich nachts einen Traum. Mit einem Fuß stand ich auf einem Holzbrett mit der Aufschrift: "Mamas Welt!" Mit dem anderen Fuß stand ich auf

dem Brett: "Wandras Welt." Beide Bretter lagen dicht beieinander und führten über einen reißenden Fluss. Ich spürte: Wenn ich abrutsche, stürze ich in die Tiefe! Das Herz klopfte mir bis zum Hals. Mit aller Kraft versuchte ich die Balance zu halten. Manchmal stand ich mehr auf Wandras Brett - manchmal mehr auf meinem Brett. Je nachdem wie ich mein Gewicht verlagerte. "Nur kein Brett verlieren!" Es wackelte heftig. Ich ruderte mit den Armen in der Luft. "Jetzt nur nicht abrutschen. Du mußt beide Bretter be-halten."
Es kostete so viel Anstrengung, dass die beiden Bretter nicht auseinander drifteten. In Schweiß gebadet wachte ich auf.
Gefühlsmäßig war ich immer zwischen unseren beiden Kindern hin und her gerissen. Umso mehr ich mich für Wandra verausgabte, desto weniger Energie blieb für die jüngere Tochter. Ich blieb auf der Strecke mit dem alt vertrauten Gefühl: "Was immer ich tue, es ist nie genug."

Wandra konnte nichts dafür, dass ihre Entwicklung gestört war - niemand in unserer Familie konnte etwas dafür! Wandra ging es von Jahr zu Jahr besser. Den anderen in der Familie ging es von Jahr zu Jahr schlechter. Alle litten sehr darunter, außer Wandra. Zu leiden, ist in ihrem Wesen nicht vorgesehen.
Unsere kleine, große Familie hat der "Sturm" stark durcheinander gewirbelt. Ohne Schaden ist niemand davon gekommen - außer Wandra.

Getröstet hat mich der Gedanke: Unsere jüngste Tochter wird ihren Weg gehen! Voller Freude beobachtete ich ihre natürliche Entwicklung. Tag für Tag eroberte sie sich mit ihrem besonderen Charme die Welt ein Stückchen mehr. Wie stolz war ich auf unsere kleine Tochter!

Das Vertrauen in unsere beide Töchter habe ich nie verloren! Auch wenn es bei Wandra etwas länger dauerte. Eines Tages, wird auch sie "ihren Platz" finden! Diese Sicherheit war Etappe für Etappe in mir gewachsen. Gleichzeitig war Wandra für uns, wie ein unfreiwillig geknüpftes Band, das uns zusammenhielt. Es gibt Ereignisse, die eine Familie tief erschüttern. Wenn Menschen diese bewegende Zeit miteinander erleben und durchstehen, entsteht eine Nähe, die niemand trennen kann - eine besondere Form von Liebe. Von außen konnte diese Verflechtung niemand verstehen - manchmal wir selbst nicht.

Mein Mann und unsere jüngere Tochter sorgten dafür, dass ich den Anschluss nach draußen nicht völlig verlor. Unsere Jüngste brachte den "frischen Wind" mit und das wichtige Lebensgefühl: Es gibt noch mehr als die Sorgen um Wandra! Manchen Tag hat sie für uns mit ihrem erfrischenden Lachen gerettet. Wie froh und glücklich war ich, das unsere kleine "Große" da war. Sie tat uns so gut!

Mein Mann engagierte sich immer organisatorisch in unserer kleinen Familie. Ein guter Freund an meiner Seite - wertvoll in stürmischen Zeiten.

Erst viele Jahre später konnte ich begreifen, wie wichtig diese Stütze, diese "Hand im Rücken" war.
Teddy, ohne Papa läuft nichts!

Seit fünfundvierzig Jahren sind wir eine besondere Familie geblieben. Wie unser Weg weiter geht? Niemand kann wissen, was bei der nächsten Wegbiegung auf ihn zukommt? Aber wir marschieren weiter, mit dem beruhigenden Gefühl, wir sind gut ausgerüstet!
Teddy, Mama hat gesagt: "Über den Wolken, die für uns nicht sichtbar sind, ist der Himmel immer noch blau. Auch wenn wir von unten nur graue Wolken sehen." Teddy, vergiss nicht, der Himmel ist immer blau, egal was passiert!

Ein besonderer Tag sollte es werden. Die Sonne schien freundlich vom Himmel. Die Rucksäcke waren gepackt. Gut gelaunt wanderten wir los. Wandra lief immer ein Stück vor. Wenn sich der Weg teilte, blieb sie stehen und schaute sich fragend um: Wie geht es weiter? Wir waren schon eine Weile unterwegs, als ich nach oben blickte. "Oh, je, schau Wandra die dunkle Wolke!"
Sie folgte meinem Blick und rief mit lauter Stimme: "Das sind Vulkanwolken!" Sie hatte einmal ein Foto von einem Vulkan gesehen, aus dem dunkelgraue Rauchschwaden hochstiegen. Seitdem waren dunkle Wolken "Vulkanwolken". Einem inneren Impuls folgend, forderte ich sie auf: "Wandra schieb sie einfach

weg!" Spontan gab sie zur Antwort: "Das könnte schwierig sein!"
Sie stellte sich breitbeinig hin, streckte ihren Körper, mit hoch erhobenen Armen, bis sie auf Zehenspitzen stand und schob die dunklen Wolken ganz fest mit beiden Händen weg. Einmal, zweimal, dreimal. Dann drehte sie sich zu mir um und sagte voller Stolz: "Mama ich hab die Wolken weggeschickt."
Mein Blick ging nach oben. Ich konnte es kaum glauben. Die dunklen Wolken verzogen sich langsam. Seitdem ist Wandra unsere "Wolkenschieberin"!

Vielleicht stimmt es ja doch, wenn ich an etwas ganz fest glaube, dann wird es für mich wahr? Ist das wirklich so einfach? Für unsere Wandra ist es einfach. Sie hat ihr kindliches Vertrauen behalten. Beneidenswert! Ich wünsche ihr, dass sie es nie verliert.

J a z z

"Mama, wir geben Jazz nicht mehr her?" Wandra schaute mich fragend an. "Nein, Wandra Jazz bleibt bei uns. Er gehört zu uns!"
Jahrelang hatte Wandra ihn kaum beachtet. Wenn er kläffte, hielt sie sich die Ohren zu. Als sie klein war, konnte sie zu Tieren keinen Zugang finden. Sie waren ihr so gleichgültig wie die Menschen. Aber Jazz ließ nicht locker. Er suchte immer wieder ihre Nähe.

Morgens wartete er geduldig vor ihrer Tür bis sie aufstand. Unermüdlich verschenkte er seine Zuwendung und gewann ihr Herz. Endlich war da ein Wesen, dass Wandra erziehen konnte und das auf sie hörte. Immer war sie die "Kleine", die Hilfe brauchte. Und jetzt hatte sich der Wind gedreht. Für Wandra erfrischend!
Jazz, ein samtweiches goldfarbenes Fell, dunkelbraune Knopfaugen und weiche Schlappohren mit einem ausgeprägten Blickkontakt. Bedingungslose Liebe auf vier Beinen. Er "spricht" mit uns und ist der beste Zuhörer, den ich kenne. Er legt seine Pfote auf meine Knie und seine Augen sind voller Mitgefühl: "Frauchen, ich verstehe Dich!" Er genießt es, gestreichelt zu werden und ich genieße sein seidiges Fell und sein Vertrauen. Zärtlichkeit gegen Zärtlichkeit. Du tust mir gut und ich tue Dir gut! Eine ideale Beziehung.
Teddy, Papa hat zu Mama gesagt: "Wenn ich noch einmal auf den Welt komme, werde ich Jazz. Dann liege ich in meinem Korb, kann stundenlang schlafen, mich in der Sonne rekeln, werde gefüttert und gestreichelt... Ein herrliches Leben!" Teddy, was meint Papa damit?

Welcher Rasse unser Hund angehört? Wir wissen es nicht, das ist auch nicht wichtig! Jazz ist ein einzigartiger Mischling mit einem sensiblen, gutmütigen Wesen. Eine gute Mischung! Wir finden ihn wunderschön! Er ist kein gewöhnlicher Hund. Deshalb passt er so gut zu uns.
Jazz liebt die Ruhe. Er liebt einen geregelten Tagesab-

lauf. Er liebt Bewegung an frischer Luft. Er bekommt jede Stimmung mit und reagiert sofort darauf. Wenn es zu laut wird, verzieht er sich oder er wird unruhig.
Teddy, genau wie ich!
Beim Spaziergang und beim Fahrrad fahren läuft Jazz neben Wandra her. Manchmal schaut er zu ihr hoch, als wollte er sagen: "Ich pass auf Dich auf. Ich bin dein Freund!"

Mein Fahrrad

Teddy, beinahe hätte ich etwas Wichtiges vergessen. Ich habe noch nicht von meinem Spezialfahrrad erzählt. Das ist ein Fahrrad mit drei großen Rädern.
Es kann nicht umkippen. Opa ist den Abhang heruntergefahren. Papa ist in den Sträuchern gelandet. Mama hat sich gar nicht erst darauf gesetzt. Keiner hat die Kurve gekriegt, nur ich! Teddy, ich fahr mit Schmackes den Berg hinunter und kann bremsen!
Teddy, viele Jahre später hatte Papa eine tolle Idee. Teddy, das war der absolute Hammer! Mit einer 1,60 m langen Verbindungsstange aus Eisen zwischen unseren Rädern kann er mich schieben und bremsen. Ich muss nur noch lenken und trampeln. Jetzt können wir richtige Fahrradtouren machen. Teddy, manchmal träum ich vor mich hin. Das mach ich so gerne. Dann hör ich Papas laute Stimme von hinten: "Faule Socke, tritt mal fester!"

Und unsere Fahrt geht weiter. Die Dünen hoch und runter, bis ich das Meer sehen kann.

Teddy, das Schönste hab ich Dir noch gar nicht erzählt. Aber das kann Mama besser erzählen.
Es gibt zwei Strecken, die kann unsere Wandra allein fahren - ohne Stange.
Die eine Strecke führt zu einem großen Parkplatz, der in den Abendstunden fast leer ist. Dort dreht Wandra Kurve um Kurve. *Teddy, bis ich keine Lust mehr habe!*
Auf der anderen Strecke ist unsere große Tochter ganz mutig. *Teddy, ich fahre auf dem Radweg an der Hauptstrasse entlang. Ohne Angst. Teddy, ich bin begeistert!*

Wir kommen an einem alten Haus vorbei. Im Fenster steht ein Schild. In großen Buchstaben ist zu lesen: CARPE DIEM.
Teddy, das ist ein schweres Wort! Papa hat erklärt, das heißt: "Nutze den Tag"!
Und Mama hat gesagt: "Genau das machen wir. Wir machen aus jedem Tag, einen schönen Tag!"

Unsere Wandra fährt vorne weg und bestimmt das Tempo. Manchmal fährt sie uns zu langsam, dann kommt der Ruf von hinten: "Nun tritt mal in die Eisen!" Und Wandra hält kurz an, dreht sich zu uns um und antwortet in ihrer typischen Ausdrucksweise: "Ich bin doch nicht auf der Flucht!" Zwei Augenpaare treffen sich und gut gelaunt geht die Fahrt weiter.

Ab und zu stößt Wandra einen übermütigen Schrei aus, um ihrer unbändigen Lebensfreude Ausdruck zu geben. Erst trifft er Papa und dann wird er zu mir weiter getragen. Der eisige Wind vom Meer kann uns nichts anhaben. So warm ist uns ums Herz!

Fliegen

Jetzt war es so weit: Wandra war neunzehn Jahre alt und bereit aus dem "Nest" zu fliegen. Ich hatte einen dicken Kloß im Hals stecken. Mein Verstand nickte: "Gib Wandra die Chance, ihren Platz zu finden. Bei uns kann sie sich nicht mehr weiter entwickeln. Sie braucht Gleichgesinnte. Lass sie los!"
Ich wollte mich für sie freuen. Aber es gelang mir nicht. Ich war blockiert. Viele Jahre waren wir gemeinsam unterwegs. Wie oft habe ich für sie gekämpft und sie verteidigt. Sie hat so viele spezielle Wünsche und Eigenarten. Wer wird sie verstehen? Sie kann ihre Bedürfnisse nicht klar ausdrücken. Sie kann nicht nein sagen. Sie kann sich nicht wehren. Wer hilft ihr, die Strasse zu überqueren? Sie braucht noch so viel Unterstützung?
Immer mehr Gründe fielen mir ein. Und woher soll ich den Mut nehmen, fremden Menschen unsere Wandra anzuvertrauen? Wandra hatte mir schon lange die Antwort gegeben. Sie zeigte deutlich, dass sie bereit war, sich von uns zu lösen. "Mama, kann alleine!"

Ich setzte mich auf unsere gemütliche Holzbank, die von der Sonne aufgewärmt war. Ruhelos streifte mein Blick über die bunten Farbtupfer im Garten. Es war mir schwer ums Herz. Ein kleiner bunter Schmetterling kam angeflogen und ließ sich auf meiner Hand nieder. Seine Flügel öffneten sich langsam und schlossen sich wieder. Das Flattern wurde immer schneller, als hätte er eine wichtige Nachricht für mich. Und dann mit einem Mal hob er ab und verschwand in die Freiheit.
Ich blickte ihm nach, mein Herz klopfte bis zum Hals. Die Worte meiner Großtante fielen mir wieder ein: "Halte ihn nicht fest, sonst verletzt Du seine zarten Flügel!" Mein Gott, das hat gesessen. Ich hatte die Nachricht verstanden.
Der Umzug kam und Wandra schaffte ihn mühelos. Sie nahm ihren Teddy unter den Arm und zog los. Eine Betreuerin erzählte uns später, dass Wandra ganz selbstbewusst gesagt hatte: "Ich kann doch nicht immer bei meinen alten Eltern bleiben." Ich brauchte nicht lange zu überlegen, wer ihr da auf die Sprünge geholfen hat. Ihre jüngere Schwester, hatte ihr Mut gemacht, das "Nest" zu verlassen. Erleichtert schmunzelte ich: "Ja Wandra, ich hab es verstanden. Du schaffst es und Mama wird es auch schaffen!"
Die Faszination für Schmetterlinge ist bis heute geblieben! Immer wenn ich so ein farbenfrohes, flatterndes Geschöpf entdecke, ist es als würde Wandra mir einen lieben Gruß schicken: "Mama, mir geht's gut!"

Regelmäßig telefonierte Wandra mit mir. Ich musste mich zwingen, mich an unsere Vereinbarung zu halten: "Jeden Mittwoch und jeden Sonntag!"
Teddy, an Vereinbarungen halten, ist ganz schön schwer!
Und dann klingelte das Telefon. Immer zur selben Uhrzeit rief unsere Wandra an. Ich hätte die Uhr nach ihr stellen können! *Teddy, man kann sich auf mich verlassen!*
Anfangs waren unsere Dialoge sehr einsilbig, vorwiegend habe ich gesprochen. Aber es dauerte nicht lange und sie hatte ihre Scheu vor dem Telefon verloren. Alles was sie beschäftigte sprudelte durchs Telefon: "Mama, Gott hat gesagt, wenn du was am Herzen hast, kannst du die Mama anrufen - Mama am Mittwoch war ich erkältet - das war der absolute Hammer - mein Husten ist wieder stiller geworden - meine Patience ist am Donnerstag nicht aufgegangen - ich hab sie in die Tonne gekloppt und noch mal angefangen - sonst geht's mir gut - ich hab zwei Zuhause - Mama, weil ich 'ne erwachsene Frau bin, bin ich nicht mehr so oft bei Mama und Papa - Mama, ich hab jetzt keine Zeit mehr - ich muss mich konzentrieren, sonst laufen mir meine Gedanken weg - Mama, das Wetter ist nicht berauschend - der Petrus ist nicht immer gut gelaunt - man muss es nehmen, wie es kommt - Mama, wie ist das Wetter bei Euch - ich antwortete, "bei uns ist es sehr stürmisch" - Wandra ganz entsetzt, "ach du meine Güte, pass auf, dass Du nicht wegfliegst!"

"Ist der Papa da?" Sie spricht eine Weile mit ihm und das Telefon wandert wieder zu mir. "Wandra und was machst Du jetzt?" "Ich mach's mir gemütlich! Tschau bis Sonntag, das schaff ich locker!" "Ja, Wandra, das schaffst Du locker!"

Die L ü c k e

Unser Haus ist leer geworden. Beide Mädchen waren aus dem Nest geflogen. Ich kam mir verloren vor. Keiner rief: "Mama, wo bist Du? Hast Du meine Lieblingsjeans gewaschen? Was gibt es zu essen? Gehen wir schwimmen? Wann kommt Papa?" Es fiel mir unendlich schwer, mich wieder in das normale Leben einzugliedern. Zu lange hatte ich im Abseits gelebt. Zu lange hatte ich mich nur auf Wandra konzentriert. Anfangs hatte ich das Gefühl, ich bin nur noch halb! Die andere Hälfte fehlte!
Monate waren vergangen. Immer noch redete ich mir gut zu: "Was erwartest du denn? Es braucht Zeit, dich an das "leere Nest" zu gewöhnen. Nutze sie!"

Ich musste lernen, mein Vakuum wieder zu füllen! Wie oft hatte ich mir gewünscht, mehr Muße für mich zu haben. Wie oft habe ich auf unserer Reise an einer Kreuzung gestanden und gedacht: "Eines Tages wirst du dich wieder mehr auf dich konzentrieren und deinen Interessen folgen." Jetzt war der Augenblick ge-

kommen das Versprechen, das ich mir selbst gegeben hatte, einzulösen. Eine längst vergessene Freude packte mich. Wie eine frische Dusche, die die alten Lebensgeister wieder weckt. Ich machte mich auf den Weg und holte mein Studium nach.
Eines Tages hielt ich mein Diplom in der Hand, arbeitete als Dozentin und Therapeutin und hielt Vorträge. Keine graue Theorie. Ich wusste wovon ich sprach. Die Vorträge waren prall gefüllt mit Leben - mit unserem Leben.

Besonders ein Vortrag lag mir am Herzen: "Glücksbegabung". Diesen Begriff hatte ich gewählt, weil ich auf unserer Reise entdeckt hatte, dass diese Begabung eine Fähigkeit ist, die in jedem von uns angelegt ist. Egal ob ein Mensch behindert ist oder nicht. Nur viele Menschen scheinen es vergessen zu haben. Dieses Potential kann sich durch regelmäßiges Training, im richtigen Umfeld, optimal entfalten. Wieder gilt das Phänomen: "Schau genau hin, welche Begabung dir anvertraut ist! Und dann nutze sie!" Bei fehlender Übung verkümmern diese wertvollen Anlagen.
Das Ziel der Glücksbegabung ist es, als Mensch erfolgreich zu sein! Was nichts anderes bedeutet, als die eigene Wesensart zu leben und sich für andere mit seiner Begabung einzusetzen. Ich glaube, diese tiefe Sehnsucht steckt in uns allen: So zu werden, wie wir sind! Ich sprach die ganze Zeit von meiner Reise mit Wandra und ihrer wunderbaren "Entfaltung"!

Ich stand vor einem gefüllten Saal. Der Applaus war überwältigend. Die Menschen schüttelten mir die Hand, so berührt waren sie. Ich war irritiert. Was passiert hier gerade? Jahrelang hatte ich unser Kind durch alle Täler und Höhen begleitet. Aber nicht einmal auf unserer langen Reise erhielt ich von außen eine Anerkennung. Und jetzt halte ich einen Vortrag und der Applaus hört nicht auf. Eine eigenartige Welt!

Es verging kein Tag, an dem Wandra nicht bei mir war. Was wird Wandra jetzt wohl machen? Ob es ihr gut geht? Wenn man jahrelang so eng mit einem Menschen verbunden ist, entsteht eine so innige und feste Beziehung. Sie hört niemals auf! Jeden Morgen schickte ich ein kleines Gebet nach oben: "Gott schütze sie!" Ein lieb gewonnenes Ritual, das mich beruhigte. Er wird sich um unser Kind kümmern! Ohne dieses feste Vertrauen - es ist Kilometer für Kilometer gewachsen - hätte ich unsere Tochter niemals loslassen können!
Eine lange Strecke lag hinter uns und mein Gefühl verwandelte sich in eine große Dankbarkeit. Dass Wandra ohne uns ihr Leben meistert - trotz ihrer Einschränkungen. Ich finde es bewundernswert! Und dass es Menschen gibt, die sie aufmerksam begleiten.
Ob sie wissen, welchen wertvollen Platz sie in unserem Leben einnehmen?
In kleinen Schritten, aber unaufhaltsam, hat sie sich von uns gelöst. Fremde Menschen haben ihr Schritte zugetraut, die wir ihr in diesem Umfang niemals zu-

getraut hätten. Als Eltern blockierten uns die vergangenen Erlebnisse mit Wandra, die manchmal haarscharf an einer Katastrophe vorbei geschlittert sind.

Mama und die Liebe

Viele Menschen reden so einfach von der Liebe. Reden ist einfach! Oder sie schreiben von der Liebe - auch das ist einfach! Aber es ist so schwer, die Liebe über eine endlos lange Strecke zu leben, wenn ein "dicker Brocken" im Weg liegt. Es gibt besondere Lebensumstände, die die Liebe ständig überfordern.
So war es, als Wandra in unser Leben kam. Eine junge Frau zu lieben, ist etwas völlig anderes als eine junge Mutter zu lieben, die tagein, tagaus nur noch für ihr Kind da ist und abends völlig erschöpft in die Kissen fällt.
Wenn ich zurück blicke, mein Glauben an die Liebe stand schon immer auf sehr wackeligen Beinen. Es fehlte mir die Erfahrung. Es fehlten die Vorbilder. Für mich stand fest, mit der Liebe kommen die Probleme. Also machte ich einen großen Bogen um sie. Und dann kam Wandra und meine Gefühle purzelten wild durcheinander. Es ist so schwer einem Wesen liebevolle Gefühle entgegen zu bringen, das einen abweist. Eine große Verletzung, die sich in meinem Leben wiederholte. Nur dieses Mal betraf es unser Kind. Was mich emotional noch mehr erschüttert hat.

Der erste Winter mit unserem unruhigen Baby war vorbei. Ich spürte nur wenn ich bereit bin, mich ganz auf dieses fremde, schreiende Bündel einzulassen, kann ich unserem Kind helfen. Und Kilometer für Kilometer wuchs ein tiefes Gefühl der Vertrautheit und der Verbundenheit zu Wandra - zu diesem besonderen Wesen. Ein warmes Gefühl im Bauch - Liebe!
Wandra forderte mich immer wieder aufs Neue heraus, mir über das Phänomen "Liebe" Gedanken zu machen.
"Mama, schau genau hin! Was ist Liebe wirklich?"
Es ist so einfach die schönen Seiten eines Menschen zu lieben. Ihn aber in seiner ganzen Wesensart anzunehmen, das ist ein hartes Stück Arbeit, was halbherzig nicht gelingt.
Teddy, Mama hat gelernt: Man kann jemanden vollkommen lieben, ohne ihn vollkommen zu verstehen!

Wandra hat es mir leicht gemacht. Sie hat nichts gefordert. Vielleicht ist das das Geheimnis der Liebe?
Das betrifft auch die Liebe zu einem Partner. Ich habe entdeckt, Liebe ist nicht die erotische Anziehungskraft, die uns anfangs die Sinne vernebelt und uns blind macht für das Wesen des anderen. Die uns Bilder vorgaukelt, die es nur in unserem Wunschdenken gibt. Bilder, die von der Realität meilenweit entfernt sind. Das ist nur eine Illusion von Liebe, die mit der Zeit zerbröckelt. Heute sehe ich die echte Liebe nicht mehr so spektakulär hoch in den Wolken. Ich glaube an eine "Liebe mit Bodenhaftung"!

Bei diesem Begriff muss ich an mein Angelerlebnis mit meinem Onkel denken. Wie war das noch? Ich höre seine dunkle, etwas raue Stimme: "Deine Füße müssen auf festem Grund stehen!" Wie recht er hatte. Nur dann kann eine Liebe die "Stürme" überdauern. Und es wächst dieses tiefe Vertrauen: Wir gehören zusammen, egal was passiert!
Durch Wandra habe ich gelernt: Jeder braucht eine andere Art von Liebe. Das liegt in der Natur des Menschen. Unsere Wandra kann nur eine begrenztes Maß an "Liebe" ertragen. Aber wenn es ihr reicht, reicht es auch mir. Zu viel Liebe kann einen Menschen erdrücken und zu wenig Liebe lässt einen Menschen erfrieren. Wäre es nicht ein paradiesischer Zustand, wenn jeder die Liebe erhält, die er braucht? Nicht mehr und nicht weniger, gerade die richtige Mischung? Ich schau in den Himmel. Die grauen Wolken setzen sich durch. Mein Blick färbt sich nüchtern: Niemand kann dem anderen immer geben, was er braucht! Niemand!

Der Blick zurück

Eine lange Reise, voller Geheimnisse und Abenteuer lag hinter uns. Viele Jahre waren wir unterwegs. Wir haben viel erlebt: Regenzeiten und Trockenheit, Sturm und Windstille, Kälte und Wärme. Wandra hatte mich eingeladen, ihre faszinierende autistische Welt zu entdecken. Das größte Abenteuer meines Lebens!

Am Anfang unserer Reise fiel es mir schwer, etwas Positives an dieser mühevollen Strapaze zu entdecken. Dieses leuchtende "Blau", was hinter den grauen Wolken liegt und nur sichtbar wird, wenn man geduldig darauf wartet.

Erst nachdem wir schon viele Kilometer hinter uns gebracht hatten, konnte ich mich mit Wandras besonderer Wesensart anfreunden. Das Fremde verlor seinen Schrecken und ihr wahres Wesen kam zum Vorschein. Die große Anstrengung verwandelte sich in Vertrautheit und Zärtlichkeit zu unserem Kind.
Ihre Andersartigkeit hat mein Leben bereichert!
Die Verantwortung für ein kleines Wesen, das völlig von mir abhängig war, war manchmal erdrückend. Aber gleichzeitig habe ich dieses gute sichere Gefühl gewonnen: Ich kann es auch allein schaffen, wenn es darauf ankommt! Was heißt allein? Was immer ich tue, ich bin nicht allein. Die unfassbare Stärke und Energie meiner Mutter, die Kreativität meines Vaters und die Liebe meiner Großtante trage ich in mir. Und der Himmel ist über uns, wohin wir auch gehen.

Als ich jung war, wollte ich frei sein und musste lernen, es gibt keine grenzenlose Freiheit. Wer sie sucht und glaubt sie eines Tages zu finden, der ist ein Narr - ein liebenswerter Narr! So wie ich damals. Unser Leben auf unserer einsamen "Insel" hat mir das deutlich gezeigt. Wir stoßen immer an Grenzen. Egal in welche Richtung wir gehen. Und wir brauchen Grenzen, um uns sicher zu fühlen. Auch das habe ich von Wandra gelernt.

Das heißt, eine Freiheit habe ich entdeckt und sie ist mir sehr kostbar: Ich kann mich für meine Überzeugung frei entscheiden. Sie kommt nicht über mich wie ein Gewitter, dem ich nicht ausweichen kann. Sie ist auch nicht von äußeren Bedingungen abhängig. Meter für Meter kann ich sie wie einen "Rohling" bearbeiten. Bis ich eines Tages mit meinem "Werk" zufrieden bin. Das ist meine persönliche Freiheit!

Vieles, was ich bisher als selbstverständlich hingenommen hatte, bekam eine große Bedeutung. Es war selbstverständlich dass das Zusammenspiel meiner Sinne funktionierte. Dass ich meine Begabungen einsetzen und Beziehungen eingehen konnte und beenden, wenn ich wollte. Dass ich jeden Morgen aufs Neue den vor mir liegenden Tag selbst gestalten konnte. Selbstverständlich!? Wandra, hat mir die Augen weit geöffnet. Durch sie habe ich erfahren, wie zerbrechlich alles ist. Wie wenig wir in der Hand haben. Nichts auf dieser Welt ist selbstverständlich, sondern ein großes Geschenk!

Wie schnell kann sich alles verändern - von einem Augenblick zum andern. Wie das Wolkenspiel über uns. Immer wieder hatte der Himmel ein anderes Gesicht. Manchmal war es, als würden die Wolken uns nicht aus den Augen lassen und unser Weg lag klar vor uns.

Dann wieder war der Himmel so stark verhangen, das ich nur den nächsten Schritt sehen konnte. Die Wolken glitten über uns her ohne uns zu beachten. "Diese beiden kleinen Punkte da unten, die sich Tag für Tag vorwärts kämpfen, was haben wir mir denen zu tun?" Das waren die Tage, an denen ich das Gefühl hatte, Gott hat sich eine "Auszeit" genommen und ich schnappte nach Luft, wie eine alte Frau!

Ich machte die wertvolle Erfahrung, wie sehr sich unsere Prioritätenliste verschiebt, wenn erschütternde Ereignisse unser Leben ins Wanken bringen. Vieles was ich früher für wichtig gehalten hatte, ist nicht mehr wichtig!
Zum Beispiel materielle Werte haben in meinem Leben einen völlig anderen Stellenwert bekommen. Sie sind kein Ersatz für Zuneigung und Freundschaft. Sie haben mir nicht geholfen, die schwierigen Etappen zu meistern. Wenn es darauf ankommt, zählt keine Leistung, kein Titel, kein Geld. Dann stehe ich vor meiner eigenen Begrenztheit. Und was hilft jetzt weiter? Geholfen hat mir die Verlässlichkeit meines Mannes und die ständige Auseinandersetzung mit meiner persönlichen Einstellung und die Zuversicht, dass eine "Hand" mich hält. Mit allen Zweifeln, die zu einer echten Abenteuerreise gehören.
Viele wertvolle "Steine" habe ich auf unserer Reise gesammelt, die ich mit Ihnen geteilt habe. Sie lagen wie kleine Schätze am Wegesrand. Ich musste mich nur

bücken und sie aufheben. Oft sprachen sie mit mir: "Was erwartest Du? Zuneigung ist immer mit Verpflichtung verbunden - sonst ist es keine echte Zuneigung!"
Ein Restgeheimnis ist geblieben. So wie bei jedem Menschen. Jeder hat seine eigene innere Welt, zu der niemand ganz Zugang hat. Das betrifft Wandra, das betrifft Mama und jedes andere Wesen.
Unglaubliches ist passiert! Hautnah habe ich miterlebt, was die Kraft der Liebe bei einem behinderten Menschen bewirken kann.
Teddy, Mama sagt: "Man kann so viel mit Liebe erreichen! Man kann sogar eine Glaswand zum Einsturz bringen!"

Nach und nach haben wir das komplizierte Puzzle zusammengesetzt. Alles ergab einen besonderen Sinn. Wandras sonderbares Verhalten war ein verzweifelter Versuch, sich aus der eigenen Isolation zu befreien. Früher suchte sie die Distanz. Heute kann ich sie berühren und sie berührt mich. Wandra hat mein Herz im "Sturm" erobert!

Mama heute

Diese Reise führte mich zu Wandra und sie führte mich zu mir. Ich wurde gezwungen, mein bisheriges Leben zu hinterfragen, neu zu ordnen und neu zu bewerten.

Mein Blickwinkel veränderte sich nach jedem Hindernis. Die rosarote Brille trage ich schon lange nicht mehr! Die Realität des Lebens hatte mich eingeholt. Unerklärlicher Kummer und plötzliche Freude können so eng zusammen liegen.

Das Leben mit Wandra - mit unserer Familie - hat mich zu der Frau gemacht, die ich heute bin. Eine Frau, der man die Strapazen der Reise ansieht - mit vielen "Lebensspuren" im Gesicht. Eine Frau, die gern ihre Zeit mit Menschen verbringt, mit denen es zu einer echten Berührung kommt. Oberflächliche Begegnungen sind Zeitverschwendung. Dazu bin ich zu alt!
Eine Frau mit einer großen Empfindsamkeit. Die immer wieder erleben muss, zu viel Sensibilität schadet den Beziehungen, der Liebe, dem eigenen Leben.
Ihre dünne Haut wird ihr immer wieder im Wege stehen. Denn eine dünne Haut ist leichter verwundbar. Stopp! Was hat Wandra mir gezeigt: "Echte Liebe stellt keine Bedingungen!" Egal ob die Haut dick oder dünn ist, sie gehört zu mir.
Eine Frau mit einem großen Ruhebedürfnis, die sich auf ihre "Insel" zurückzieht, wie Wandra, wenn es ihr zu laut und zu eng wird.
Eine Frau, die einfach nur auf einer Bank sitzen kann, ohne etwas zu tun - mit dem guten Gefühl: "Es geht mir gut!"
Teddy, hast Du gehört, Mama geht's gut!

Wandra kam in mein Leben und die vielen Puzzlesteine, die bis dahin mein Leben ausmachten, purzelten durcheinander. Es war als würde eine Stimme zu mir sagen: "Das ist jetzt Deine Aufgabe - ordne sie - mach kleine Schritte - sonst übersiehst Du das Wesentliche - schau genau hin - nimm Dir Zeit - werfe Deine Ungeduld und Deine Zweifel über Bord - hab Vertrauen: Geh einfach weiter!
Und eines Tages fügt sich alles ineinander und das Puzzle passt!"
Und genau so ist es geschehen. Jeder Stein fügte sich in den anderen und ergab ein einzigartiges Muster. Manchmal wird das Unmögliche möglich!

Sie erinnern sich an die Aussage des Arztes? Ich habe das "hoffnungslos" nicht akzeptiert. Ich bin der "sture Esel" geblieben, der ich schon als Kind war. Meinen eigenwilligen Lebensstil habe ich beibehalten.
Hätte ich unser hilfloses kleines Mädchen damals in ein Heim gegeben, mein Lachen wäre für alle Zeit mit ihr hinter einer Tür verschwunden.
Aber ein Leben ohne Lachen lohnt sich nicht! Diese wertvolle Lektion hatte mir unsere jüngere Tochter erteilt. Zum Glück hat mein Herz gesiegt.
Ich habe viel investiert und viel zurückbekommen.
Den Respekt meines Mannes habe ich gewonnen.
Erst viele Jahre später begriff ich, welch "Großartiges" ich geschaffen hatte: Wandra, wie sie heute ist - glücklich!

Ohne dass ich es beabsichtig hatte, wurde ich zu einer Expertin der besonderen Art - einer Expertin für frühkindlichen Autismus. Aber bestimmt nicht nur aus eigener Kraft. Der "innere Halt" hat mich nie ganz verlassen.

Eines Tages klingelte das Telefon: "Mama, manchmal hat Gott die Ohren verstopft!" Ich dachte, der Hörer fällt mir aus der Hand. So überrascht war ich, diese Worte aus dem Mund unserer Tochter zu hören. Wieder wurde mir bewusst, wie viele Gedanken sie sich machte, von denen wir keine Ahnung hatten. "Ja, Wandra, das kennt Mama auch. Ich will mit Gott sprechen und er antwortet nicht. Wandra, vielleicht hat er zu viel zu tun. Warte eine Weile und dann sprichst Du noch einmal mit ihm."

Wenn ich heute zurückschaue, kann ich erkennen, wo wir geführt wurden. Aber wir haben auch endlos viele Kilometer hinter uns gebracht, auf denen ich dasselbe Gefühl wie Wandra hatte: "Er" hatte die Ohren verstopft! Bis heute bleibt Gott für mich ein Geheimnis, das ich nicht erfassen kann. Ich möchte an einen gütigen Gott glauben, wie ein Kind. Aber es wird für mich immer ein großes Rätsel bleiben, warum er so viel unverschuldetes Leid zulässt? Es gibt Fragen, die kann nur Gott beantworten. Wie sagt Wandra immer: "Dann wart ich halt!"

Ich gehe weiter und lass mich vom Leben überraschen. Ich danke für das Gute und bete, wenn mir danach zumute ist. Das ist für mich die Freiheit des Glaubens!

Im Laufe der Jahre habe ich für mich erkannt: "Ohne Glauben kann ich nicht vertrauen und ohne Vertrauen kann ich nicht glauben!" Zwei Puzzlestücke, die eng zusammen gehören. Wandra hat mir geholfen, die passenden Teile zu finden.
Der Blick in den Himmel ist geblieben. Ich kann mich immer noch begeistern, wie sich das Wolkenpanorama ständig verändert.
Teddy, Mama sagt:" Wir verändern uns auch ständig. Das ist das Leben!"

W a n d r a   h e u t e

Man kann Wandra so schwer beschreiben. Man muss sie erleben, um ihr gerecht zu werden. Aus dem verschlossenen kleinen Mädchen, diesem "Fremdling" mit dem ausdruckslosen Gesicht, ist eine lebensfrohe, junge hübsche Dame geworden, die durch die Tür kommt und strahlt. "Mama, wo bist Du?"
Und der frische Wind ist da. Wandra kann aus dem Stegreif lachen. Ohne einen für uns ersichtlichen Grund. Ihr Lachen ist genauso ansteckend wie ihre Lebensfreude.

Früher ging Wandra Menschen aus dem Weg. Kontakt machte ihr Angst. Heute kann sie auf Menschen zugehen, wenn ihr danach ist: "Hallo Leute" und gibt ihnen die Hand. "Ich heiße Wandra und wie heißt Du?"

Die Abstände, in denen sie sich zurück zieht, sind größer geworden. Aber ihr "Inselbedürfnis" ist geblieben. Sie braucht einen Ort, an dem sie ab und zu allein sein kann. Wie ähnlich wir uns sind!

Ihre Selbständigkeit hat von Jahr zu Jahr zugenommen. Sie kann so viel, wenn sie keinen Stress hat!
Teddy, weil ich 'ne erwachsene Frau bin!
Aber diese Selbständigkeit kann ein großes Problem für die anderen sein, denen ihre Wesensart fremd ist und die ihren plötzlichen Verhaltensausbrüchen hilflos gegenüber stehen. Dann kommen negative Rückmeldungen, die es zu glätten gibt. Bisher sind wir, bis auf wenige Ausnahmen, immer sehr verständnisvollen Menschen begegnet.

Teddy, hör mir zu! Die anderen sagen, wenn es ihnen nicht gut geht. Ich kann es nicht. Ich kann mich nur umdrehen oder weglaufen. Dann sind sie sauer, weil sie nicht wissen, warum ich mich so verhalte. Ein großes Kuddelmuddel!
Teddy, wenn ich eine Frage habe und ich höre: "Jetzt haben wir keine Zeit!" Dann stelle ich die Frage nicht noch einmal. Ich habe Angst, dass sie wieder keine Zeit haben. Dann gehe ich in mein Zimmer und laufe hin und her. Dann geht die Unruhe wieder weg.

Teddy, wenn ich in Not bin, will ich ganz fest gedrückt werden, so wie Mama es macht. Aber wenn ich bei der

Arbeit bin oder in der Wohngruppe, dann geht das nicht immer. Mama hat gesagt, das muss ich akzeptieren. "Wandra Du willst ja auch nicht von allen umarmt werden!" Teddy, was soll ich denn machen?

Jeden Tag aufs Neue bemüht sich Wandra in einer Welt zu überleben, die sich sehr von ihrer "inneren Welt" unterscheidet. Ich glaube, niemand kann sich vorstellen, was das für einen Autisten bedeutet!
Wandras autistische Besonderheiten sind nicht verschwunden. Aber sie sind schwächer geworden.
Unsere Tochter ist immer bemüht, es allen recht zu machen und setzt sich damit selbst unter Druck. Ich wünschte ihr, sie könnte eines Tages voller Überzeugung zu sich selbst sagen: "Ich bin Wandra und das ist mehr als genug!"

Teddy, ich bin so froh, dass ich sprechen kann. Aber die anderen verstehen oft nur Bahnhof!
Teddy, weißt Du noch? Mama hat erzählt: Es hat 9 Monate gedauert bis ich auf der Welt war. Die "Schwimmflügel" habe ich gleich anbehalten. Als ich ein Monat war, habe ich Teddy bekommen und ihn nie wieder losgelassen. Als ich 2 Jahre war, habe ich meine Schwester bekommen. Das war lustig!
Es hat 3 Jahre gedauert bis ich laufen konnte. Mit 4 Jahren wurde mein Wortschatz immer größer. Mit 7 Jahren war ich sauber. Mit 8 Jahren lernte ich lesen. Mit 10 Jahren bin ich zum ersten Mal auf meinem

großen Dreirad (Spezialfahrrad) gefahren. Teddy, mit 11 Jahren habe ich meine erste Urkunde in Brustschwimmen bekommen. Weil ich so schnell war! Teddy, alle haben geklatscht! Mit 12 Jahren habe ich in der Schule kleine Gedichte vorgetragen - ganz ohne Schiss in der Hose. Mit 15 Jahren musste ich nicht mehr während der Stunde raus laufen. Ich hab ausgehalten bis zur Pause. Als ich 18 Jahre alt war, habe ich zum ersten Mal Spaghetti mit Tomatensoße gekocht. Mit nur wenig Hilfe. Mit 19 Jahren war ich so selbständig, dass ich in eine WG einziehen konnte. Seit zehn Jahren bin ich Waldarbeiter. Teddy, ich ziehe nicht mehr um. Ich habe die Nase voll.

Teddy, ich bin noch mehr selbständig geworden! Ich gehe allein in die Teestube - zum Trommelkurs - zum Tanzen - zum Schwimmen ins Hallenbad und ins Freibad - zum Bäcker Brot, Brötchen und Kuchen holen für die Wohngruppe - und die Leute besuchen. Ich liebe Diskos, Fußballspiele im Stadion, Konzerte, Feste, Eis, Kuchen, Kaffee, Fahrrad fahren und meinen DVD-Player.
Wenn Mama abends einen Film anschaut, sage ich immer: "Macht, was ihr wollt" ... und lege meine CD auf. Teddy, wenn man erwachsen ist, macht man das so!
Ich helfe gerne. Ich fege den Hof, spüle das Geschirr oder trockne ab, decke den Tisch und helfe beim Kuchen backen und mache alles gern, wozu man mich

gebrauchen kann. Ihr müsst mich nur fragen! Denn manchmal habe ich keinen Bock ...

Jahre sind vergangen und Wandra ist stolze Tante von zwei kleinen Neffen. Wieder sind zwei ganz besondere Energiebündel auf die Welt gekommen. Ich bin schon gespannt, zu welchen Abenteuern sie eines Tages bereit sind?

Es gibt viele Wege glücklich zu sein. Wandra hat ihren Weg gefunden. Eines Tages kommt sie in die Küche, sieht auf die Backzutaten und fragt: "Mama was backst Du?" "Wandra, hier ist das Rezept. Du kannst lesen!" Sie liest langsam, "ein Kuchen, der glücklich macht", dreht sich spontan zu mir um und sagt mit strahlenden Augen: "Mama, ich bin doch schon glücklich!" Können Sie sich vorstellen, welche großen Sprünge mein Herz gemacht hat?

Am Holzplatz

Hier endet unsere Abenteuerreise! Es ist noch früh am morgen. Unten im Tal liegt der dichte Nebel. Oben am Holzplatz drängen sich die ersten kräftigen Sonnenstrahlen durch die Wolkendecke. Wandra hat "ihren Platz" gefunden! Sie arbeitet da, wo sie ihre Stärken einbringen kann und ihre Schwächen keine Rolle spielen. Ein Glückstreffer!

Das war nicht immer so. Es gab eine Zeit, in der unsere Tochter fest fixiert über viele Stunden an einem Werkstatttisch sitzen musste, ohne die Möglichkeit, sich zwischendurch ausreichend zu bewegen. Damit kam sie nicht zurecht. Dieser mangelnde Ausgleich entsprach nicht ihrem Wesen und ihre Verhaltensstörungen meldeten sich. Es war keine gute Zeit! Wir sind froh, dass sie vorbei ist.

Waldarbeit bedeutet für unsere Tochter Freiheit! Sie kann sich bewegen, wohin sie will und selbst entscheiden, wann sie eine Pause macht. Sie kann sich von der Gruppe entfernen, wenn sie es braucht. Die körperliche Arbeit an der frischen Luft tut ihr gut. Sie spürt ihre Muskeln und kann ihre Kraft gezielt einsetzen. Ja, unsere Wandra "spürt" sich!

"Wandra, was machst Du auf dem Holzplatz?" Spontan antwortet sie: "Holz sägen und spalten, in den Meiler tun und Meterstücke machen. Männer machen die dicken und ich die dünnen."

Unsere große Tochter arbeitet gerne im Wald. Bei Wind und Wetter, ob Sommer, ob Winter. Wenn das Thermometer unter Null Grad sinkt oder wenn es zu stark regnet, wärmt sich die Holzgruppe im Bauwagen auf, bei heißem Tee. Dann wird es gemütlich!

Ich bin umgeben von Holzbergen und von hohen Meilern in denen sich das gesägte Holz stapelt. Ein grüner Traktor steht etwas abseits und wartet darauf, Holz auszuliefern. Wenn eine Bestellung ins Haus flattert,

fahren die Holzarbeiter alle mit. Zum Beispiel: Buchenholz für den Pizzabäcker liefern!
So erleben sie vor Ort, wie sinnvoll ihre Arbeit ist. Das macht sie so stolz!
Teddy, wenn ich nicht arbeite, frieren die Leute!
Wandra drückt damit ein Bedürfnis aus, das wir alle haben: "Ich bin auf meinem Platz wichtig!"

Vor mir steht eine junge Waldarbeiterin mit hellgrünen Latzhosen, wetterfesten Schuhen mit einer Sicherheitskappe und Arbeitshandschuhen. Was ist aus unserer kleinen Wandra von damals geworden? Ein altes Bild taucht vor mir auf: Ein Baby, das stundenlang apathisch vor sich hin starrte und keine Notiz von uns nahm. Und heute, schaue ich auf eine junge Dame, die in ihrer Arbeitsmontur fest auf dem Boden steht und mich strahlend ansieht. Unsere Wandra ist eine "bärenstarke" Frau geworden. So beschreibt sie sich selbst.
Teddy, Mama hat gesagt, früher habe ich beide Hände gebraucht, wenn ich einen Abhang hinunter ging. Heute trage ich die Holzbündel und halte das Gleichgewicht. Teddy, ich hab es geschafft!

Ich atme den frischen Holzgeruch ein und sehe Wandra beim Sägen zu. Mit festem Druck schiebt sie mit beiden Händen die Handsäge hin und her. Ihr Gesicht ist voller Stolz: "Mama, so macht man das!"

Nach einer Weile macht sie eine kurze Pause und schaut mich an: "Mama, wo ist Papa?" Ich antworte ihr: "Papa wartet zu Hause auf uns!" Und sie entgegnet: "Dann ist es ja gut!" Sie nimmt die Säge wieder in beide Hände und sägt fröhlich weiter. Es ist ein Platz zum Wohlfühlen!

Regelmäßig besucht uns Wandra zu Hause. Sie erinnern sich an den "blauen Schmetterling" im Garten meiner Großtante? Sie sagte: "Wenn Du Glück hast, kommt er zu Dir zurück!" Wir haben viel Glück gehabt ... !

Teddy, kannst Du Dich noch erinnern. Es ist viele Jahre her, da hat Mama gesagt: "Was das Beste für mich ist, muss ich selbst herausfinden?"

Teddy, jetzt weiß ich, was das Beste für mich ist: "Das Beste ist, wenn ich das tue, was ich am besten kann. Und ich kann am besten sägen, spalten und in den Meiler stapeln."

Teddy, am Ende eines Tages frage ich Mama immer: "Mama, wie war das Klima heute? Bin ich heute rechts oder links?"

Eine Karte mit drei Gesichtern schaut uns an. *Mama erklärt: Das rechte Gesicht ist gut gelaunt. Das mittlere ist mal so und mal so und das linke Gesicht ist nicht gut drauf.*

Teddy, manchmal bin ich rechts - das war ein guter Tag. Manchmal bin ich in der Mitte - dann hab ich noch die Kurve gekriegt. Manchmal bin ich links - das

war heftig. Dann frage ich Mama: "Was soll ich denn machen?" Und Mama antwortet immer: "Morgen versuchst Du es besser zu machen."
Wandra überlegt eine Weile und dann kommt voller Überzeugung: "Mama, immer Spitze sein, das ist auch nicht der wahre Jacob!" Wie recht unsere Tochter hat.

So Teddy, jetzt hab ich Dir genug Neues erzählt! Der "Spaziergang" hat gut getan! Hauptsache, mir geht's gut!

Einfache Sprache

Nach fünfundvierzig Jahren mit Wandra ist dieses persönliche Buch entstanden. Ein aufrichtiges Buch über eine besondere Beziehung mit der Welt des frühkindlichen Autismus'. Eine Geschichte die zeigt, was Liebe bewirken kann.
Ich habe es in einfacher Sprache geschrieben. Wie hat Wandra immer gesagt: "Mama, sprich deutlich!" Nur wenn ich laut und deutlich und in kurzen Sätzen sprach, konnte Wandra mich verstehen. Also sprach ich laut und deutlich und in kurzen Sätzen. Eine Sprache, die ihr keine Rätsel aufgab und sie verunsicherte. Unsere Tochter kann nicht zwischen den Zeilen denken. Sie nimmt jedes Wort wörtlich. Sie ist auf eine eindeutige Ausdrucksweise angewiesen, weil sie die Mimik der anderen nicht lesen kann.

Am besten ist eine bildhafte Sprache, das entspricht ihrem Naturell.
Menschen, die mit Wandra täglich in Kontakt sind, müssen darauf achten, was sie sagen und wie sie es sagen. Ein falsches Wort oder ein Wort an der falschen Stelle kann eine verheerende Wirkung auslösen. Dann besteht die Gefahr, dass das "Gebäude", das wir zusammen mühsam aufgebaut hatten, wieder einstürzt. Wandra würde niemals nachfragen, wenn sie etwas nicht verstanden hat oder den anderen bitten, den Satz zu wiederholen. Eher wird sie unruhig und rastet aus.

Diese klare Sprache habe ich auf unserer langen Reise verinnerlicht. Sie ist zu meiner zweiten Haut geworden. Wandras Art Sprache zu verstehen, färbte auf mich ab. Ich denke in der einfachen Sprache und schreibe in der einfachen Sprache. Eine Sprache, die jeder versteht. Mein Buch ist der Beweis. Ist es nicht erholsam zu wissen, woran man mit dem anderen dran ist?
Teddy, das hat Mama von mir gelernt!

Beim Schreiben habe ich mir Zeit gelassen. Immer wieder habe ich etwas hinzugefügt und wieder gestrichen und wieder fiel mir etwas ein, wo ich dachte, das könnte wichtig sein. Dabei habe ich erkannt: Ein Buch zu schreiben, kann man mit dem "Säen" in einem Garten vergleichen. Ich suche das "Saatgut" sorgfältig aus, stecke eine Samenkorn in die Erde, dünge, gieße und vertraue darauf, dass der Wind, die Sonne und der Regen, alles zu seiner Zeit, mitspielen. Und hoffe, dass der Samen eines Tages aufgeht!

Mit meinem Buch wollte ich den Blick öffnen für die Andersartigkeit, die Einmaligkeit der Autisten und Berührungsängste abbauen. Ob es mir gelungen ist? Es würde mich glücklich machen! Vielleicht habe ich Sie beim Lesen neugierig gemacht, einen Autisten in Ihrer Nähe kennen zu lernen. Eine Herausforderung der besonderen Art. Sie werden erstaunt sein, was Sie alles über sich entdecken! Viel Spaß dabei!

Die Reise geht weiter...

Ich bewundere unsere Wandra und mit ihr alle Autisten, die sich täglich bemühen, sich an das große Labyrinth sozialer Regeln anzupassen. Wie oft fühlen sie sich fremdbestimmt. Wie oft verirren sie sich - wie oft stoßen sie an dicke Wände. Es kostet sie ein Leben lang ungeheuren Einsatz, denn sie bleiben Autisten, wenn auch in einer veränderten Form.
Mein großer Respekt gilt allen Familien, die ein autistisches Kind so lange begleiten, bis es auf eigenen Füßen stehen kann. Es gibt nicht genug Worte, um auszudrücken, was sie leisten.
Mein Appell richtet sich an alle Fachleute, Eltern in ihrem unermüdlichen Kampf um ihr autistisches Kind,

ernst zu nehmen. Wie viele "Steine" werden ihnen immer noch zusätzlich in den Weg gelegt, weil die Tragik der Behinderung im Alltag oft nicht früh genug erkannt wird. Ein Fachmann erlebt das autistische Kind zunächst nur für einen kurzen Augenblick. Aber auf den ersten Blick ist das autistische Phänomen nicht in seinem ganzen Ausmaß erkennbar.
Zum Glück hat die Autismusforschung inzwischen viele bahnbrechende Impulse gesetzt und die Fachwelt ist sensibler geworden, was die Problematik des frühkindlichen Autismus betrifft.

Die Abhängigkeit der Eltern von den vielen behördlichen Beurteilungen, ärztlichen Unterschriften und Diagnosen ist geblieben. Ein langer, Kräfte zehrender Weg. Aber ohne eine amtliche Bescheinigung, ohne den detailliert ausgefüllten Behindertenausweis, ist der Weg zu einer angemessenen therapeutischen Behandlung und zu Familien unterstützenden Diensten blockiert und wertvolle Zeit geht verloren.

Erst mit der Diagnose bekommt das Kind die notwendige Förderung und die Eltern die hilfreiche entlastende Unterstützung. Die Diagnose drückt dem Kind keinen Stempel auf! Es ist eine Erleichterung für die Eltern, endlich haben sie die Bestätigung, sie haben nicht in der Erziehung versagt. Das bizarre Verhalten ihres Kindes hat einen Grund.

Wie schön wäre es, wenn alle Fachleute und Betreuer den Eltern die Wertschätzung entgegen bringen würden, die sie verdient haben und die Bereitschaft zu einem regen Austausch. Damit wertvolle Erfahrungen, die die Eltern mit dem autistischen Verhalten ihres Kindes im Alltag über viele Jahre gemacht haben, zum Wohle des Kindes weiter genutzt werden. Denn die wahren Experten ihres Kindes sind die Eltern!

Jedes autistische Kind, so wie jedes andere Kind, hat eine Chance verdient. Wie sagt Wandra immer: "Mama noch eine Chance!" Ja, noch eine Chance!

Danke,

dass Sie mich auf meiner Abenteuerreise bis zum Ende begleitet haben. Gerne würde ich Sie fragen, wie es Ihnen dabei ergangen ist? Vielleicht so ähnlich wie mir? Wandra hat mich, mit ihrer natürlichen Wesensart, immer wieder daran erinnert, das Kind, das wir einmal waren, nicht zu vergessen. Um uns die Fähigkeit zu bewahren, zu staunen, neugierig zu bleiben und zu "wachsen". Und das ein Leben lang.
Mama schau genau hin!

An dieser Stelle danke ich:
Horst und Edeltraud Radermacher, zwei besonderen Menschen, die mir geholfen haben, mein Buch in der Endphase des Layouts "druckreif" zu machen.
Für ihre fachmännischen Impulse, für ihre Geduld und ihr Einfühlungsvermögen und für ihre Zeit, die sie mir geschenkt haben. Es hat viel Freude gemacht, mit ihnen zusammen zu arbeiten.

Meinem Mann, meinem Lieblingslektor, der dazu beigetragen hat, dass ich endlich einen Schlusspunkt setzen konnte.

Teddy, hast du gelesen: Mama hat "Hilfe" gerufen!
Ja, Wandra, ich habe Hilfe gesucht und gefunden. Ist das nicht wunderbar?

*Wenn ich die Welt
mit Wandras Augen sehe,
ist sie leiser, wärmer
und menschlicher
geworden.*

***DANKE* von Mama!**